키신저와 네 남자

키신저와 네 남자

발행일 : 2017년 10월 30일 초판 1쇄
지은이 : 박경석
펴낸곳 : 한스하우스

등 록 : 2000년 3월 3일(제2-3033호)
주 소 : 서울시 중구 마른내로 12길 6
전 화 : 02-2275-1600
팩 스 : 02-2275-1601
이메일 : hhs6186@naver.com

ISBN 978-89-92440-38-7 03300

키신저와 네 남자

박경석 지음

한스하우스

| 차례 |

03 저우언라이(周恩來), 선면후식(先麵後食)

04 진짜 김일성, 짝퉁 콤플렉스

01

외교 황제 키신저

헨리 키신저의 시간은 거꾸로 간다

89세의 키신저가 입원했을 때 세상은 그의 죽음을 애도할 준비를 서둘렀다. 20세기의 외교거목이 역사의 한 페이지 속으로 사라질 시간이라고 여겼다. 그런데 저승사자 명단에 헨리 키신저의 이름이 아직 없었는지 그는 죽음에 이르지 않았고 예상보다 건강한 모습으로 퇴원하였다. 죽음이 그를 찾아오기까지 세상과 거리를 둘 것이라 여겨졌다. 키신저가 국제정치무대에 다시 등장하리라고는 누구도 생각지 않았다. 그를 기억하는 사람들은 침대와 집 주변을 산책하며 찾아온 사람들에게 옛날이야기를 들려주는 나이든 노인의 삶을 살아가는 키신저의 노후를 막연히 떠올렸다.

　병원에서 퇴원하며 키신저는 자신의 인생을 어떻게 진단했을까. 건강을 장담할 수 없는 나이. 세계외교사에 빛나는 업적도 남겨 놓았고 중요한 일은 아니지만, 노벨평화상도 전성기에 이미 받아두었다. 넬슨 록펠러의 비서였고 자신의 제자였으며 자신보다 키가 큰 두 번째 부인 낸시와 오순도순 남은 인생을 보낼까 고민했을지도 모른다.

반전이 일어나는데 걸리는 시간은 그리 길지 않았다. 중국의 옹정제 시진핑의 초청장이 날아오고 러시아의 차르 푸틴 등 현역 대통령들이 밥을 먹자는 연락이 온다. 얼치기 후보로 여겨지다 미국 대통령에 당선된 트럼프 역시 노익장 키신저의 덕담과 조언을 기다린다. 키신저의 '친(親)러시아-반(反)중국' 프레임을 통해 미국 패권을 위한 '힘의 균형 전략'을 알려준다. 트럼프는 당선인이 되자 본격적으로 '친 러시아' 정책을 외교 핵심으로 내세우기 시작했다.

'미친 개' 제임스 매티스 국방장관은 캘리포니아의 의료기술업체 테라노스에서 키신저와 함께 이사로 일했다. 많은 우려가 쏟아진 틸러슨 국무장관 낙점에 대해서 키신저는 "훌륭한 선택"이라고 평가했다. 오늘날의 키신저가 있도록 해준 넬슨 록펠러와 엑손 모빌은 같은 뿌리이다. 렉스 틸러슨에게서는 키신저의 흔적이 너무나 뚜렷하다. 틸러슨 임명에 보이는 손이 강력하게 작용했다. 형님 먼저 아우 먼저 손발이 척척 맞는다. 세간의 비난과 비아냥거림에도 꿋꿋하게 자기의 의사를 관철해나갔다.

외교거인 브레진스키가 죽어도 키신저는 양념이고, 코미가 트럼프를 흔들어도 키신저는 워터게이트를 가장 가까운 거리에서 지켜보았던 정치인으로 부상한다.

2017년 8월, 김정은과 트럼프의 막말 대잔치의 위기 속에서 "아시아의 핵무장을 막는 것은 미국보다 중국에 더 큰 이해가 걸린 사안"

이며 "구체적 행동을 담은 미·중 공동성명을 통해 평양을 더욱 고립시킬 수 있다"고 조언한다.

중국이 북한에서 김정은을 제거해 주고 미국은 군대를 철수시키면 누이 좋고 매부 좋다는 말씀이다. 김정은 제거와 주한미군 철수를 패키지로 묶는 방식이다. 북한 정권의 붕괴와 통일을 전제로 한 미군철수 카드는 다들 알고 있는 이야기지만 키신저가 기고하면 뉴스가 된다.

키신저 노익장의 나이는 94세다. 그의 활약은 아직도 눈부시다. 키신저 말씀은 성경처럼 여기는 외교관도 있고 대국의 시각에서 짜 놓은 판에 소국은 장기판의 말로 적락한다는 우려도 있다. 그를 바라보는 시각은 긍정과 부정이 교차하지만, 나이에 걸맞지 않은 활약에 모두 놀라고 있다. 94세의 키신저는 혼자서 어떻게 거목으로 커 왔을까? 어떻게 그는 자신에게 퍼부어졌던 수많은 비난을 이겨내고 21세기 외교 황제가 됐을까?

키신저의 시간은 거꾸로 흐르고 있는 걸까. 94세 키신저는 어떻게 탄생한 것일까?

"작은 공(탁구공)이 큰 공(지구)을 흔들었다. (小球轉動大球)"

작은 탁구공이 세상을 움직였다. 지름 40mm에 무게 2.5g의 작은 공은 지구촌을 흔들었다. 세상 사람들의 눈에는 모든 것이 우연처럼 보이는 사건이 일어났다.

때는 1971년, 장소는 일본 나고야. 일본의 막부를 설립했던 도쿠가와 이에야스가 축성한 나고야 성으로 유명한 이 도시에서 제31회 세계탁구 선수권 대회가 열렸다.

축구는 시진핑의 독려에도 한국을 넘어서지 못하는 중국이지만 탁구는 지금이나 그때나 세계최강이었다. 일본은 세계 탁구대회를 빛내줄 중국을 초청했다. 중국은 캄보디아 망명정부와 반일성향 관료들의 반대에도 불구하고 참여를 결정했다. 일본의 우익이나 타이완 공작원들의 테러를 우려하는 목소리가 터져 나왔다. 탁구 치러 가기에도 너무 힘든 세상이었다.

마오쩌둥의 설득에 성공한 저우언라이(周恩來) 외교의 결과였다. 긴가민가하던 선수단은 출발 이틀 전에야 참가 확정 소식을 통보받고 여행 보따리 준비를 했다.

나고야에서 중국 선수단을 만난 미국 선수단은 중국 탁구를 배우기 위해 양국의 교류전을 제안했다. 그러나 중국대표팀은 미수교국가인 미국 대표 팀 초청을 선뜻 받아들이지 않았다. 본국의 승인을 받기 어려운 상황을 잘 알기 때문이다.

반전은 우연히 왔다. 대회가 끝나가던 4월 4일에 미국선수단 가운데 글렌 코완 이란 선수가 선수단 버스를 놓쳤다. '히피'라는 별명에 걸맞게 장발에 꽃무늬 옷을 입은 19살 소년 코완 앞에 다른 버스 하나가 섰다.

"야! 타"

언어는 통하지 않았지만 바디 랭귀지와 표정은 만국공통어라 코완은 자신을 향한 손짓의 의미를 바로 알아들었다. 코완은 잠시 망설였지만 어린 나이에 걸맞게 미지의 세계에 대한 친화력이 있었고 활달한 성격이었다. 중국 선수단의 버스를 타버렸다.

코완에게 '야타'라고 손을 흔든 이는 바로 중국의 대표팀 에이스이 며 인민 영웅 주앙쩌둥(莊則棟). 주앙쩌둥은 61·63·65 세계탁구선 수권 3연패를 자랑하는 중국 인민 영웅이며 선수단 부단장도 겸하고 있었다. 주앙쩌둥도 '미 제국주의자 타도'의 구호를 외치며 자란 세대 였다. 더구나 끝나가고 있긴 했지만, 문화혁명 시기였다.

"마오쩌둥 주석이 미국 언론인인 에드거 스노와 평생의 친구로 지 낸 것을 떠올렸습니다. 용기를 낸 것입니다."

주앙쩌둥이 에드거 스노를 떠올렸는지 '승부보다는 우호에 초점'을 맞춰야 한다는 저우언라이의 말을 마음 깊이 새겼는지 알 수 없지만 엉겁결에 버스를 탄 코완에게 황산(黃山)이 그려진 수건을 선물했다. 손짓 발짓으로 대화를 나누던 두 사람은 금방 친해졌다. 젊음이란 언 어의 장벽을 뛰어넘는 신비한 마술이다. 버스에서 내린 코완은 사람 들 앞에서 선물 받은 수건을 자랑스럽게 펼쳐서 들었다. 포레스트 검 프가 옆에서 엄지 척하고 격려해 주었다.

재미있는 기사에 목말라하던 언론은 즉시 대서특필했다. 다음날 코 완은 주앙쩌둥에게 답례 티셔츠를 선물했다. 티셔츠에는 'Let it Be'라 는 문구가 새겨져 있었다.

둘의 우정이 언론을 통해 알려졌을 때 마오쩌둥은 선물 교환을 다 룬 언론 보도를 접하고도 미국 탁구팀과의 교류를 승인할 마음을 정 하지 못했다. 마오가 마음을 정한 것은 격심한 불면증에 시달리며 수 면제를 먹고 비몽사몽하고 있었던 늦은 밤이었다.

소련이 핵 공격하는 꿈이라도 꾸었던 걸까? 마오는 갑자기 일어나 미국 탁구팀 초청을 결정한다. 수면제 복용을 상기시키며 명령의 유효성을 물어보는 간호사에게 마오는 단호하게 말했다.

"물론, 유효하지. 한 마디 한 마디 모두 유효해. 당장 움직여, 너무 늦기 전에!"

코완과 주앙쩌둥의 돌발적인 사건이 마오의 결정에 얼마만큼 큰 효과를 주었는지 알 수 없지만, 양국 사이의 적대감을 줄이고 임계점을 뛰어넘는 역할을 한 것이다.

저우언라이는 핑퐁외교를 두고 "작은 공(탁구공)이 큰 공(지구)을 흔들었다. (小球轉動大球)"라고 평했다.

배탈 외교, 죽의 장막을 뚫어라

1971년 7월 9일 파키스탄 도시 라왈핀디를 방문 중이던 헨리 키신저 미 대통령 안보보좌관이 갑자기 사라졌다. 사이공, 방콕, 뉴델리 등 언론이 움직임을 포기할 정도로 지겨운 장소만을 골라 이동 중이었다. 공식적으로는 대통령을 대신한 사실 조사를 위한 여정이었다. 야하칸 파키스탄 대통령과의 만찬 중 배탈로 인해서 일정이 돌연 변경되었다. 사실 만찬의 배탈은 일종의 속임수였다. 휴양지에서 이틀간 요양할 것이란 공식발표가 뒤따랐다. 키신저는 48시간동안 사라졌다.

키신저 일행이 언론을 감쪽같이 따돌리고 간 곳은 죽의 장막 넘어 베이징이었고 저우언라이 총리와 회담을 위해서였다.

죽의 장막, 1949년 중화인민민주주의 공화국이 수립된 이래 중국의 취해온 배타적 정책을 의미한다. 지금은 서울에서 누구나 비행기 타고 2시간이면 자유롭게 왕래하고 있지만, 그 당시 죽의 장막 안을 들여다본 사람은 극히 일부에 불과했다. 철의 장막 소련과 중국의 관계가 멀어지고 대약진 운동과 문화혁명이 진행되며 죽은 쑥쑥 자라 더 높아지고 있었다.

냉전의 시대에 아무도 예상하지 못하고 있는 중국의 수교를 위해서 키신저는 만리장성을 넘어 죽의 장막 문을 열었다.

친구를 가까이, 적은 더 가까이

중국은 '하나의 중국' 원칙으로 미국이 수용하지 않으면 어떤 진전도 이룰 수 없다는 태도였고 미국은 타이완 이슈의 평화적 해결을 공약해야 다음을 논의하겠다고 했다.

'친구를 가까이하라, 그러나 적은 더 가까이하라' 대부의 명대사다. 아직은 대부가 상영되기 전이지만 둘은 마음속으로 금쪽같은 잠언을 공유하였다. 지난날을 잊고 손을 잡아야 한다는 인식은 고르디우스의 매듭을 잘랐다.

미국 정부가 '하나의 중국'을 공식적으로 인정하기 시작한 것은 지난 1972년 리처드 닉슨 대통령의 중국 방문 이후부터다. 닉슨은 상하이에서 중국 지도자들과 함께 '상하이 공동성명'을 발표한다. 이 성명 속에는 대만이 중국 일부라는 것과 중국인 스스로 외부의 간섭 없이 해결해야 하며 평화적 해결 필요성을 인정했다. 그때부터 미국은

'하나의 중국'이라는 원칙에 따라 외교정책을 펴 왔다.

이러한 화해 무드에 힘입어 닉슨과 마오가 권좌에서 물러난 1979년에 이르러서는 공식적인 외교 관계를 수립했다.

뭣이 중헌디? 세 개의 중국이면 어떠냐?

트럼프가 대만 총통 차이잉원과 전화 대화를 하며 '총통'이라는 호칭을 사용했다고 밝혔다. '하나의 중국' 원칙을 깨뜨렸다고 중국에서 발끈하고 나선 것은 물론이다.

트럼프는 전화하기 전에 키신저 전 국무장관을 만났다. 키신저에게 자문을 구하기 위한 것이다. 키신저는 1972년 마오쩌둥과 저우언라이에게 '하나의 중국' 원칙을 합의해준 주인공이다.

트럼프 당선인이 키신저에게 "하나의 중국 원칙을 꼭 지켜야 하느냐?"고 물었다. 키신저는 "뭣이 중헌디? 국익을 위해서라면 두 개가 아니라 세 개의 중국이면 어떠냐!"고 답했다. 자신의 손으로 이룬 미·중수교의 결실 '하나의 중국'을 한 방에 날려 보내고 40여 년 만에 친중 패러다임을 깨며 태도를 바꾸는 데 적용한 기준은 국익이었다. 뭣이 중한지 아는 키신저다운 충고였다. 중국은 탁구공이 지구를 흔들 때와 같은 나라가 아니다. 하나의 중국으로 미국이 얻을 것이 많으면 하나로 보지만 그 시절은 이미 지났다. 미국을 위협할 정도로 커진 중국에 다른 전략을 써야 할 때가 됐다는 판단을 했을 것이다. 대만 카드는 중국의 가장 아픈 부위를 찌르는 워싱턴의 한 수이다. 트럼프시대 전략적 결단은 이렇게 탄생했다. 오직 국익에 기반을 둔 현실 정치적 발상법이다.

대통령이 못 된다면, 황제가 되겠다

외교에는 천재적이었지만 농담에는 그다지 재능이 많지 않은 것으로 평가되는 키신저에게 가장 멋진 조크로 만인에게 회자하는 일화가 있다.

당신처럼 유능하고 인기도 많은 사람이 왜 대통령 선거에 나서지 않느냐는 질문에, 그는 불행하게도 미국 법률에 이민 1세대는 대통령이 되지 못한다는 규정이 있다고 해명했다. 사람들이 고개를 끄덕이기도 전에 그는 미소 지으며 "하지만 황제가 되지 못하게 한 규정은 어디에도 없답니다." 예상 밖의 농담에 다들 파안대소하였다. 아마 적어도 몇몇은 억지로 쓴웃음을 지었다. 농담으로만 들리지 않았기 때문이다.

"내가 미국에 외교를 가르쳤다"라고 입버릇처럼 자랑하는 그는 실제로 미국 안에서 외교정책에 관련해서는 황제였다. 세계를 돌며 황제보다 강력한 외교의 주먹을 휘두르며 미국이라는 권력을 만끽했다.

농담으로 던진 말이지만 키신저는 로마에서 살았다면 황제가 될수 있다고 자신을 평가했다. 로마에서 로마시민권을 얻어서 황제가 된 북아프리카 출신 로마 황제 셉티미우스 세베루스를 떠올렸을지도 모른다.

로마의 정치가이자 법률가였던 키케로는 자신에게 두 개의 조국이 있다고 주장한다.

"하나는 태어난 장소에 따라 '부여되는' 조국이고, 다른 하나는 '국가가 부여한' 시민권의 획득으로 속하게 된 조국이다" 키신저는 독일 바이에른주 지역 출신이지만 미국 시민권을 받았다. 그래서 태생의 관점에서는 독일 사람이었다. 하지만 국적의 관점에서는 미국인이었다. 거기에 유대인이라는 꼬리표 하나가 더 붙어있었다. 따라서 출생지의 조국과 법률의 조국과 혈통의 조국이 각각 다른 것이다. 키케로는 법률의 조국을 더 우선으로 보았다. 법률의 조국에 기초해 국가 전체에, 누구에게나 공통으로 해당하도록 '공동의 일(rei publicae)'이 성립하기 때문이다. 키케로는 '태생의 조국(patria naturae)'보다 '법률의 조국(patria iuris)'을 상위에 놓은 것이다.

유대인 하인츠

헨리 키신저의 원래 이름은 하인츠 알프레드 키싱어였다. 1923년 독일 바이에른주의 퓌르트에서 태어났다. 뉴욕으로 이사한 후 독일식 이름을 미국식으로 바꾸었다. 하인츠는 헨리로 키싱어는 키신저로. 아버지는 루이스 키싱어는 김나지움 교사였으며 정통파 유대인이었다.

어린 하인츠는 오직 축구에만 관심이 있는 철부지 소년이었다. 나치의 유대인 탄압이 없었다면 키싱어는 축구선수가 되지 않았을지는 몰라도 1962년에 창설된 분데스리가의 열렬한 팬은 되었음이 분명하다.

학교성적은 중간 정도. 체육이 제일 좋은 성적이었고 외국어인 영어는 특히 어려운 과목이었다. 공부에 관심이 없던 평범한 학생이었음은 분명하다.

하인츠가 자신에게 닥친 위험을 언제 깨달았는지는 명확하지 않다. 축구 경기를 할 때 금발 머리들이 자신에게는 패스하지 않아서 일 수도 있고 거리에 붙은 '독일의 모든 유대인에게 죽음을!' 같은 살벌한 나치 전당대회 포스터를 보고서 알았을 수도 있다.

1933년 히틀러가 권력을 장악했을 때 하인츠는 고작 10살의 철부지 소년이었다. 그렇지만 루이스 키싱어가 반유대주의 정책으로 실업자가 된 1938년에는 세상 물정을 대부분 파악할 수 있는 나이가 되었다. 하인츠가 보기에 자신의 아버지는 좋은 독일인이었고 평화를 존중하는 사람이었다. 그러나 나치가 지배하는 사회에서 그가 어떤 사람이었느냐는 중요하지 않았다. 그는 유대인 실업자일 뿐이고 무능했다. 하인츠도 유대인 전용학교로 강제전학 당했다. 학교에 가기 위해 길을 가면 조롱과 폭행으로 위험에 처하는 장면을 쉽게 목격할 수 있는 상황이 되었다. 자신도 그런 일을 당했겠지만, 훗날 키신저는 목격담을 말할 뿐이었다. 자신의 상처를 드러내기 싫어하는 기질을 가진 듯하다.

루이스는 자신과 가족이 살기 위해서는 엉덩이를 들어야 한다고 깨달았다. 당신 유대인에게 피난처는 세 가지 방향이 열려 있었다. 팔레스타인, 영국 그리고 미국이었다. 루이스는 베를린에서 가장 먼 곳이 가장 안전하다는 결론에 도달했다.

1938년 루이스는 크리스털 나흐트(수정의 밤, 11월 10일 유대인 탄압사건)에 앞서 미국에 사는 친척의 도움으로 독일을 탈출, 영국을 거

처 9월 5일 뉴욕에 도착하여 워싱턴하이츠에 둥지를 틀었다. 2달만
더 있었어도 하인츠는 아주 험한 꼴을 보았을 텐데 다행히도 빨리 도
망 나올 수 있었다.

하인츠는 도피하는 과정에서 선의의 인간이 얼마나 무력한지 뼈저
리게 깨달았다. 그리고 인간이 살아남기 위해서는 폭력과 파괴, 거짓
과 선택이 필요하다는 것을 체험했다.

키신저는 외교적으로 우방이라고 부르는 나라에도 깊은 신뢰를 갖
지 못한 것으로 보인다. 심지어는 가까운 사람들에 대해서도 완전히
믿지 못했고 그러한 태도들은 결과적으로 아군과 적군을 확실하게 나
누지 못하게 되었다. 유대인 탄압 시절 경험이 자신의 약점을 감추기
좋아하는 성격이 되었고 비스마르크를 교훈 삼아 외교에 있어 현실정
치(realpolitik)와 결합했다.

콧수염의 총통과 나치 독일은 하인츠에게 타인에 대한 깊은 불신을
심어주었다.

하인츠가 헨리를 만났을 때

뉴욕의 워싱턴하이츠는 미국독립전쟁 때 대륙군이 영국군을 상대로
진지를 구축한 이래로 많은 이주민이 살아왔다. 지금도 대한민국 교
민이 많이 사는 포트리로 연결되는 조지 워싱턴 브리지가 있고 도미
니카 이주민이 많이 살고 있다.

루이스가 거주지를 정한 지역은 이민 온 유대인의 이민사회가 자리

잡고 있어서 생활이 불편하지 않았다. 이민사회의 고단한 삶을 살아가는 키신저는 영어 없이 살 수 있는 지역임에도 영어공부에 매진한다. 미국으로 건너가 이름까지 바꾸자 이주민의 위기의식이 키신저에게 작동되었던 모양이다. 영어뿐 아니라 새로운 나라에서 정착하기 위해서는 학교성적이 좋아야 한다는 자각이 들었는지 공부에 전념했다. 자신의 미래도 불확실의 연속이고 역사 속의 유대인의 삶이 유랑자와 다르지 않다고 여겼기 때문이었으리라. 아버지 루이스는 미국으로 탈출한 것으로 가족들에 대한 의무를 다했다고 여겼다. 무거운 중압감에서 벗어나면 안도의 한숨을 내쉬고 모범적인 생활궤도를 이탈하는 인간은 어디에나 있다. 루이스가 그랬다. 온종일 술에 취해서 빈둥거렸다. 유럽에서 들려오는 지인들에 대한 슬픈 소식들도 그가 술 마실 이유를 만들어 주었다. 그렇게 술고래가 한 명이 만들어져 갔다.

키신저는 하인츠 시절 경험했던 공포를 미국인들에게 설명하기 어렵다는 것을 알았다. 미국에는 나치독일과 비교 불가능한 자유와 관용이 흐르고 있었고 헨리는 그것이 어쩌면 영원하지 않을지도 모르고 생각했다. 키신저는 자신을 받아준 미국을 지키는 것이 자기와 가족들에게 이익임을 빨리 알아차렸다.

낮에는 공장에서 돈을 벌고 밤에는 조지 워싱턴고등학교 야간과정에서 공부하며 10대를 보냈다. 뉴욕시립대학에서 주변부 삶을 살아가는 키신저 인생에 첫 번째 전환점이 찾아온다. 1944년 군인이 되어 독일 땅을 밟게 된 것이다.

자신을 버렸던 독일에 새로운 조국의 군복을 입고 나타난 21세 젊은이의 심정은 어땠을까? 자신을 드러내기 싫어하는 키신저에게 그

때의 감상이 기록으로 남아있는지는 알 수 없지만, 나치와 싸우기 위해 몸을 아끼지 않은 것은 분명하다. 나치와 비 나치 독일인을 쉽게 구별해내는 탁월한 능력은 키신저를 장교에 임관할 기회를 주었다. 서부전선 최대의 격전지였던 아르덴 공세(벌지 전투)에서 독일군에 맞서 헌신적으로 싸운 키신저는 전공과 학업성적이 참작되어 귀국 후 하버드대학에 진학하게 된다.

그것으로 유년시절의 이유 없는 탄압의 기억, 뉴스를 통해 들었던 유대인학살의 아픔이 치유되지는 않았지만, 일부는 보상되었다.

하버드대학의 공부벌레, 워싱턴에 가다

키신저의 대학 시절은 큰 주목을 받지 못했다. 큰 안경을 걸친 키 작고 마른 대학생, 미국태생도 아니고 이민 온 유대인, 게다가 유머 감각도 없는 독일 악센트의 화법으로는 여학생들에게 인기를 끌기 어려웠다.

나치에 대항하여 용맹한 전투를 벌이던 열혈군인에서 인기 없는 하버드 대학생 된 키신저에게 할 일이란 공부밖에 없었다.

제자의 재능과 불타는 욕망을 눈치를 챈 지도교수 윌리엄 엘리엇은 공부만 가르치지 않고 현실에 한 발 담그게 하였다. 국제관계학 세미나를 소개해준 것이다. 키신저는 세미나에서 스텐더드 오일의 사위인 폴 니츠를 알게 되고 넬슨 록펠러와 인연을 맺게 된다. 폴 니츠는 냉전 전략의 설계자로도 유명하지만, 우리나라 한국전쟁 전에 국무성

정책기획국장으로 한반도에서 미군의 철수를 반대했던 인물이다. 하버드 입학이 주변부 인생에서 벗어나기 위한 준비단계라면 록펠러 가문과의 연결고리는 메인 스트림 궤도 진입을 위한 조건이 충분히 마련된 것이다.

키신저는 1950년 하버드대학을 최우수로 졸업하고 1954년 하버드대학에서 역사학으로 박사학위를 받았다. ㅇ키신저는 박사가 되어 자신의 야망에 맞는 직업을 찾는 동안 외교관계협회에서 핵무기 전문가로 토론 패널에 참가하였다.

1956년 넬슨 록펠러와 더욱 가까워지며 키신저는 날개를 달기 시작한다. 부대통령을 마지막으로 정치를 접어야 했지만, 당시에 넬슨은 누가 보아도 대통령 정도는 할 것으로 보이는 정치계의 블루칩이었다. '까다로운' 넬슨도 키신저에게 푹 빠졌고 개인 자문비로 12,000달러의 거액을 지급하기 위해 지갑을 열었다.

1951년, 의정부의 여름

서울에서 의정부를 거쳐 동두천에 닿는 가장 큰길은 국도 3호선이다. 나중에 키신저가 미 국무장관이 되어 방한한 1973년, 미군 부대를 시찰한다고 해서 우리 정부가 허겁지겁 닦은 길이다. 서둘러 만든 도로였지만 도로 사정이 그리 좋지 않던 시절이라 전국에서 가장 번쩍번쩍하는 도로의 대열에 올랐었다.

키신저가 의정부에 처음 왔던 1951년에는 당연히 그 도로는 포장이 되어있지 않았고 수풀까지 우거진 형편없는 도로였다. 자신에 대해 아무도 주목하지 않는 시절에 한국에 도착한 키신저는 미군이 주선한 차를 타고 어렵게 의정부를 찾아갔다.

키신저는 직접 한국전을 가까운 거리에서 보고 싶었고 기회는 일찍 찾아 왔다. 전쟁 난민에 대한 식량 문제 등을 현장에서 조사하고 배우기 위한 대한민국 방문허가가 떨어졌다.

그해 여름은 더웠다. 기온도 기온이지만 전쟁의 포화 속에서 전투에 참여하는 군인이나 민간인이나 모두 생명의 위협 속에 긴장감은 극에 달해 더위를 더욱 강하게 느꼈다.

키신저는 뜨거운 햇살을 맞으며 전선을 누볐다. 하버드대학 학부를 우수한 성적으로 졸업한 키신저는 미 작전조사국(Operation Research Office)에서 심리전 연구원으로 일하고 있었다. 뛰어난 성적 덕에 지망하는 곳은 웬만하면 어디든 갈 수 있었지만 야심만만한 키신저에게는 2차 세계대전이 끝나고 냉전 구조 하에서 최초로 전쟁이 벌어진 한반도가 일차적 관심의 대상이었다.

초여름부터 전선은 38선을 경계로 소강상태에 빠졌다. 지상전은 소강상태지만 공중전에서 절대적 우위를 지키고 있던 미군의 공습은 지속해서 이루어지고 있었다. 북한 외무상은 자신이 전쟁의 주범임을 잊었는지 공습의 야만성에 대해 항의했다. 어처구니없는 일이었지만 폭탄에는 눈이 없는 법. 전쟁의 고통은 고스란히 양민들에게 쏟아졌다.

한국전쟁은 복잡한 양상을 띠고 있었다. Korean War, 6 · 25 동란, 조선전쟁, 조미 전쟁, 항미원조전쟁 (나라마다 자기 관점에서 명칭을 붙였다) 등 여러 가지 이름으로 불렸고 참혹함이 다른 전쟁에 비해 더

했다.

키신저는 전선의 현장에서 한국전을 직접 파악하며 다녔다. 제일 먼저 언어가 제일 큰 장애였다. 일본의 식민지 시절, 귀축영미의 언어로 치부되던 영어인지라 어눌한 영어가 가능한 사람도 뜻밖에 적어서 통역요원을 구하기 어려웠다. 미군은 물론 한국인들과 인터뷰하려던 계획은 상당한 곤란을 겪었다. 미군들과의 인터뷰만으로는 한반도의 상황을 파악하는 데 한계가 있었다.

동두천시 보산동 일대에는 미군 캠프와 담 하나를 두고 상가가 형성되어 있었다. 동두천 기지촌이라 부르는 보산동은 전쟁의 포화 속에서 미군 부대를 대상으로 장사하며 자리를 잡아가고 있었다. GI 벨트의 중심이었던 의정부와 동두천을 오가며 키신저는 전쟁 속에서 난민들이 살아가는 모습을 체험하며 많은 것을 배웠다.

의사소통의 어려움에도 키신저는 전쟁 난민들을 더욱 고통 속에 몰아넣고 있는 요인이 한국 관리들의 부패라는 점을 간파했다. 전쟁 속에서도 이승만과 김일성은 자신의 기득권을 지키기 위해서는 국민의 고통은 아랑곳하지 않았다.

임무를 마치고 하버드대학으로 돌아온 키신저는 하버드의 분위기가 비현실적이라 생각했다. 특히 어떤 근거로 행동해야 하는가와 같은 문제에 대한 심각한 토론을 자주 벌였다.

2차 세계대전의 경험보다 의정부에서 키신저는 더 많은 깨우침을 얻었다. 독일은 자신이 잘 알던 지역이었지만 한국은 생소한 환경이었기에 오히려 도움이 되었다.

"나는 이 문제에 대해서, 하버드대학에서의 토론에서 보다, 의정부

북쪽에서 더 많은 것을 배웠다." 그리고 "평양-원산 선을 맥아더가 넘지 않았더라면 중국이 참전하지 않았을 것이고 중국에 적당한 완충지대를 제공해 더 바람직한 전략적 선택이 되었을 것"이라고 회고했다.

경세(經世) – 세상을 다스리다.

경세(經世, statesmanship)라는 말이 있다. 세상을 다스리다 혹은 정치적 역량이라는 뜻으로 정치용어에 자주 쓰인다.

키신저의 박사학위 졸업논문의 부제는 '캐슬레이와 메테르니히의 경세에 관한 연구'이다. 캐슬레이와 메테르니히는 나폴레옹 전쟁 이후 유럽의 평화를 재구축한 19세기 초반의 정치가이다. 키신저는 나폴레옹 전쟁 이후 새 질서를 만들던 시절 즉, 1812년부터 10년간 유럽의 정치사를 주목하였다. 키신저는 두 명의 정치가를 통해 경세의 의미를 논했는데 결론적으로 정치란 비스마르크의 말처럼 '가능성의 예술'이다.

정치가란 그래서 고대 연극의 영웅처럼 자신의 경험을 넘어 현실을 이겨내는 고뇌에 찬 접근법으로 변혁기의 고난을 이겨내는 인물이라고 말한다. 그래서 실리를 추구하면서도 정당성을 잊지 않는 것을 경세가가 가져야 할 덕목으로 보았다.

그런 고로 정치가란, 장래에 대한 선견지명을 가지고 있으면서도
그것을 동족들에게 직접 전달할 수 없고, 그 "진실"을 확인시켜줄

수 없는 고대 연극의 영웅과도 같다. 국민은 경험을 통해서만 배움을 얻기 때문에, 행동하기에는 이미 늦었을 때야 비로소 "알게" 된다. (1)

정치철학의 사자 '레오'

슈트라우스 하면 생각나는 두 명의 사람이 있다. 음악을 좋아하는 사람은 '왈츠의 아버지' 요한을, 정치에 관심 있는 사람은 '네오콘의 스승' 레오를 떠올린다.

현재의 미국정치를 이해하려면 레오 슈트라우스에 대한 이해는 필수사항이다.

레오 슈트라우스는 키신저가 뉴욕에 오기 한 해 전인 1937년에 미국으로 망명한다. 네오콘의 이론적 스승으로 알려진 슈트라우스는 키신저와 같이 독일 태생의 유대인이며 록펠러재단의 후원을 받았다는 공통점을 가지고 있었지만 많은 점에서 달랐다.

1899년 독일에서 출생한 슈트라우스는 농장을 하는 유대인 공동체의 지도자였던 아버지 밑에서 정통 유대교 방식대로 교육받으며 자랐다. 그는 죽을 때까지 열렬한 시온주의자였고 미국식 민주주의의 옹호자였으며 폭정에 대한 증오를 가르치는 철학자였다.

1932년 록펠러재단의 후원으로 프랑스에서 고대 유대 사상과 이슬람 사상을 연구하던 슈트라우스는 독일로 돌아갈 시간이 되자 고민한다. 조국 독일에는 이미 나치의 검은 그림자가 자신을 덮칠 듯이 깊게

드리워져 있었다.

독일에서 아이를 키우는 과부와 결혼한 탓에 가족의 안전까지 책임져야 할 젊은 철학자에게 나치 집권이 임박한 상황은 너무 위험해 보였다.

슈트라우스는 서쪽으로 몸을 돌렸다. 영국을 거쳐 1937년에는 미국에 도착하여 아렌트 등 유대계 지식인의 든든한 보금자리가 되어준 뉴스쿨에서 교수로 재직하게 된다.

전쟁이 시작되는 1939년, 그는 죽을 때까지 자신의 인생에 영향을 주는 비보를 듣게 된다. 유럽에 남아있던 여동생과 가족들 그리고 친척들이 독일 수용소에서 나치에게 남김없이 살해된 것이다. 아버지는 다행스럽게 그전에 심장마비로 죽었다.

이때부터 고뇌하는 철학자가 슈트라우스는 '그리스 고전 철학으로 돌아가자'는 주장을 하게 된다. 그는 서양 고전 정치철학이 홉스나 로크의 근대 정치사상보다 우월하고 사회의 병폐를 없앨 수 있다고 주장한다. 그에게 자유주의란 근대사회의 질병이었다.

1973년 폐렴으로 사망했고 본인의 소망대로 아나폴리스의 유대교 회당의 공동묘지에 묻혔다. 슈트라우스는 이름에 걸맞게 사상적으로 사자답게 살았다.

도덕이란 대중을 위한 '고귀한 거짓말'이며 '친구가 아니면 적'이라는 이분법적 사고도 슈트라우스 이론과 밀접한 관계가 있다.

슈트라우스가 죽고 그의 사상을 따르는 무리가 무럭무럭 자랐다. 그들의 사상적 대부인 레오 슈트라우스를 따르는 집단을 슈트라우시안이라고 부른다.

9·11테러 이후 미국을 장악했으며 흔히 신(新)보수주의자란 뜻의 '네오콘'으로 불리는 이들을 '레오콘'이라고도 부르는 것을 보면 슈트라우스가 그들에게 끼친 영향이 얼마나 컸는지 알 수 있다.

국방부 부장관을 거쳐 세계은행(WB) 총재가 된 폴 울포위츠, 한 핵 문제와 관련해 북한 정권과 협상할 수 없다는 태도를 굳건하게 유지하는 존 볼턴 전 UN대사, 미 국방성 고문 '어둠의 왕자' 리처드 펄 같은 실무자가 대표적인 네오콘이다.

마누라와 보스 먼저 바꾸고

1949년 결혼한 앤 플레셔와는 두 명의 아이가 있었지만 1964 이혼한다. 메리 히긴스와 두 번째 결혼을 하는데, 그녀는 자신의 제자였고 넬슨의 비서로 오랫동안 일해 온 심복이었다. 이혼한 사유는 알려지지도 않았고 키신저에게 중요하지도 않은 것으로 보인다. 결혼하여 자신의 유전자는 일찌감치 복사해 두었고 부인과의 애정도 특별한 일이 없이 자연스럽게 식어버렸다. 야심 있는 사내는 야망에 걸맞은 여자를 필요로 한다. 메리는 넬슨과 자신을 이어주는 또 하나의 끈이다. 결혼 전에도 이익을 떠나 심정적으로 통하는 사이였던 넬슨과의 관계는 더욱 공고해졌다.

키신저의 이혼 전에 인생에 커다란 영향을 주는 사건이 발생한다. 자신의 보스인 넬슨 록펠러가 부인과 결별하고 마가레타와 결혼한다. (넬슨 록펠러, 불륜의 향기는 달콤하고 열매는 쓰다. 참고)

1960년, 1964년, 1968년 공화당 대선 후보에 넬슨은 도전하지만, 매번 실패한다. 공화당의 거물급 정치인으로 가문의 후광을 입은 록펠러가 대선 후보가 되지 못한 것은 마가레타와의 스캔들 때문이다.

키신저는 돈값을 하기 위해서도 자신의 야망을 위해서도 공화당 후보 선거에 열심히 뛰었지만 결국 재혼의 벽을 넘지 못했다.

키신저는 3번의 선거기간에 부잣집 도련님으로 여겨지던 케네디의 승리, 공개 처형이나 다름없던 케네디와 동생 로버트의 암살을 지켜보았다. 그에 대한 특별한 언급은 찾기 어렵지만, 현실 정치에서 벌어진 음험한 음모들에 대해 언급하지 않는 편이 유리하다고 느꼈음이 분명하다.

다만 케네디 정부에서도 여전히 미국에는 아이젠하워 시대의 낡은 관료제 유산이 남아있고 대통령 행동의 자유를 심각하게 침해하는 것으로 보았다. 대통령은 이미 관료제가 만들어 놓은 사실과 방법에 이를 비준하거나 수정할 수 있지만, 진정한 대안을 선택할 수는 없다는 것이다. 군사정책은 대통령이 원하는 유연성을 가지지 못한다고 보았다.

닉슨이 대통령에 당선되고 낙담하는 키신저를 새로운 길로 이끈 것은 아이러니하게도 넬슨이었다. 아직도 기약할 수 있는 훗날이 있다고 여겼던 걸까? 아니면 키신저의 재능이 아까웠던 걸까? 사실 넬슨은 백악관에 자신의 심복이 있어야 훨씬 유리하다는 것을 잘 알고 있었다.

키신저가 백악관에 가면 자신의 커넥션은 훨씬 단단해진다. 넬슨은 키신저의 손을 잡고 닉슨을 방문했고 둘이 손잡도록 권유했다. 사실 간판은 바꾸었지만, 키신저는 뿌리까지 '록펠러家' 사람이었다.

마누라도 바꾸고 보스도 바꾸며 키신저는 다시 점프한다.

닉슨의 남자가 되기를 거부하다

역사란 별별 인간이 다 있어서 재미있다. 역사란 결국 인간이 얼마나 다양한가를 알려주는 학문 아니던가. 닉슨도 키신저도 다양하고 독특한 인간으로 역사에 남은 정치가다.

'닉슨 공략집'까지 만들어 네가티브 전략도 서슴지 않으며 넬슨의 선거 전략을 주도했던 키신저를 닉슨은 처음부터 반기지 않았다. 닉슨과 키신저는 전혀 다른 사람이었다. 성격도 지향하는 목표도 달랐고 오랫동안 적대관계이기까지 했다. 그런데 둘의 연결고리가 무엇일까?

둘은 비슷한 콤플렉스가 있었다. 키신저는 뿌리 뽑힌 이주민 유대인이고 닉슨은 변두리 대학 출신으로 와스프(WASP '백인 앵글로 색슨계 신교도'로 미국의 전통적 엘리트층)들에게 시달린다는 피해의식이 있었다. 가난 때문에 포기한 하버드는 닉슨의 의식 깊숙이 숨어있는 괴물이었다. 둘은 의회와 행정부를 누르고 백악관 중심으로 국정을 이끌고 싶다는 욕망도 같았다. 더구나 키신저는 닉슨의 재선을 도울 수 있는 야망 있는 남자였고 대통령 피선거권이 없는 것은 금상첨화였다. 키신저는 여러 번 닉슨을 만나며 귀에 솔깃한 조언 몇 가지를 들려주었다. 그리고 석유 왕자 넬슨의 도움을 받기 위해서는 키신저는 좋은 메신저였다. 자신을 죽이려 한 위징을 이세민이 인재로 등용하였듯이 닉슨도 키신저를 자신의 곁에 두게 된다.

1968년 12월 키신저는 대통령 안보보좌관이 된다. 그는 가장 기록에 남는 국가안보보좌관이자 국무장관이었으며 최초의 유대인 미 국무장관이다. 키신저는 세계질서에 자신의 상상력을 현실에 적용하기 시작했다. 오랫동안 바라던 소원이 이루어진 것이다.

위징은 마음속으로도 이세민에게 충성했지만, 키신저는 새로운 보스를 자신의 포부를 펼치기 위해 자리 깔아주는 사람 정도로 여겼다. 닉슨이 없는 자리에서 험담하다가 들켜서 닉슨의 분노를 사기도 한다. 서로를 경멸했고 도저히 어울리지 않는 한 쌍이었으며 쇼윈도 부부처럼 다정한 모습을 연출하지도 않았다.

> 키신저와 닉슨은 속으로는 서로를 경멸하면서 둘이 이룬 업적이 누구의 공이냐를 놓고 끊임없이 싸웠다. 키신저는 닉슨을 "저 미치광이", "술 취한 친구", "얼간이"라는 식으로 경멸하면서도 당사자 앞에서는 한껏 아첨을 떨었다. 닉슨은 키신저를 "유대인 녀석"이라고 하면서 "사이코패스"라고 칭했다. 그러나 미치광이와 사이코패스는 미국이 세계 최강의 패권 국가여야 한다는 비전을 공유했다.(2)

지구의 기운이 바뀌고 있다

야심만만한 키신저에게는 시운도 따랐다. 타고난 전략가인 키신저에게 위기와 변화는 행운과 같은 말이다. 키신저가 백악관에 입성하자

마자 기다렸다는 듯이 소련에서 전후 질서의 풍향을 바꾸는 중요한 사건이 1969년에 3가지가 동시에 일어난다.

첫째 공멸의 위험을 동감하고 미국과 소련의 비밀 외교 루트가 만들어지고 전략핵무기 교섭이 시작되었다.

둘째 독일에서 통일을 위한 거대한 걸음마를 시작한다. 서독의 브란트 총리가 소련과 불가침 조약 교섭에 들어갔다.

셋째 공산주의 국가의 맹주를 자처하는 소련과 중국 간의 국경분쟁이 발생했다.

3가지 사건의 대처는 모두 백악관에서 직접 외교를 챙기고자 했던 닉슨과 키신저에 의해 입안되고 조율되었다. 거기에는 국무부조차도 합석할 자리는 없었다. 키신저는 1972년 극비리에 진행된 미 · 중 교섭은 물론이고, 아나톨리 도브리닌 소련대사를 상대할 때도 윌리엄 로저스 국무장관을 철저히 배제했다. 순식간에 바지사장으로 내려앉은 로저스의 황당함은 곧 체념으로 바뀌었다. 더구나 키신저의 미 · 중 비밀 외교는 우방인 일본까지 속인 채 진행되어 일본의 분노를 일으켜 외교 마찰을 일으키기까지 했다.

데탕트

부부가 싸움을 해도 누가 먼저 시작했는지 기억이 나지 않는 경우가 있다. 심지어는 왜 싸웠는지 모르기도 한다. 당사자가 딱 두 명인데도 서로의 기억이 다르다. 20세기를 지배했던 냉전도 마찬가지이다.

2차 세계대전이 핵무기 사용 없이 끝났다면 전후 질서는 다르게 될 수 있었는데 인류는 과학소설에 나오는 엄청난 무기를 보았다.

부부싸움이라면 더 강력한 말 폭탄과 상대방의 약점을 찾는데 골몰하듯이 국가도 비슷한 결론에 도달한다. "남보다 더 강한 무기를 만들자!"

냉전의 시작을 많은 이유에서 찾을 수 있겠지만, 미국과 소련은 서로를 파괴하기 위해 인류가 전멸할 수 있는 핵무기를 개발하고 배치했다. 프랑스, 중국, 영국 등도 줄줄이 보유하겠다고 소리치는 당연한 수순을 밟았다.

냉전의 원인이 무엇이든 쿠바 미사일 위기는 핵무기가 아무리 많아도 상대방이 핵무기가 있는 한 안전하지 않다는 자각이 일어났다.

적을 아무리 많이 죽여도 내가 죽으면 무슨 소용이란 말인가?

미국 외교정책의 혁명적 순간

전바오섬은 러시아 명으로 다만스키 섬이라고 한다. 소련대사 아나톨리 도브리닌이 키신저의 사무실을 찾아와 소련 측이 말하는 다만스키 섬 사건의 경위를 브리핑하지 않았다면 이 사건은 그렇게 빨리 백악관의 관심을 끌지 못했을 것이다.

도브리닌은 다만스키 섬에서 벌어진 일을 설명했고 키신저는 뜻밖의 일에 대한(통상적인 대화 이외에는 동물적 감각으로 이상 징후로 받아들였다.) 해석을 시작했다.

키신저가 첫 번째 얻은 결론은 "공격을 시작한 것은 소련이었고(확인 후 중국 선 공격으로 인식) 다음 단계로 소련은 중국의 핵 시설을 공격할지도 모른다."였다. 중소전쟁이 임박했다면 미국의 입장이 필요했다.

1969년 8월 국가안보위원회는 당시로는 충격적인 결정을 내린다.

주어진 상황에서는 소련이 한층 더 위험한 상대이며 따라서 만약 중소전쟁에서 중국이 '무참히 깨지게 되면' 미국의 이익에 반한다는 이론을 내놓은 것이다.(3)

미국 외교정책에서 하나의 혁명의 순간이었다. 한 차례의 전쟁과 두 차례의 군사적 충돌을 가졌던 공산주의 국가의 생존에 미국이 전략적 이해관계를 갖고 대하기로 했다. 문제는 둘에게 이 사실을 알릴 방법이었다. 20년간 중국과는 접촉이 끊어진 상태였고 바르샤바 회담은 격이 떨어졌다.

미국은 공산주의 두 거인의 충돌 사태를 미국의 국익에 영향을 끼치는 사건으로 간주하기로 했음을 만천하에 공표하기로 했다. 공식적인 창구를 통해 소련을 향해 완곡하지만 위협적인 발언들을 쏟아냈다.

미국의 적극적인 개입 의사 표명으로 1969년 10월 소련의 침공위협이 절정을 지났다. 미국의 경고가 시작되고 중소전쟁의 위협은 현저히 사라졌다.

정면충돌보다는 타협으로 문제를 해결하되 서로의 이해가 충돌하여 해답이 나오지 않으면 계략과 무력을 사용한다. 반공이라는 기치 아래 미국을 보호하지만, 적의 적과는 친구가 될 수 있다. 악당들이 손잡고 있을 때 둘을 이간질할 가장 좋은 방법은 무엇인가? 둘 중 한 명과 손을 잡는 것이다. 위협은 절반으로 줄어든다.

키신저는 강대국 간의 절묘한 외교게임을 하였다. 소련에게 긴장 완화라는 당근을 주고 중국에는 개방이라는 묘약을 주면서 소련과 중국이 베트남에서 관심을 끊고 서로를 견제하는 미끼를 던졌다. 키신저는 이를 '삼각분할'이라고 불렀다.

석유를 찾아서

20세기의 역사는 석유의 역사이다. 거의 100년 넘게 세계 경제는 값싸고 풍부한 석유를 기반으로 움직였다. 자동차와 석유 난로, 전기와 태양열 기판 심지어는 아침에 먹는 빵도 석유 없이는 만들 수 없다. 지금 대도시에 세워져 있는 마천루들도 모두 석유 덩어리라고 해도 과언은 아니다.

석유를 뜻하는 영어 petroleum은 petra란 말과 oleum이란 라틴어 단어를 묶어서 만든 말로 '돌에서 얻은 기름' 혹은 '돌기름(石油)'이란 의미에서 붙여졌다. 석유가 갈라진 바위틈에서 주로 흘러나온 데에 유래한다.

성경에도 석유의 일종인 역청은 노아의 방주에 방수용으로 쓰였다고 기록되어 있으며 모세가 이집트를 탈출할 때 여호와가 불기둥을 만든 원료이기도 했다. 석유는 액체, 고체이기도 하고 기체로 변하여 사람을 헷갈리게 하는 신비한 물질이었다.

1800년대 초, 땅속을 파면 지하수가 나오고 더 깊이 파면 염수 층에 도달한다. 1km 이상을 파고 들어가야 얻는 소금을 위해서 고도의 시추술이 발견되었다. 그런데 갈색의 석유라는 불필요한 물질이 염수에 섞여 나온다는 문제를 해결하기 위해 여러 가지 방법이 고안되었다. 염수 업자들이 석유를 강물에 버리는 일이 잦았는데 불이 붙어서 수십 킬로미터에 걸쳐 강이 불꽃으로 덮이는 장관을 이루었다. 과연 석유가 불필요한 물질인지 사람들은 논쟁을 거쳐 실용화되기 시작했다. 모비딕의 이스마엘처럼 목숨을 걸고 고래를 잡지 않아도 등유로 가정의 밤을 밝힐 수 있었다. 그리고 사용 용도는 급속하게 늘어난다.

석탄은 산업혁명을 불러왔다. 석탄을 가장 잘 사용하는 나라가 바다를 지배했고 힘도 강했다. 그래서 영국은 해가 지지 않았다. 영국은 미국이 자신들이 심어 놓은 이식형 식민지라고 생각하고 밑으로 보았다. 그런데 석유가 발견되자 양상이 달라졌다. 석유라는 석탄의 대체 연료가 부상하였다. 석탄? 그런 거 개나 주라 해라. 미국은 석유를 사용하면서 전 세계 패권국으로 부상하기 시작했다.

석유는 석탄보다 장점이 많았다.

첫째, 에너지 밀도가 높아 훨씬 많은 열량을 낼 수 있다.

둘째, 액체라서 용기에 담기도 쉽고 많이 넣을 수 있었다.

셋째, 운반이 편하고 저장도 편하다.

넷째, 쉽게 불이 붙고 쉽게 꺼진다.

다섯째로 채굴도 쉽다. 모든 면에서 압도했다. 석탄이 석유에 무릎을 꿇자 세계의 패권도 영국에서 미국으로 넘어오게 된다. 영국은 석탄패권시대였고 미국은 석유패권시대였다.

20세기의 석유는 세상을 바꾸는 상품으로 등장한 것이다. 여기저기 어중이떠중이까지 석유 채굴에 열을 올릴 때 운송과 정유에 전력을 다했던 사나이가 넬슨의 할아버지 존 록펠러였다.

록펠러는 한 손에는 '리베이트' 그리고 다른 한 손에는 '트러스트' 라는 무기를 들고 온 세상과 맞장을 뜨며 다녔고 다른 나와바리를 모두 굴복시켰다. 록펠러가 세운 스탠더드 오일 트러스트가 분할과 합병을 거듭하며 1999년 12월 생겨난 것이 엑손모빌이다. 록펠러의 석유회사가 이름만 달리했을 뿐이다.

키신저 인생에 가장 큰 영향을 끼친 상품은 바로 석유이다. 록펠러가 석유를 찾아서 온 세상을 돌아다녔듯이 키신저도 석유 냄새를 맡으며 일을 했다. 석유를 알아야 키신저의 외교를 이해할 수 있다. 록펠러의 후원으로 날개를 단 키신저에게 석유산업의 성공은 미국과 자신의 흥망에 가장 중요한 요소였다.

최고의 꼼수 – 빌더버그 회의

2차 세계대전이 끝나가자 브레턴우즈 협정을 통해 미국과 금융업자들은 자신들이 주무르는 달러를 전 세계의 기축통화로 격상시켰다.

화폐 역사 사상 최고의 꼼수였다. 맞수가 없는 군사력과 독보적인 세계 준비통화인 달러는 미국이 세계 넘버원임을 알리는 중요한 두 축이 되었다. 월남전과 재정수지 악화로 촉발된 브렌트우드 체제 몰락은 최고 꼼수였던 '안전 자산 달러'의 심각한 위기였다. 닉슨은 특별인출권(SDR)이 달러의 위기탈출에 조금도 도움이 안 되는 현실을 타개해야 했다. 위기 탈출에는 '꼼수 이상의 꼼수'인 '한방'이 필요했다.

닉슨은 키신저에게 방안이 있느냐 물었다.

"유가를 400% 올립시다."

키신저의 답은 간단했다. 재정적자와 달러화의 가치 하락으로 골머리를 앓고 있던 미국은 유가 상승을 원했다. 1945년부터 모든 유가는 달러로 표시되고 있었다. 이는 지금도 마찬가지이다. 유가가 오르면 결제 화폐인 달러의 수요가 증가한다. 달러 체제는 유가변동과 긴밀하게 연결되어 있다.

"40%?, 400%?"

닉슨이 어리둥절해 하며 자신의 귀를 의심했다.

키신저는 대답 대신 '빌더버그, 콜?'라고 말했다. 닉슨은 키신저 뒤에 서 있는 석유 재벌 록펠러의 그림자를 보았다.

"400%. O.K!"

빌더버그! 원래는 세계 곳곳에 있는 고급호텔 중 하나에 불과했다. 그런데 1950년에 네덜란드 베른하르트 왕자가 회의를 이곳에서 개최하면서 음모론의 대명사가 되었다. 음모론자들에게 식사 중에 빌더버그이야기를 꺼냈다가는 술좌석 끝날 때까지 모든 일은 세계를 장악하려는 음모론자의 계획이라는 결론을 들을 각오를 해야 한다.

1950년 네덜란드 베른하르트 왕자가 창립한 이 회의는 전 세계의 (주로 미국과 유럽) 정치, 재계, 학계, 언론 등 각 분야의 방귀 꽤나 뀌는 인사들이 모여 국제 정치와 인류의 문제를 논의한다는 핑계로 자신들의 꿍꿍이를 관철할 방안을 교류하는 것 정도만 알려져 있다.

정식 회원이 따로 있는 게 아니라, 존재가 드러나지 않은 운영위원회가 매년 참가자를 선정하고 유럽의 최고급 호텔에서 비밀리에 개최된다. 영국의 BBC 뉴스는 '빌더버그 회의는 지구 위에서 가장 영향력 있는 비밀결사 중 하나'라고 보도한 바도 있다.

1973년 5월 13일 빌더버그 회의는 키신저의 '꼼수 오브 꼼수'로 세상을 뒤집은 회의였다. 장소는 스웨덴의 발렌베리(Wallenberg)은행 가문의 한적한 휴양지 살트셰바덴 섬. 이곳에 세계 최고의 금융계, 정치계, 석유 메이저 거물 인사 84명이 비밀리에 모였다.

회의가 시작되자 미국의 금융전략가 월터 레비(Walter Levy)가 미국 측의 대담한 계획을 자랑스럽게 떠벌인다.

"OPEC의 석유 가격이 곧 400% 폭등할 것"이라는 예상(시나리오)을 발표했다.

미국과 석유 메이저, 금융 회사들의 이해관계는 일치했다. 아무도 반대할 이유가 없었다. 회의를 마치고 집으로 돌아가는 그들의 얼굴에는 미소가 떠나지 않았다.

비밀회동 5개월 뒤 10월 6일 욤 키푸르로(유대인의 최고 중요한 안식일)기간 중 이집트와 시리아 연합군이 이스라엘 군대를 급습한다.

그들의 뒤에 누가 서 있는지 알 필요는 없다.

4차 중동전쟁의 시작이다. 세계는 '오일쇼크'라는 대혼란에 빠지고 석유의 역사는 새롭게 시작된다. 월터 레비가 알려준 시나리오대로 아랍 산유국들의 석유금수와 감산조처로 석유 값은 4배 이상 뛰었다. 비산유국들 경제는 처참하게 무너지며 불황이 시작됐다. 그러나 세븐 시스터즈를 비롯한 뉴욕의 석유·금융 카르텔들은 샴페인을 터트리며 화려한 파티를 열고 있었다.

오일 달러는 뉴욕과 런던으로 흘러가 체이스맨해튼, 매뉴팩처러스 하노버, 뱅크 오브 아메리카, 버클레이스, 로이즈, 미들랜드은행이 예측하지 못한(?) 횡재에 기쁨을 만끽했다. 미국의 재정적자는 줄고, 달러 체제는 살아남았다.

'끊이지 않는 오일달러 유입'에 터져 나오는 웃음을 참지 못하고 닉슨과 키신저는 흐뭇한 미소를 지었다.

석유는 상품이 아닙니다

1차 석유 파동 중에 가장 크게 퍼져있는 거짓말 중에 20세기 이내에 석유는 고갈된다는 이론이 있었다. 전혀 근거 없는 자료들을 증거 삼아 대중에 멀리 퍼진 거짓말 중 하나였다.

석유가 유한한 자원이라는 대대적인 선전은 정치적 의도가 숨어있었는데, 석유의 고갈이 강조되면 유가 상승을 쉽게 정당화할 수 있었기 때문이다. 석유자본은 석유 보존의 필요성을 역설함으로써 환경운동의 시선을 반핵운동으로 돌리고자하는 의도도 있다. 동시에 석유기업들은 신자유주의를 표방하는 연구소를 대대적으로 지원하여 국가의 개입을 차단하려고 했다. 오일달러의 순환이 증가하면서 국제금융시장의 통제가 한층 더 어려워졌고 달러의 무한질주도 정당화 되었다. 석유위기는 신자유주의 시대의 개막과 동의어였다.

이런 근거 없는 믿음들이 대중에게 알려졌을까? 록펠러 제국이 석유를 독점화하기 시작하면서부터 석유는 상품이 아니었기 때문이다. 지금은 러시아, 중국, OPEC이 '석유는 수급의 논리로 움직이는 재화'라고 우겨도 아무도 그 말을 믿지 않는다. 석유는 강대국 힘의 논리로 움직이는 특이한 상품이기 때문이다.

2차 세계대전과 중동의 전쟁들 그리고 소련연방의 붕괴와 이란의 핵 개발 억제 등은 모두 석유와 관련 있는 국제사회의 변화였다.

미국 외교 · 안보 정책의 핵심 목표는 다음 세 가지다.

첫째, 미국을 외침(外侵)으로부터 방어한다.

둘째, 유라시아 대륙에서 세력균형을 확보하기 위해 일본 및 북대서양조약기구(NATO)와의 동맹을 강화한다.

그러나 가장 중요한 것은 세 번째이다. 안정된 에너지 공급원을 확보하기 위해 제3국의 중동 석유자원 장악을 저지하고, 제해권을 유지해야 한다.

첫째도 석유, 둘째도 석유, 셋째도 석유이고 석유 뒤에는 기축통화가 버티고 있다.

키신저는 석유와 화폐에 대해 간략하게 촌평했다.

"석유를 장악하라. 그러면 전 세계 국가를 장악할 것이다. 식량을 장악하라. 그러면 전 세계국민을 장악할 것이다. 화폐를 장악하라. 그러면 전 세계를 장악할 것이다."

산티아고에 비가 내린다

1973년 키신저의 흑역사 중 가장 최악으로 기록되는 칠레의 살바도르 아예덴 정권 붕괴사건이 일어난다.

9월 11일 칠레 군사 쿠데타가 있던 그 날, 라디오방송에서는 계속해서 '오늘은 산티아고에 비가 내린다.'라는 방송을 하였다. 그것은 군부가 쿠데타에 동조하라는 암호였다. 합법적인 문민정치로 통치하던 아옌데의 신사회주의 정권은 미국의 지원을 받는 피노체트 장군에 의해서 무너진다.

쿠데타의 최후 무대는 칠레의 대통령궁으로 불리는 산티아고의 모네다 궁전. 영어로는 '머니', 국어로는 '돈'이라는 뜻의 이름에서도 알 수 있듯이 원래는 칠레의 조폐공사 건물이었다.

쿠데타 군의 전투기가 모네다에 폭탄을 투하하기 직전, 아예덴 대통령은 집무실 책상에서 자동 소총을 옆에 놓고 라디오를 통해 칠레 국민에게 마지막 연설을 하고 최후를 맞이한다. 쿠데타 군은 마지막으로 저항하던 대학과 지방공동체들에 학살을 강행한다. 노래 부르던 포크 송 가수 빅토르 하라의 입은 찢어지고 기타 치던 손은 뭉개졌다. 역마살 낀 보헤미안의 삶을 살았던 노벨 문학상 수상자 파블로 네루다는 이 소식을 듣고 나서 추방 명령을 받자 고통 가득 찬 채 숨을 거두었다.

피노체트가 군사 쿠데타로 정권을 잡자, 미국의 국무부 장관이었던 키신저는 "미국은 쿠데타를 직접 실행한 것은 아니지만, 쿠데타가 성공할 수 있는 최고의 전제 조건들을 미국이 창출하였다"고 주장하며 개입 사실을 인정했다.

신사는 남의 편지를 뜯어보지 않는다. - 워터게이트 사건

NSA(국가안전보장국)는 남의 편지 따위에는 관심이 없다고 단호하게 말한다. 그런데 하는 일은 'One copy please'이고 무슨 일을 하는지 물어보면 'Never Say Anything'이다.

미국 시민 중에 스노든 사건이 일어나기 전에는 CIA와 FBI는 알아도 NSA가 뭔지도 모르는 사람도 많았다. 다른 사람의 은밀한 사생활을 불법적으로 조사하는 '범죄'는 국가가 늘 저지르는 단골 메뉴이지만 문제는 '들통'이 날 때 어떻게 대처하는가이다.

1972년 6월 닉슨의 재선을 위해 비밀공작반이 워터게이트빌딩에 있는 민주당 전국위원회 본부에 침입하여 도청장치를 설치하려다 발각 · 체포되었다.

닉슨은 도청사건을 '모릅니다.'로 일관하며 시치미 뚝 떼었는데 진상이 규명됨에 따라 백악관이 관계하고 있었음이 밝혀졌다.

닉슨은 도청 미수 수사를 방해하고 은폐하려 했다. 국민 앞에서 "나는 사기꾼이 아니다(I'm not a crook)"라고 외치면서, 안에서는 "세계

나가. 이게 그들의 방식이고, 앞으로 우리가 취할 방식이야."라고 지시했다. 온갖 짓을 다 했다. 녹음테이프를 제출하라는 특별검사를 해임하라 지시하자 법무부 장관·차관이 반발하여 사임으로 맞섰지만 밀어붙였다. '토요일 밤의 대학살'로 일컫는 장면이다. 닉슨이 무마공작에 나섰던 사실은 계속 폭로되어 입지는 좁아졌다.

탄핵의 촛불이 타오르고 하원 사법위원회에서 대통령 탄핵결의가 가결되자 먼저 사임해 버렸다. 막장 대처는 닉슨을 탄핵이라는 막다른 골목으로 몰고 간 것이다. 닉슨은 탄핵 대신 사임을 택한다. 닉슨이 탄핵 정국에서 붙잡은 '마지막 명예'는 사임이었다.

닉슨은 야망를 달성하기 위해 형성된 투쟁적 성격이 불안정한 심리상태, 일시적이고 불같은 격노, 강한 원한의식을 가져왔고 인간의 성격이 자신의 운명을 파멸로 이끄는 불행을 움켜쥐었다. 닉슨은 '목적을 위해 수단이 정당화되는 정치'를 믿었지만 세상을 늘 그렇지는 않았다.

키신저는 "정신적 관대함이 닉슨의 덕목 중에 속하지 않은 것은 의심의 여지가 없다. 그는 분노와 과도한 고정관념을 결코 초월하지 못했다. 그러나 전임자들이 물려준 과업과 관련해 비판자들로부터 동정을 받지도 못했다."라고 평했다.

노벨평화상 수상자의 자격

다이너마이트로 많은 사람을 죽인 대가로 돈을 벌어 만든 상이라서 그런가, 노벨상은 가끔 이상한 시상을 한다. 오죽하면 버나드 쇼가 '노벨이라는 사람은 화약보다도 노벨상을 만들어 인류에 더 큰 해를 끼쳤다'고 했을까. 노벨평화상 위원회에서 선정한 수상자들에 대해 세상은 가끔 고개를 갸웃거린다. 멀게는 시어도어 루스벨트 미 대통령이 있었고 최근에는 오바마 대통령이 있었다. 오바마는 자신의 수상 소식에 너무나 황당해서 속마음을 감추기 위해 엄청난 노력을 해야 했다.

버트런드 러셀, 윈스턴 처칠 같은 사람이 문학상을 받기도 했다. 이 두 명의 영국인은 왜 문학상을 받았는지 자신도 모를 것이 분명하다. 그런데 문학상이야 남들이 입방아 찧은들 어쩌랴. 100m 달리기 시합처럼 눈에 보이지도 않는데. 무엇보다도 논란이 되는 분야는 평화상이다. 93년 평화상을 받은 이츠하크 라빈은 논란 대신 자기 편(?)의 총격을 받고 세상을 떠나지 않았던가.

1973년 노벨위원회는 키신저와 레둑토를 평화상 공동 수상자로 선정했다. 키신저가 노벨평화상을 받았을 때 많은 사람이 의문을 나타냈다. 공동으로 선정된 레둑토 베트남 총리는 키신저 같은 말종(末種)과 자신이 공동 수상하는 일이 너무나 불쾌했다. "아직 베트남에 평화가 오지 않았다"며 수상을 거부했다. 자기 나라를 수년간 네이팜탄의 지옥으로 만든 키신저와 함께 노벨상 놀이를 하는 것이 탐탁지 않았음이 분명하다.

세상은 키신저가 소련과의 군축협정 체결, 미·중 외교, 칠레 피노체트 반군지원, 방글라데시 극우 군사정권 인정(수상 이후), 동티모르 학살(수상 이후) 묵인 등 칭찬과 비난을 감수하며 철저히 미국 중시

정책을 폈다며 의문점을 나타냈다. 노벨상을 받는 순간에도 캄보디아에는 비밀리에 대규모 폭탄 덩어리들이 지상으로 떨어지고 있었다.

키신저는 상을 받으러 가며 이렇게 생각했다.

'미친 닉슨은 핵무기를 사용하자고 설쳤지만, 더 많은 문제를 염려한 내 의견대로 사용되지 않았고 전쟁은 마무리되어가고 있다. 골수 반공주의자들의 반대를 무릎 쓰고 기호지세의 악몽에서 미국은 벗어났다. 나는 상 받을 자격이 있다. 나는 경세가가 응당 져야 할 십자가를 지고 세상을 살 뿐이다. 피 흘리지 않고 평화롭게 살 수 있다는 소리는 현실을 모르는 개소리다. 피투성이면 어떠하랴. 이름이 평화상인데.'

노벨상이 합당했는지에 대한 판단은 각자의 몫이지만 베트남은 이제 핵폭탄과 네이팜탄의 공포에서 벗어날 수 있었다.

명예로운 철수는 없다

노벨상을 받은 직후인 1973년 11월 키신저는 한국을 방문했다. 김포공항에서 그를 맞이한 사람은 김종필. 둘은 초면이 아니었다. 1969년 3선 개헌이 끝난 직후 김종필은 키신저를 찾아간다.

'현재는 활동하고 있지 않지만, 김은 여전히 한국 정치에서 계산에 넣지 않을 수 없는 인물임. 그의 비상한 재주(야망 있고, 아주 지적이며, 조리 있음)를 고려할 때, 44세의 나이에 정치생활에서 영원히 물러날 것으로 보이지 않음'

한국대사관을 통해서 키신저에게 면담을 신청한 김종필에 대해 미국무부에서 작성한 신상 파일의 일부이다. 미 국무부는 이미 김종필의 정치역정이 매우 '길게 간다'고 예측했다. 제법 사람 볼 줄 안다.

김종필과 키신저가 만나서 다룬 주요 의제는 닉슨 독트린과 주한미군을 줄이는 문제였다.

1969년은 닉슨 독트린과 박정희의 미국방문이 있었던 해였다. 닉슨은 7월에 "길지 않은 기간 동안 미국은 세 번이나 태평양을 건너 아시아에서 싸워야 했다. 일본과의 태평양전쟁, 한국전쟁, 그리고 아직도 끝이 나지 않은 베트남 전쟁이 그것이다." 결과는 1승 1무. 끝나지 않은 전쟁은 승리의 가능성이 점점 희박해져 갔다. 닉슨 독트린은 한마디로 '아시아에서 발 빼고 싶다'라고 말했고 속마음은 '재정적자에서 벗어나고 싶다'였다.

한 달 후인 8월 무거운 걸음으로 미국을 방문했던 박정희는 닉슨 독트린에도 불구하고 미국의 대한정책에는 변화가 없다는 답변을 받았다. 김종필의 키신저 방문은 8월의 약속을 확인하고 부탁하는 자리였다. 그러나 역시 닉슨은 믿기 어려운 정치가였다.

1970년 3월 20일 키신저는 주한미군 2만 명을 1971년 말까지 철수시키는 문제에 대해 박정희 대통령에게 직접 전달할 것을 국무부에 지시했다. (National Security Decision Memorandum 48) 주한미군 감축 정책이 한국 정부에 전달되자마자 박정희는 같은 해 4월 20일 주미한국대사를 통해 타자가 아닌 직접 손으로 쓴 편지를 보냈다. 그만큼 한국 정부는 다급했다. 만약 주한미군의 1개 사단 2만 명이 한국으로부터 철수한다면, 베트남에 전투부대를 파병할 때 한국 정부가 내세웠던 가장 중요한 명분이 흔들리는 것이다.(4)

키신저에게 뒤통수 맞은 기억이 유쾌하지는 않았을 김종필은 회고록에서 박정희와 키신저의 만남을 이렇게 회고한다.

국제 외교를 쥐락펴락하는 하버드 대학 출신의 이 외교관은 그렇지 않아도 한 달 전 노벨평화상 수상자로 선정돼 득의만면(得意滿面)한 표정이었다(월남 휴전 공로, 월맹 측 파트너인 레득토 정치국원과 공동수상자로 뽑혔으나 레득토는 수상을 거부). 키신저는 박 대통령에게 파리협정을 설명했다. "앞으로 월남엔 물자와 장비를 지원해서 단단하게 만들어줄 겁니다. 이제 월남과 월맹은 평화적으로 대치하게 됐습니다."라고 말했다. 월남의 평화를 만들어냈다는 자랑스러운 기색이 역력했다. 나는 속으로 '이자가 정말 공산주의자를 모르는군.'이라고 생각했다. 잠시 무언가를 생각하던 박 대통령이 "이보시오, 미스터 키신저. 잘된 거로 생각합니까?"라고 물었다. 질문의 의미를 알아듣지 못한 키신저가 대통령 얼굴만 멀뚱히 쳐다봤다. 그러자 박 대통령이 냉정한 어투로 딱 잘라 말했다. "이제 월남은 끝났구먼. 끝의 시작이오."

키신저가 놀란 눈으로 "끝나다니, 무슨 뜻입니까?"라고 물었다.

박 대통령은 이렇게 답했다. "정전 협정을 했다고 하지만, 공산주의자들은 가만히 있을 족속들이 아닙니다. 미군이 다 철수했으니

월맹이 본격적으로 침공을 시작할 겁니다. 월남군은 막지 못합니다. 남쪽은 이제 평화가 왔다고 민주주의 운운하면서 미국 원조나 기다리고 있겠지만, 월맹에선 이제 월남 통일이 눈앞에 보인다고 할 거요."(5)

김종필은 박정희의 날카로운 지적에 감탄했다고 했다. 김종필의 증언이 정확하다면 박정희는 키신저와 미국의 정책을 몰라도 너무 모르는 답변을 했다. 그러나 박정희는 키신저에 대해 잘 알고 있었다. 알고 있으면서도 베트남의 미국 조치에 대한 자신의 불만을 빗대서 말했다.

키신저는 월남이 처한 상황을 마냥 봄날의 꽃구경처럼 낙관하지 않았고 무슨 일이 벌어질지는 잘 알고 있었다. 키신저의 스승이 누구인가? 철저한 반공주의자 넬슨 록펠러가 아닌가? 공산주의자들에 대해 누구보다 잘 알고 있었다. 미국은 재정적자와 달러 가치 하락, 미국 내 반전여론으로 불가피한 선택을 했고 그 선택에 가장 큰 영향을 끼친 사람은 키신저였다.

키신저가 놀란 것은 월남에 대한 전망이 아니고 잘 나가는 미 국무장관에게 속에 있는 소리를 거침없이 내뱉은 박정희의 깡다구였다. 존경하는 인물이 '히틀러'라는 괴이한 인물의 입에서 나온 거침없는 언사에 키신저는 마음이 상했다. '히틀러'에게 입은 마음의 상처에서 키신저가 벗어나지 못한 상황이었다. 명예로운 철수라고 우기고 싶은 키신저에게 박정희의 발언은 외교적 레토릭을 제거한 폭탄이었다.

인구의 저주, 자비라는 재앙

1798년 무명의 목사이며 정치경제학 교수였던 맬서스가 인구론을 발표했다. 중학생 정도 되면 '식량은 산술급수적으로 증가하고 인구는 기하급수적으로 증가하는 경향'을 알 정도로 유명한 맬서스의 법칙은 산업 성장기에 자취를 감추었다가 1970년대 미국에서 부활했다. 이른바 '신맬서스주의'다.

맬서스는 전쟁과 살육, 자연재해와 기근, 전염병과 같은 일들이 과잉인구를 줄이는 방법이라고 보았다. 자본가의 자비로 임금을 올리면 통제할 수 없는 인간의 성욕은 인구증가라는 재앙을 초래하여 해로운 결과를 초래한다는 주장이다. 목사가 설파하기에는 무서운 결론이다.

석유 위기가 한창이던 1974년 4월 키신저는 세계 인구증가가 미국 안보와 해외 이익에 미치는 영향을 주제로 '국가 안보회의 연구 비망록 200'을 발간했다.

이 보고서의 핵심은 미국의 경제에 필요한 핵심자원을 보유하고 있는 특정 개발도상국의 인구팽창이 미국 국가안보위협을 초래할 가능성이 있다는 주장이다. 그래서 미국이 인구를 억제하도록 압력을 넣어야 할 13개국을 구체적으로 지정했다. 브라질, 나이지리아 등 대부분 국가가 석유생산국이었다. (비산유국 대한민국은 빠졌다)

키신저는 '인구 억제에 대한 지출이 관개 시설 및 전력 프로젝트와 상품 생산을 올리는 데 투입될 자금보다 훨씬 더 효율적일 것'이라며 미국 정책의 영향이 후진국의 기근, 빈곤, 질병 등 인간의 사망에 미칠 영향을 노골적으로 표현했다.

스파이게임 – 나한테 왜 그러는 건데?

1977년에 키신저에게 위기가 온다. 키신저의 잘 나가는 모습을 지켜보던 반대파들이 한 방에 역전하는 방법은 항상 예상하는 범위 안에 있었다. 알고 보니 '간첩'이었다. 간첩처럼 상대방을 확실하고 신속하게 죽이는 방법은 찾기 어려우니까.

냉전은 아직 끝나지 않은 시대였다. 악마가 많으면 많을수록 매파들의 논리는 빛난다. 그런데 예비 악마 중국과 손을 잡아 자신들의 카드 하나를 없애는 행동은 '배신'이다. 반대파들은 헨리 키신저를 국가 반역혐의를 입증할 증거 찾기에 골몰했다. 이 일에 앞장선 것은 냉전이 끝나기를 두려워했던 매파와 CIA였다. 같은 고민을 하는 사람은 친해지기 쉽고, 공동의 적이 생긴다. 소련 측에서도 구미에 맞는 자료들이 넘어온 것으로 추측된다. 출처가 불명한 증거들이 나오기 시작했고 지미 카터 대통령에게 보고되기 시작한다.

소련 케이블 사진에서 키신저는 도브리닌에게 개인적으로 만나 SALT II(2차 전략무기제한협정) 협상에서 미국의 전략을 알려주는 모습이 생생히 그려져 있었다.

'네 죄를 네가 알렸다' 식의 질문으로 소련에 정보를 넘기고 심지어는 그들에게 동조하기까지 했다는 반역혐의는 진지하게 검토된다.

키신저는 이 같은 혐의를 단호하게 부인하고 반대파들의 중상모략이나 내부 분열을 노린 소련 측의 음모에 불과하다고 항변했다. 키신저의 결백을 입증하지 못하면 파멸 올지도 모르는 게임에서 땅콩농장 출신 대통령 카터는 키신저의 손을 들어 주었다. 모든 것을 소련의 음모라고 판단하고 케이블 사진과 서류를 전부 폐기한다.

광선 검과 별들의 전쟁(SDI)

루스 베네딕트가 국화와 칼을 썼던 1944년, 국화라는 예의를 존중하고 칼이라는 무(武)를 숭상하는 일본인이 이상하게 보였으리라. 이웃에겐 상냥한 동네청년이 머나먼 태평양으로 비행하고 와서 일면식도 없는 미국인을 죽이기 위해 목숨을 버리는 행위는 도저히 이해할 수 없는 일이었다. 1945년 일본이 사라지자 더 이해하기 어려운 소련이 나타나서 미국 앞에 늘 어른거렸다.

스타워즈가 처음 나온 1977년 미국은 베트남전 패배라는 악몽에서 깨어났지만, 여전히 후유증에 시달리고 있었다.

팍스 아메리카에서 평화롭게 햄버거를 먹고 있지만, 언제까지 지속할지 불안했다. 소련이라는 북극곰이 언제 발톱을 세울지 늘 좌불안석이었다. 미국은 허약체질에 걸려 왜소해 보였다. 스타워즈의 은하계 지배를 꿈꾸는 황제와 그의 심복 다스 베이더는 공산제국의 은유였다. 조지 루커스는 복장에서 이런 점을 노골적으로 드러냈다. 제국의 지휘관들이 입고 있는 제복과 '스톰트루퍼'는 각각 소련군과 나치 독일군을 모델로 했다.

스타워즈의 영향은 아니겠지만, 키신저의 외교정책인 데탕트는 1970년대 후반이 되면서 비판이 고조된다. 1979년 소련은 아프가니스탄을 침공했고 네오콘은 속으로 만세를 부른다. 데탕트는 붕괴하였다.

미국의 레이건 대통령은 데탕트를 비판했고, 소련을 악의 제국이라 규정하게 한다. 이제 다스 베이더와 맞대결도 불사해야 했고 제국을 물리칠 광선 검이 필요했다. 이른바 신 냉전 시대였다. 레이건과 네오콘의 발언권이 커지기 시작한다.

우주 미사일 기지 건설을 골자로 하는 전략방위구상, 일명 "별들의 전쟁(Star Wars)"은 광선 검을 숭배했던 레이건의 구상이었다.

넬슨 록펠러의 장례식

백세시대를 장담하던 넬슨 록펠러가 심장마비로 사망한다. 1979년에 있었던 넬슨 록펠러의 죽음, 박정희 암살, 팔레비 축출 등을 국제유대 자본 이너 써클의 권력투쟁으로 해석하는 사람들은 넬슨이 독살 당했다고 주장하기도 한다.

넬슨 록펠러라는 든든한 배경이 사라지면 몰락이 올 수 있는데도 불구하고 키신저는 오히려 더 전진하는 계기를 만든다. 넬슨의 죽음을 계기로 단순히 록펠러파의 이익만을 대변하기보다는 미국 내 주요 파벌들의 암투 너머에서 '큰 그림'을 그리고 조율하는 '해결사' 역할을 하기로 했다. 더 나아가 러시아와 석유업자와도 내통하고 중국의 지도자들과 교류하며 세계 지도층과 소통할 수 있는 네트워크를 갖춘 지구 상 유일한 인물이 된 것이다.

이제 공직은 필요 없다. '신세계 질서'를 기획하고 알리는 최고 정점에 서면 된다.

넬슨 록펠러의 장례 예배에 참석한 키신저는 고인의 명복을 빌며 감동적인 추모 연설을 하였다. 넬슨, 당신은 미국 대통령은 되지 못했지만 멋진 인생을 살았어요. 그리고 고마웠어요. 잘 가요! 넬슨과 헤어진 키신저는 새로운 도약을 한다.

유령의 집

아이슬란드의 수도 레이캬비크는 '증기가 있는 하구'라는 뜻이다. 이 지역을 처음 발견한 사람이 온천에서 피어오르는 연기를 보고 이름을 지었다고 한다. 이 작은 나라의 수도인 레이캬비크시가 소유한 허허벌판의 외딴집 호프디 하우스에는 가끔 행사가 열릴 뿐이었다. 아이들도 인적이 끊긴 이 건물을 '유령의 집'이라고 불렀다.

1986년 유령의 집이 갑자기 세상의 관심을 집중해서 받는다. 세계를 움직이는 두 지도자 레이건과 고르바초프가 회담 장소를 유령의 집으로 결정했기 때문이다.

인구가 12만 정도의 작은 도시에 이 거물들이 회동하니 기자들과 사람들이 몰려든다.

비공개로 군비통제문제를 솔직하게 논의하자는 고르바초프의 제안에 적극적인 협상할 의지를 간파한 백악관의 결정으로 두 정상은 회심탄회하게 대화를 나눌 수 있었다.

전 세계 사람을 공포에 몰아넣었던 핵전쟁의 위기를 불식하고 핵무기 감축에 합의하기 위한 회담은 공식적으로 아무런 합의에 도달하지 못했다. 핵무기 감축이 세계평화에 바람직할 뿐만 아니라 실현 가능하다는 발상에 키신저의 발상은 결실을 보기에 아직은 멀어 보였다. 그러나 레이캬비크 정상회담은 1987년 워싱턴 정상회담을 가기 위한 징검다리 역할을 충분히 하였다.

강경론자인 레이건을 군축의 장으로 불러들여서 워싱턴에서 '중거리 핵 미사일협정'에 서명했던 과정은 간단한 설명이 필요하다.

배우였던 레이건이 국제 정치무대에서 주목받았던 첫 번째 사건은 북한의 원산 앞바다에서 정보수집함 푸에블로호가 납치된 1968년이었다. 북한이 이 사건을 미국의 불법적으로 침략적인 도발 행위로 대내외적인 선전을 펼쳤다. 미국은 자국 승무원 보호를 위해 푸에블로호의 북한 영해 침범을 시인하는 문서에 서명하였다. 캘리포니아 주지사 레이건은 승무원을 전원 석방될 때까지 북한에 한 시간에 한 방씩 폭탄을 퍼붓자고 주장할 정도로 강경주장을 하였다.

1983년 소련의 KAL 007기 격추사건이 일어나자 격한 분노를 표현하며 비난을 쏟아부었지만, 행동은 극히 자제하였다.

레이건은 키신저를 백악관으로 초빙하였고 키신저는 '양국의 관계를 더 악화시키고 싶지 않으면 반소적인 공격성을 완화할 것'을 권고했다. KAL 007기 사건이 예상과 달리 평화의 문을 여는 데 이바지하게 된다. 대소 강경론자였던 레이건 대통령이 KAL 007기 폭파 사건에서 분노 다음 느낀 감정은 핵전쟁의 공포였다.

그리고 또 하나의 사건, ABC 방송국에서 핵전쟁을 다룬 TV 영화 '그날 이후(The Day After)'를 방영했다. 1억 명의 시청자들이 핵전쟁의 시나리오를 보고 충격에 빠졌고, 대중 사이에서 반핵운동이 시작되었다. 레이건도 이 영화를 본 뒤 관련 부처에 핵전쟁 시나리오를 보고하라고 지시했는데 결과는 영화와 크게 다르지 않았다. 레이건은 '가능한 모든 방법을 동원해서 핵전쟁이 일어나지 않도록 하겠다'고 일기에 적었다.

1985년 고르바초프가 54세로 젊은 소련공산당 서기장이 되었을 때 제국은 노쇠했고 중병에 걸려있었다. 젊은 지도자는 늙은 제국이 이대로 가면 곧 숨을 거두리라는 것을 눈치챘고 레이건에게 편지를 보냈다. 유령의 집에서 둘이 만남은 이렇게 시작된 것이다.

'로널드 레이건 만큼 자기 시대에 잘 어울리고 적응한 대통령은 거의 없었다. 10년 전이었다면 그는 너무 과격해서 현실적으로 보일 수 없었을 것이다.'

헨리 키신저는 레이건을 이렇게 평가했다.

'그리고 10년 후였다면 그의 확신은 너무 일차원적인 것처럼 보였을 것이다. 그러나 경제가 침체하고 장로 정치를 펼치는 수뇌부가 문자 그대로 연속적으로 사라지는 소련을 마주하게 된 레이건은 환멸의 시대를 벗어나기를 원하는 미국 여론을 등에 업고 가끔은 불협화음을 내는 듯이 하는 미국의 잠재된 장점들인 이상주의와 복원력, 창의력, 경제적 활력을 결합해 냈다.(6)

시기에 가장 맞는 대통령이 있어서 미국에 세계의 평화에도 도움이

됐다.

얄타에서 몰타까지, 그리고 신냉전시대

세 명의 거두들이 전후체제를 의논한 얄타회담이 끝나고 44년이 흘렀다. 미소는 많은 위기를 넘어서 냉전을 지나 이제 몰타에서 다시 만났다. 흑해 연안 크림반도의 휴양지에서 지중해 몰타까지 오는 길은 멀고도 멀었다.

> 1989년 12월 지중해의 몰타에서 미·소 정상은 '냉전의 종언', 다시 말해 '얄타체제의 해체'를 선언했다. 탈냉전기가 시작된 것이다. 몰타회담 이후 소련은 독일의 통일을 인정했으며, 나토에 맞선 공산권 군사동맹인 바르샤바조약기구도 해체했다. 오랫동안 자신보다 큰 덩치를 가진 미국과의 경쟁에서 소련은 지칠 대로 지쳐있었고 미국도 새로운 시장이 필요했다. '냉전의 종언'은 새로운 세계질서를 주도할 수 있으리라 기대했기 때문이었다. 하지만 미국의 생각은 달랐다. 소련의 패배로 냉전이 끝났다고 보는 미국이 탈냉전기 세계질서의 주도권을 소련과 공유할 이유는 없었다. 따라서 나토는 해체가 아닌 확대의 길을 선택했고, 뒤를 이어 유럽연합도 동쪽으로 확대를 시작했다.
> 과거 소련의 영향력 아래에 있던 동유럽 국가들이 차례로 나토와 유럽연합의 회원국이 되면서 러시아의 불안감은 점점 커졌다.

결국, 러시아는 자신이 미국과 동등한 지위에서 탈냉전기 세계질
서를 주도할 수 없고, 유럽의 안보·경제 통합 과정에도 참여할
수 없다는 사실이 명백해지면서 탈 소비에트 지역 통합을 가속하
기 시작했다. 이렇게 과거 소련의 국경선까지 확대된 나토와 유
럽연합, 그리고 러시아 사이에 마지막 남은 완충지대가 바로 우
크라이나였다.
국제사회의 비난을 무릅쓴 러시아의 크림반도 병합은 러시아·
그루지야 전쟁처럼 자신의 사활적 이익 침해에 대한 군사적 대응
을 넘어 어떠한 희생이 따르더라도 미국이 '강요하는' 세계질서에
이제는 순응하지 않겠다는 견결한 의지의 표명으로 해석된다. (7)

2014년 미하일 고르바초프와 키신저는 다시 "세계가 새로운 냉전에
근접했다"고 말했다. '냉전 종식'을 선언한 지 25년 만에, 우크라이나
를 둘러싼 서방과 러시아의 패권 다툼은 세계를 다시 '냉전' 시대로
돌아가려는 촉발제가 됐다. 언제든 변할 수 있고, 또 변해 왔던 국제
질서가 어디로 가는지 새로운 그림을 그려야 할 때였다. 키신저의 역
발상은 또다시 시작된다.

역린(逆鱗), 달러 기축통화

미국입장에서 남들이 절대로 해서는 안 되는 일이 있다. 원유거래를
달러 아닌 다른 화폐로 거래하는 일이다. 석유 사고팔고 싶어? 그러

면 달러로 해. 카드 사용하면 안 되냐고? 달러 표시 카드 오케이. 다른 화폐 사용? 다른 것은 용서해도 그 일만은 절대 안 돼.

그런데 이라크의 후세인 정권이 칼을 뺐다. 2000년 11월 원유거래를 달러에서 유로화로 바꾼 것이다. OPEC의 공식 결제 화폐로 달러와 유로화가 복수로 지정 될지 모른다는 악몽에 미국과 석유업자는 경악했다. 기축통화의 지위 하락은 전쟁을 해서라도 막아야 한다. 안 그래도 미워 죽겠는데 뺨 때려달라는 말과 같다.

후세인과 빈 라덴이 절친한 친구라는 부시의 주장을 시작으로 이라크의 대량파괴 무기(Weapons of Mass Destruction)에 대한 증언이 쏟아졌다. 석유와 기축통화라는 두 가지 이유를 감추고 공격을 시작해야 할 일은 너무나 많았다. 미국의 극우 기독교계를 중심으로 제2의 십자군 전쟁이라는 이야기를 공공연히 떠들기 시작했다.

부시는 UN 안전보장이사회의 보고서가 나오기도 전에 정찰조를 투입하여 후세인과 관계가 소원한 군 지도자들을 포섭하며 사전 정지 작업을 한다.

2003년 3월 미국의 이라크 침공은 시작된다. 이라크 9년 전쟁의 시작이었다. 3년이 지나 후세인이 체포되어 형장의 이슬로 사라졌다. 후세인의 처형으로 '달러 가지고 놀면' 어떤 최후를 맞이하는지 똑똑히 보여주었지만, 전쟁종료 선언까지는 상당한 시간이 소요되었다.

치명적인 무기는 끝까지 발견되지 않았다. 미군은 이동식 생물학 무기 실험실인 트레일러 2대를 발견했다고 발표했으나, 사실은 기상 관측용 열기구를 위한 수소 생산 시설이었다. 발견 소식은 크게, 오보 소식은 아주 작게 보도되는 동안 사람들은 왜 전쟁을 일으켰는지조차

잊어갔다.

79세 키신저의 짧은 공직 생활

'키신저 어소시에이츠' 회장으로 일하는 동안에도 키신저는 부지런한 사람이었다. 만나는 정치가와 귓속말을 주고받으며 활동을 멈추지 않았다.

9 · 11 사건이 터졌다. 영화 속에서 보던 비행기 테러가 발생했다. 미 대통령 부시는 9 · 11 테러공격을 미리 탐지하지 못한 원인을 조사해 달라는 테러 희생자 유족들의 요구에 불응하다 여론에 밀려 결국 수용한다. 조사위원회에 임명을 대통령이 하겠다는 조건이 붙었다.

미국은 공직을 떠난 지 20년이 넘는 키신저에게 하게 될 특별위원회 위원장직을 맡아 달라고 요청한다. 키신저는 기업인과 정치가들을 상대로 한 강연 활동을 멈추고 부시의 요청을 수락한다. 부시는 특별위원회 구성법에 서명한 뒤 키신저 임명을 발표했다. 미국 외교정책을 이끈 20세기 정치 거목인 키신저가 다시 등장했다.

위원회는 항공안전과 정보 등 각종 문제를 조사해서 테러에 대비한 향후 미국의 안보를 강화하는 방안 등을 종합 검토한다.

키신저는 "모든 사실을 밝혀낼 것이며 대통령은 우리가 모든 사실에 접근할 수 있도록 돕겠다고 약속했다."고 말했다.

키신저가 위원장으로 임명된 데 대해 야당인 민주당과 위원회 설치를 요구했던 9 · 11 유가족들은 환영했다. 그는 "특히 뉴욕사람으로서 조사를 맡게 돼 책임감을 느낀다"면서 성역 없는 조사를 다짐했다. 말은 화려했지만, 실속은 없었다. 석유 냄새 물씬 나는 부시와 키신저의 연대는 이미 불신의 그림자가 가득했다.

청문회에 나온 국가 안전보좌관 콘돌리자 라이스는 선서하지 않고 증언하겠다고 하자 유가족들은 저항의 의미로 모두 청문회장을 나가 버렸다. 정보수집 실패, 입국자 관리 문제 등을 총체적으로 규명하기 위해 부시 대통령과 클린턴 전 대통령을 포함해 전·현 정권 인사들을 모두 조사 대상에 포함했지만, 조사는 난항을 겪었다. 지지부진한 조사가 이루어지자 초기 위원장으로 임명된 키신저의 사퇴에 대한 압력이 커졌다. 키신저는 오랜만에 돌아온 공직에서 곧 사퇴한다.

조사위원회의 조사가 끝나고 사람들의 기억 속에서 사라지려 할 때 새로운 주장이 나온다. 키신저와 워터게이트 사건 때부터 질긴 인연을 이어온 밥 우드워드가 "조지 부시 미국 대통령의 강공드라이브 배후에는 헨리 키신저 전 국무장관이 있다"고 미 CBS 방송 '60분'의 프로그램 인터뷰에서 폭로했다.

키신저가 이라크전과 관련해서 부시의 '가정교사'를 하고 있다며 '키신저 역할론'에 불을 붙였다.

키신저는 위원회를 그만두고 이라크 전에 대한 옹호 발언을 하며 돌아다닌 사실이 주목 받았다. 키신저는 반전여론이 거세지자 "이라크 전쟁으로 촉발된 미국의 무모함과 유럽의 도피주의에 대한 논란은 핵으로 무장한 중동을 배경으로 한 한층 큰 문명 간 전쟁의 위험 앞에 수그러들고 있다."며 이라크전의 당위성을 주장하고 "새로운 국제질서를 수립하지 못하면 전 세계는 재앙에 직면할 것"이라고 주장했다.

부시가 화답하듯 '이라크전은 문명의 충돌이 아니고 문명을 위한 투쟁'이라고 연설했다.

조사위원회와 이라크 전쟁까지 이어지는 부시와 키신저의 인연을 석유산업과 전쟁과 정치권력이라는 연결고리 없이는 설명할 수 없었다.

키신저의 무덤

살아 있는 사람에게 가장 필요 없는 것이 있다면 무덤이 아닐까?

그러나 사람은 어차피 죽어서 지구를 떠나는 운명을 타고났다. 누구나 죽는다. 그것이 사람이다. 유명인의 무덤에 무엇을 새겨 넣을까 하는 상상은 한 사람의 인생을 축약할 수 있다.

김종필의 무덤에는 무항산무항심(無恒産 無恒心)을 치국의 근본으로 삼으라는 구절이 나온다. 김종필은 자신의 인생이 조국의 근대화에 일조했다는 자부심이 있었다.

레오 슈트라우스가 죽었을 때 열렬한 시오니스트이면서 미국에서 외로운 투쟁을 했던 철학자에게 유월절의 송가로 유명한 시편 114편이 낭송되었다.

땅이여 너는 주 앞 곧 야곱의 하나님 앞에서 떨지어다.

그가 반석을 변하여 못이 되게 하시며 차돌로 샘물이 되게 하셨도다.

저우언라이에게는 무덤이 없다.

키신저는 무덤에 무엇을 남길까?

이보 대들러 브루킹스 연구소 선임연구원은 "키신저의 모든 것을 설명할 수 있는 두 단어는 '베트남과 데탕트'라면서 "베트남 전쟁으로 인해 좌파로부터는 멸시를 당했지만 데탕트 외교 때문에 우파로부터 비난받았다"고 말했다. 그러나 그것만으로 키신저를 설명할 수 없다.

어쩌면 이런 글이 남을지도 모르겠다.

- 세상을 움직이는 세 명이 있다. 미국 대통령, 중국 주석 그리고 석유장사. 이 세 명의 중재자이며 경세가였던 헨리 키신저 여기 잠들다.

(1) 헨리 키신저의 회복된 세계 621p/ 북앤피플/

(2) 아무도 말하지 않는 미국현대사2 존슨에서 오바마까지/(II권 51-52쪽)/들녘

(3) Kissinger, White House year, p.182/ 헨리 키신저의 중국 이야기, 민음사 p.271 재인용

(4) 박태균의 베트남 전쟁

(5) 김종필 증언록/와이즈베리/ p453

(6) 헨리 키신저의 세계질서/ 민음사. p347

(7) 얄타, 몰타, 그리고 크림반도/제성훈 대외경제정책연구원 러시아 · 유라시아 팀장/서울신문 2015-03-17

02

넬슨 록펠러,
불륜의 향기는 달콤하고
열매는 쓰다.

대통령이 되고 싶은 사나이(The man who would be King)

오늘날의 세계를 이룩하는데 결정적인 역할을 한 인물이 둘 있는데, 바로 록펠러와 비스마르크다. 한 명은 경제에서, 또 한 명은 정치에서, 개개인의 경쟁을 통한 보편적 행복이라는 자유주의자의 꿈을 부정해버렸다. 그리고 그 꿈을 독점과 조합국가로 대체하거나, 혹은 적어도 그렇게 변화해나가도록 주도한 인물들이다.(1)

록펠러와 비스마르크처럼 키신저에게 커다란 영향을 준 사람은 별로 없다. 특히, 존 록펠러의 손자였던 넬슨 올드리치 록펠러는 현실 정치에서 키신저의 후원자가 되었고 정치가 무엇인지 가르쳐 주었다.

기업과 정치라는 다른 분야에 있었지만, 러셀은 록펠러와 비스마르크를 독점이라는 한 단어로 묶어버렸다. 록펠러와 비스마르크는 그

외에도 차가운 집념과 냉혹함 그리고 새로운 제국을 건설한다는 불타는 힘을 가진 점에서 일치했다.

대통령이 되고 싶은 사나이 넬슨이 대통령이 되기에는 여러 면에서 부족했다. 자신의 능력이 세상을 바꿀 수 있다고 자신만만했지만, 재벌 3세답게 결정적인 순간 자제력이 부족했다. 유권자들이 국가 비전보다 정치인들의 침대 이야기에 더 끌린다는 것은 정치 교과서 첫 페이지에 나와 있지 않은가. 그래서 넬슨의 인생에서 할아버지가 든든한 뒷받침이었다면 두 번째 부인 '해피'는 걸림돌이었다. 인생에서 해피라는 여자를 만나지 않았으면 그는 역사에 '미국 부통령'이 아니고 '미국 대통령'이 되었을 것이다.

역사는 불륜이 만든다

1963년 5월 4일 한 쌍의 불륜 남녀가 미국의 역사를 바꾸는 결혼식을 올린다. 장소는 포컨티코 저택 정원. 존 록펠러는 브로드웨이 26번가 자신의 아지트로 출근하는 일을 중단했을 때 이곳의 매입과 조경에 온 힘을 쏟았다. 허드슨 강을 굽어보는 기막힌 경치는 존 록펠러의 아내와 자식들 그리고 손자들을 위해 존재했다. 록펠러의 손자 '오 형제'와 누나 뱁스(애비)의 성장지는 포컨티코가 절반이라 해도 좋았다. 재혼한 뱁스에게 왜 포컨티코에 자주 들르지 않느냐는 물음에 "달콤하고도 씁쓸한 추억" 때문이라고 답하며 쓴웃음을 지었다.

졸부답지 않게 존 록펠러는 사교계 미녀들과의 향락에는 조금도 관심이 없었다. 그에게 아내와 다섯 명의 아이들은 자신의 '더러운 돈'을 정화해줄 면죄부와도 같았다. 그러나 그의 자손들은 록펠러와 생각이 같지 않았다.

결혼하는 중년 남자는 쉰네 살의 넬슨 록펠러, 나이보다 젊어 보였으며 재선에 성공한 현직 뉴욕 주지사이고 존 록펠러 2세의 둘째 아들이며 JDR 3의 동생이다. 넬슨은 30년이 넘게 살아온 부인과 다섯 아이와 헤어지는 일이 쉽지 않았지만 2년 전에 공식적으로 이혼했다. 그에게는 미국 대통령이라는 원대한 꿈이 있다. 여자는 서른여섯 살의 마가리타 머피, 푸른색 실크 애프터 눈 드레스를 입고 있었다. 주위의 친구들은 그녀를 '해피'라는 별명으로 불렀지만, 인생은 마냥 해피하진 않았다. 해피는 불과 한 달 전에 네 명의 아이들을 두고 남편과 이혼한 상태였다.

문제는 둘이 오래전부터 아는 사이였고 이미 불륜의 상태였으며 대놓고 결혼까지 하고 있다는 것이다. 둘의 불륜과 결혼은 록펠러가 전체를 충격에 몰아넣었고 워싱턴 정가를 강타했다. 이혼이 보편화한 미국 사회지만 대통령선거에서 재혼은 치명적인 독약과도 같은 시대였는데 하물며 불륜까지!

레이건이 대통령이 되기 전까지 재혼한 대통령이 없었던 미국 정계와 반대파들이 신이 나서 공격했다. 돈 많은 남자는 돈 지랄을 하고 예쁜 여자는 얼굴값을 하는구나! 록펠러가도 말은 안 했지만 마찬가지였다. 바람이야 마음대로 피워라! 그렇다고 결혼까지 한다니 어이가 없네! 오랫동안 불륜의 사랑을 키워온 신랑 · 신부는 그런 일들은 전혀 개의치 않은 듯 목사 앞에서 엄숙히 결혼선언을 했다.

2. 넬슨 록펠러, 불륜의 향기는 달콤하고 열매는 쓰다

넬슨과 해피가 만난 것은 집안의 오랜 인연 때문이었다.

로빈이라는 별명을 가진 제임스 머피 박사와 해피는 1948년 결혼했다. 로빈은 신혼여행을 겸해 아버지의 친구인 록펠러 2세를 만나러 갔다. 로빈은 아버지의 친구를 만나 록펠러재단의 지원을 포함한 자신의 미래를 공고히 하고 싶은 야심도 있었다.

신혼여행이라는 신선함 때문인지 로빈의 재능을 높이 평가했는지 록펠러 2세는 젊은 부부에게 큰 호감을 느낀다. 록펠러 의학 연구소에서 연구를 맡기고 여러 가지 특혜를 주었다. 특혜 중 하나로 로빈과 해피에게 살 집을 마련해 주는데 록펠러가의 건축사 노릇을 하던 넬슨은 해피와 건축에 대해 의논하며 가까워지고 호감을 느낀다. 아버지와 아들이 모두 호감을 느꼈지만, 종류는 달랐다.

로빈은 록펠러 가문과 가족 서클에 드나들게 된 것만으로 꿈에 그리던 소원이 이루어진 듯 기뻐했다. 넬슨에게 아부하며 굽실거리며 한자리 차지하려는 야망에 어울리는 온갖 행동을 하며 넬슨의 옆자리를 지켰다. 넬슨이 농담이라도 하면 다른 사람 웃음소리보다 크게 웃으며 리액션의 달인이 되어갔다. 로빈은 넬슨이 자신을 좋아한다고 굳게 믿었지만 사실 넬슨이 좋아한 것은 부인인 해피였다.

1950년 중반부터 넬슨은 주지사 선거사무소 자원봉사자로 해피를 불러드린다. 그리고 곧 자원봉사자는 유급직원으로 남게 된다. 둘의 관계를 안전하게 하려고 로빈의 직위는 점점 올라가고 올바니의 주립 보건소장이 된다. 로빈은 자신이 넬슨에게 인정받는 인물인지 보여주려 친구들 앞에서 거드름을 피웠다.

"내가 주립 보건소장이 될 실력이 있는지 모르겠어. 그렇지만 넬슨이 나를 얼마나 인정하는지 알 수는 있지."

해피에 대한 수많은 증언은 그녀가 얼마나 멋진 여자였는지 알 수 있다.

> "넬슨은 그녀를 정말로 사랑했답니다. 그리고 그녀를 얻을 수 없다고 생각하고 있던 몇 해 동안은, 그녀에 대해 말할 때마다 놀랄 만큼 낭만적이고 감상적이 되었죠."
>
> - 프랭크 제이미슨 미망인의 회상
>
> "당시 그녀는 그야말로 빛나고 있었습니다. 그녀가 한번 빛나는 눈길로 쳐다보면, 마치 세상에서 최고의 남자가 된듯한 기분이 들곤 했지요."
>
> - 조지 길더의 회상(2)

해피는 젊고 아름다웠다. 그리고 못 견디게 사람을 잡아끄는 불가사의한 힘이 있었다. 그리고 가장 중요한 것은 그녀를 가질 수 없었다. 무엇이든 가능하다고 생각되는 록펠러 2세의 둘째 아들, 불쌍한 넬슨. 가질 수 없는 여자를 둔 남자는 더욱 가슴을 애태운다. 이것이 남자다. 사랑해선 안 될 사람을 사랑하는 죄를 감수하는 이유는 불륜의 향기가 너무나 강하기 때문이다.

해피는 어디서나 남자들에게 대우받는 여성이었다. 단 한 명의 남자를 제외하고는. 바로 남편 로빈이 해피의 진가를 이해 못 하는 유일한 남자였다. 사회에서 태양처럼 빛나는 해피지만 가정에서 로빈에게는 직장을 핑계로 가사를 제대로 못 돌보는 게으른 아내에 불과했다.

로빈은 네 명의 아이의 육아 문제 등을 핑계 삼아 신경질 부리며 해피를 괴롭혔고 밖에서는 다정한 남편행세를 했다.

겉보기에 로빈과 해피는 완벽한 부부였지만 점점 쇼원도 부부가 되어가고 있었다.

존 록펠러의 생일날 태어난 아이

넬슨 록펠러는 1908년 태어났다. 조부는 존 록펠러, 외조부는 넬슨 올드리치. 갑부 할아버지와 정치 스타 외할아버지만으로도 얼마나 금수저인지 부연 설명이 필요 없다.

존 록펠러와 생일이 같았다. 넬슨은 그런 사실을 우연이 아니고 계시라고 받아들였다. 자신이 특별한 아이라고 느꼈고 자부심도 가졌다. 자신의 생일날 수많은 사람이 북적대며 축하행사를 치르면 할아버지의 생일잔치를 자신을 위한 행사로 착각하기도 했다. 장수했던 존 록펠러의 생일잔치는 늘 특별했다.

맏형인 JDR 3는 순종적으로 가문의 자선사업을 책임질 적임자로 정해졌지만, 넬슨의 역할은 미지수였다. 록펠러 제국을 완성했다 자부하는 록펠러 2세는 아들들에게 자신이 가졌던 중압감을 물려주고 싶어 하지 않았다.

수줍은 성격의 형과는 달리 활달한 성격의 넬슨은 차남임에도 불구하고 언제나 모임의 중심이었고 어머니의 사랑도 형제 중 제일 많이 받았다.

록펠러 가문의 사람들이 흔히 가졌던 '더러운 돈'이 주는 부담감과 죄책감이 없었고 심리적으로 전혀 지장을 주지 않았다. 그에게 록펠러 딱지와 거액의 유산은 자신의 야심을 달성할 수 있는 조건이고 그것을 충분히 즐기며 이용할 준비가 되어 있었다. 공부에는 그다지 취미가 없었던지 프린스턴을 가고 싶었으나 성적이 받쳐주지 않았다. 결국, 가까스로 다트머스 대학에 입학했다. 넬슨은 친구에게 자신의 아이큐가 별로라고 자평했다.

"나 머리는 별로야. 행복은 성적순이 아니잖아!" 성적이 나빠도 크게 구애받는 성격도 아니었다.

다트머스 대학에서 경제학을 전공하며 미래를 준비했지만, 그의 역할은 미정이었다.

스탠더드 오일에 대한 호의적인 논문을 썼을 때 록펠러 2세는 매우 기뻐하며 정신적인 위안을 얻었다. 아버지와 관계가 썩 좋지는 않았던 넬슨이 한발 가까워지는 순간이었다.

졸업이 가까워지자 넬슨은 한 여자와 진지한 만남을 한다.

메리 토드헌터 클라크. 큰 키에 검은 머리를 가진 기품 있는 여자. 조지 3세가 워싱턴에게 치명타를 입기 전에 그녀의 조상에게 하사한 필라델피아 저택에 살고 있었다. 자신의 자신감을 유머 감각으로 변형시키는데 탁월한 재능이 있는 그녀는 늘 매력이 넘쳤다.

타고난 천성과 화려한 집안 배경, 그리고 록펠러 가문의 며느리라는 자부심에 걸맞은 매너와 기품은 늘 그녀를 따라다녔다. 훗날 남편이 바람피우고 이혼을 요구할 때도 그녀의 꿋꿋함은 변함없었다고 전해진다.

넬슨은 메리를 데리고 록펠러 1세를 찾아간다. 이미 신화가 되고 있던 90세의 노인은 같이 골프를 친다. 결혼에 대해 한마디도 말하지 않았지만, 찬성의 표현임을 누구나 알았다. 록펠러 2세는 돈과 세계 일주 여행을 결혼선물로 주었다.

빅토리아 여왕 시절의 해가 지지 않는 나라 영국은 지구 위에서 사라졌다. 이제 스텐다드 오일이 그 자리를 지키고 있었다. 스텐다드 오일은 단순히 해가 지지 않는 나라를 넘어서 해가 져도 어둠을 밝히는 세상을 창조했다. 이 신혼부부가 가는 나라마다 현지법인 사장이 직접 나와 젊은 넬슨 부부를 맞이했다. 현지법인 사장은 신혼부부의 기쁨을 위해 최선을 다하며 아양을 떨었다. 상류사회의 일원으로 그 누구보다도 부를 향유하던 메리에게도 록펠러 제국의 세계 순방은 특별했다. 넬슨은 록펠러 제국의 왕자가 누리는 온갖 영화를 메리에게 선사했다.

영국에 가면 램지 맥도날드 수상이 편지를 보냈고 델리에 가면 타고르와 간디를 만났다. 신혼여행을 9달이나 보내고 뉴욕에 둥지에 틀었을 때 브로드웨이 26번가 록펠러 아지트에는 그의 책상이 마련되었다.

현대미술관장이라 불러다오

록펠러 아지트의 일이 처음부터 순조롭지는 않았다. 젊은 넬슨이 변화를 주려 하면 록펠러 2세의 고문들이 브레이크를 걸고 나왔다. 세계여행 기간에 누린 록펠러 제국 왕자의 지위가 정작 록펠러 아지트에서는 통하지 않았다.

"이런 맙소사! 내가 록펠러 집안의 아들인 것을 아무도 신경 쓰지 않는 곳이 바로 내 사무실이라니!"

넬슨은 아버지의 궤도에서 만족하지 못하고 메트로폴리탄 미술관 이사직 등 다른 사업을 기웃거리며 다닌다.

몇 년간의 외도 끝에 넬슨은 항복한다. 자신의 꿈을 이루기 위해서는 록펠러의 힘이 필요하다고 인정하고 아버지와 화해하였다. 화해를 위해 아버지에게 항복 선언문을 쓰면서 넬슨은 행복했다.

상속세법의 변경으로 자식들에 대한 재산분배를 신속히 마무리했던 록펠러 2세 덕분에 넬슨은 자신의 입지를 빨리 구축하기 시작했다. 록펠러 가문의 석유회사와 은행 그리고 부동산 회사를 뛰어다니다가 결국 넬슨의 마음을 끈 것은 석유였다.

베네수엘라를 세계 5위의 산유국으로 부상하게 했던 마라카이보 호수에 투자하였다. 이제 사람들은 그를 석유왕자라고 별명을 부르기 시작했다. 넬슨은 "현대미술관장"이라는 명함을 가지고 다니며 자신을 소개했다. 석유왕자라는 별명보다 예술에 대한 조예를 나타내는 것이 자신의 허영심을 더 잘 채워주었고 상대방에게 장사꾼 냄새를 지울 수도 있었다.

베네수엘라에 투자하며 스페인어를 배우는 열정까지 나타냈지만, 넬슨은 석유로는 자신의 야망을 채울 수 없다고 느끼기 시작했다. 무엇보다도 사업으로 조부와 아버지를 뛰어넘을 수 없었다. 록펠러 제국은 이미 세계 으뜸이다. 석유 왕자를 끝내고 아버지가 이루지 못한 다른 일을 하고 싶다는 욕망이 꿈틀거렸다.

1940년 6월 넬슨은 백악관을 찾아가 전쟁의 승패와 관계없이 미국이 국제적 지위를 고수해야 한다고 주장하는 문건을 낭독했다.

백악관의 반응은 빨리 왔다. 프랭클린 루스벨트의 특별보좌관인 제임스 포리스털이 '밥 먹자'고 전화가 왔다. 둘은 워싱턴 F가 클럽에서 식사했다. 크라이슬러와 다지의 합병에 지대한 역할을 해서 월스트리트를 놀라게 했던 포리스털은 넬슨에게 '서반구 지역 조정관' 자리를 제안한다. 넬슨의 머릿속에 석유왕자 놀이 대신 더 신나고 야심 찬 일이 떠올랐다. 정부에서 일한다. 장래는 미국 대통령? 재미있지 않은가? 농장주 조지 워싱턴이 처음 맡았던 그 자리를 지금은 변호사 루스벨트가 차지하고 있었다. 역사에 남는 미국 대통령, 아주 좋아! 넬슨은 협상의 달인답게 시간을 달라고 답한다. 속으로 '예스'를 외치면서.

윌리엄 앤드 메리 대학의 벤치

세계대전이라는 잔인한 폭풍은 록펠러 가문에도 예외는 아니었다. 징병제가 시작되었고 군대 모집 안내가 거리를 뒤덮었다. '더러운 돈'으로 군대에서 빠질 방법은 많았지만 오 형제들은 적극적으로 전쟁에 참여한다. 맏형인 JDR 3가 먼저 모범을 보였다. 아동구조위원회, 미국 적십자 등의 이사직을 맡아 자금 후원하고 있었지만, 그것만으로는 부족하다고 생각했다. 해군에 입대하여 45년까지 복무한다. 세계 최고 부자의 군대생활은 세간의 관심거리가 되었지만 JDR 3는 특유의 무미건조한 일상을 보여주었다. 셋째 로런스도 해군 장교로 입대했다. 넷째 윈스롭은 유일하게 사병으로 입대한 후 장교로 승진한다. 다섯째 데이비드는 북아프리카 정보장교를 거쳐 파리에서 현지 파견 무관의 보좌관으로 일했다. 금수저 4형제가 군에 복무하는 동안 나머지 한 명 넬슨은 워싱턴을 지켰다. 형제 중에 유일한 민간인이었지만 전쟁에 관련된 업무로 밤을 지새우고 있었다.

어머니 애비는 군에 간 네 아들과 넬슨 걱정에 전쟁 소식에 귀 기울이며 시간을 보냈다. 브라운 대학의 댄스파티에서 록펠러 2세를 만나 결혼하고 6명의 자식을 키우는 동안 애비에게 걱정거리는 없어 보였다. 사교성 없고 투박했던 존 록펠러 2세와는 반대로 그녀는 우아하고 세련되었다. 그런 장점들이 나이가 들수록 원숙해져서 록펠러센터의 어느 예술품보다 빛났다. 전쟁 전에 걱정이란 없던 애비는 늘 염려 속에 살게 된 것이다. 윈스롭과 데이비드처럼 전투 지역에 가 있는 아들의 걱정은 더했다. 어느 날 갑자기 전사 통보서가 날라 오지 않을까 하는 불안감은 그녀를 초조하게 만들었다.

애비에게는 재미있는 일화가 전해진다. 버지니아 주 윌리엄스버그 여행 중에 윌리엄 앤드 메리대학을 지나다가 휴가 나온 군인들이 대학 앞을 서성이는 모습을 보게 된다. 전쟁에 나갔던 아들들의 모습이 겹쳐서 보였는지 애비는 군인들을 자세히 지켜보았다. 장병들은 대학교 앞에서 오랫동안 머물며 자리를 떠나지 않았다. 애비는 군인들이 무엇을 하는지 알아챘다. 군인들은 지나가는 여대생을 구경하고 있었다. 시간이 지나자 군인들도 힘이 빠지는지 나무에 기대거나 풀밭에 풀썩 주저앉았다. 애비는 집에서 너무나 멀리 떨어져 있는 아이들이 새삼 그리웠다. 남편과 비할 바는 아니지만, 애비도 엄청난 유산을 물려받은 부자였다. 군인들에게 선물을 주자! 애비는 윌리엄 앤드 메리 대학의 곳곳에 벤치를 설치하도록 조치한다. 군인들이 편히 앉아 여대생들을 감상하는 모습을 바라보며 애비는 작은 위안을 얻는다. 주디 덴치가 열연했던 영화 '미세스 핸더슨 프리젠츠'가 생각나는 일화이다. 미세스 핸더슨의 아들과 달리 애비의 아이들 '5형제'는 전쟁이 끝나자 독수리처럼 돌아온다.

석유 왕자, 피터 팬 되다

형제들이 군인이 되어 전선에 있을 때 넬슨은 OIAA(북남미지역 실) 조정관 자리에서 동분서주하고 있었다. 공직 생활은 처음이지만 자신이 할 일에 대해서 명확한 알고 있었고 일벌레라는 장점도 있었다. 그가 처음 록펠러 아지트에서 아버지의 가신들에게 견제 받았던 것처럼 국무부 고위 관료들에게 풋내기 취급을 받았지만 그런 건 이미 예상하는 상황이었고 이겨낼 각오도 충분했다. 무엇보다도 워싱턴은 아지트와 달리 '노땅'들 마음대로 되는 세상이 아니었다. 젊은 야망가의 꿈이 펼쳐지는 곳. 서열은 나이순이 아니잖아요를 외쳐도 이상하지 않은 신세계다. 그리고 자신에게는 록펠러라는 든든한 이름이 있었다. 넬슨은 록펠러라는 이름이 얼마나 든든한 뒤 배경을 하는지 잘 알고 있었다.

넬슨은 뉴욕의 아파트에서 워싱턴의 저택으로 이사한다. 넬슨의 친화력은 워싱턴에서도 유감없이 발휘된다. 다섯 명의 아이들과 OIAA

직원들로 북적거리는 그의 저택은 J.M 배리의 소설 속에 나오는 네버랜드 같았다. 넬슨이 맡은 배역은 네버랜드의 대장 피터 팬. 그는 워싱턴의 정가를 누비며 자신의 경력을 쌓아나갔다.

넬슨의 보좌진은 누구보다도 화려하게 구성되었다. 록펠러 출신 조 로벤스키, 영화 '바람과 함께 사라지다'의 제작자이며 영국대사가 되는 '청교도' 존 헤이 휘트니를 필두로 넬슨에게 충성을 바치는 인물들로 속속 채워졌다. 그리고 프랭크 제이미슨은 암으로 1960년 죽을 때까지 누구보다 넬슨이 대통령 되기를 바랐다.

그는 죽으면서도 넬슨 대통령의 탄생을 조금도 믿어 의심하지 않았던 인물이었다.

그들을 워싱턴에서는 '록펠러 숍'이라고 불렀다. 그들은 넬슨을 중심으로 네버랜드를 요새로 삼아 라틴아메리카를 자신들의 낙원으로 만들려는 늑대들이 되어갔다.

전쟁이 거의 끝나갈 때 UN 회의에서 자신의 주장을 관철하기 위해 회의장을 휘어잡으려는 넬슨을 보고 '그는 마치 영원히 나이를 먹지 않는 소년 같았다'고 측근들은 평했다. 훗날 해피와의 무모한 결혼도 피터 팬 같은 기질이 작용했던 것으로 추정된다.

태클맨의 지적질

넬슨의 '록펠러 숍'에 재미있는 친구가 하나 있었다. 이름은 프랜시스 제이미슨, 별명은 태클맨. 그 유명한 린드버그 유괴사건 기사로 퓰리

처상을 받았고, 윈스롭과의 인연으로 록펠로 숍의 일원이 되었는데 차차 넬슨의 오른팔이 되었다.

다른 참모들과 가장 다른 점은 넬슨이 추진하는 일에 대한 부정적인 면만 말하는 '지적질'의 대가라는 것이다. 넬슨의 북남미지역실의 성공은 넬슨이 무한 질주하려거나 '욱'할 때마다 다량의 찬물을 끼얹었던 태클맨의 역할을 하고는 했다.

록펠러 숍은 일을 한 방향으로 치우치지 않게 균형을 잡아주는 조타수 역할과 브레이크 기능을 담당했다. 록펠러 숍의 성공 요인 중에 가장 중요한 역할이었다.

낭비꾼의 단명 차관보 시절

북남미 조정관 시절 넬슨의 활약은 눈부셨다. 루스벨트의 신임 아래 중남미에서 미국의 이익을 빙자한 자신의 이해를 관철해 나갔다. 그는 상상을 초월하는 여러 가지 프로그램으로 북남미 단결정책을 밀어붙였고 거기에는 상상을 초월하는 돈이 들었다. 북남미 단결정책을 공격하는 의회의 보수파들은 넬슨을 총 대신 돈을 허공에다 쏘는 낭비꾼으로 공격했다.

'부잣집 아들이라고 돈 낭비 제대로 하는구나!'

그러나 돈의 힘은 위대하다는 록펠러 제국의 신념이 통했는지 라틴 아메리카는 미국의 입김이 먹히기 시작했고 미국을 중심으로 움직였다. 넬슨과 돈의 능력은 입증됐다. 록펠러 2세가 제일 기뻐했음은 물론이다.

1944년 11월 U.S 스틸 출신의 에드워드 스테티니어스 2세가 국무장관이 된다. 넬슨은 자신의 공직생활에 새로운 전기가 마련된 것을 직감한다. 록펠러 제국이라는 공통분모는 무엇보다도 단단한 줄이었다. 스테티니어스가 넬슨에게 제시한 자리는 라틴아메리카 담당 국무차관보였다. 이제는 주저하는 연기마저 포기한 채 넬슨은 제안을 냉큼 집어삼킨다.

차관보 시절은 짧았지만, 넬슨의 경력에는 큰 도움이 되었다. 특히 엠빅장군의 전후 질서에 대한 큰 그림은 미래에 새로운 눈을 뜨게 하는 계기가 된다.

차관보 시절, 북남미 안보회의에 참석했던 넬슨은 전쟁기획처장 엠빅장군으로 부터 아주 중요한 전망을 듣게 된다. 미래의 전쟁은 원자재, 공업력, 인력, 국토 넓이를 갖고 싸우는 전쟁이다. 그런 면에서 갖출 것을 모두 갖춘 지역은 둘 뿐인데, 미국과 소련이다. 그리고 중국은 양자 간에 균형을 잡아주는 역할을 하게 된다.(3)

1945년 프랭클린 루스벨트가 죽는다. 시어도어 루스벨트 대통령을 흔히 테디(베어)라고 부르고 프랭클린은 이름을 붙여 불러서 구분해준다. 미국 역사상 최초의 4선 대통령이었고 뉴딜정책으로 공황에 빠진 미국을 일으켰으며 2차 세계대전을 연합군의 승리로 이끌었다.

넬슨은 루스벨트의 재임 기간에 최대한 자신의 의지를 관철시켰다.

심지어는 루스벨트가 병으로 판단력이 흐려진 틈을 이용해서 아르헨티나를 UN 창립회원 가입을 승인한다는 문서에 서명하게 하는 등 야비한 행동도 서슴지 않았다.

루스벨트의 죽음은 넬슨의 차관보 생활이 길지 않음을 의미했다. 백악관의 주인은 농부 출신의 트루먼으로 바뀌었고 국무장관은 제임스 번즈로 교체된다. 2차 세계대전이 끝나고 며칠 지나지 않은 8월 23일, 트루먼은 넬슨을 단숨에 내동댕이쳐버렸다.

"세상에 도저히 믿을 수 없는 일이 생겼어. 트루먼 지 촌놈이 나를 잘라 버렸어!"

넬슨이 라틴아메리카 담당 국무차관보를 맡은 기간은 9개월에 불과했지만, 세계사를 바꾸는 중요한 3가지 일이 일어난다.

첫째는 얄타에서 열린 3국 회담이다. 독일 패망이 확실해지면서 2차 세계대전이 막바지로 치닫던 1945년 2월 독일 분할 점령 등 전후 세계 질서 재편을 위해 미·영·소 정상이 머리를 맞댄 회담이다. 회담 당시 미국과 소련은 서로의 야심을 속인 채 웃음을 지었지만, 그들은 서로가 물과 기름이 되리라는 것을 알고 있었다. 전쟁이 끝나자 곧 사이가 틀어지면서 냉전이 시작됐다.

2차 세계대전의 세 거두가 모여서 새판 짜기 시작을 알리는 계기가 되었다.

둘째는 샌프란시스코에서 열린 UN 설립을 위한 총회이다. 국제연맹의 실패경험을 살려 새로운 모색을 시작하였다.

셋째는 히로시마에 리틀 보이라는 이름의 원자탄이 떨어진다.

얄타회담(Yalta Conference)이 구질서의 종말이었다면 샌프란시스코

회의(San Francisco Conference)와 리틀 보이는 신질서의 시작이었다.

Little Boy & Fat Man

리틀 보이: 길이 약 3m. 지름 71cm. 무게 약 4t. B-29 폭격기가 탑재되어 약 9,000m의 고공에서 투하하였고, 히로시마 고도 약 550m에서 폭발하였다.

　아버지의 이름은 오펜하이머. 트리니티(Trinity)라고 이름 붙인 가공할 무기를 만들어 처음 핵실험에 성공한 후 오펜하이머는 힌두교 경전 '바그다드 기타'를 인용하여 "나는 죽음의 신이요, 세상의 파괴자가 되었도다."라고 중얼거렸다. 하버드 물리학과 교수 베인 브리지도 "음, 이제 우리는 모두 개새끼들이야."라고 자책했다고 한다.

　그리고 실전에 배치된 리틀 보이, 이름은 작은 소년이었지만 영향은 절대 적지 않았다. 단순히 일본을 굴복시키고 전쟁을 종식했다는 의미만은 아니었다. 새로운 질서의 시작이었고 냉전이라는 찬바람 부는 시대를 불러왔다. 핵을 이해하지 않고 전술과 전쟁을 이해할 수 없는 시대가 왔다. 핵은 인간이 욕망 앞에서 얼마나 책임에 둔감할 수 있는지 알려주었다.

　록펠러 제국의 석유사업을 이어받을 유력한 주자였던 넬슨은 워싱턴으로 자리를 옮겼고 아지트에는 일이 생길 때만 들어갔다.

　그는 마음속으로 원대한 포부를 외쳤다. 시골뜨기 농부 트루먼도 대통령 하는데 나라고 못 할 소냐! 멋지게 백악관에 입성해서 역사에 남는 대통령이 되겠다. 새로운 시대의 가장 적합한 정치인은 바로 나 넬슨 록펠러다. 그는 리틀 보이나 팻 맨이 되어 세상을 바꾸고 싶은 야망에 불타올랐다.

우리 생애 최고의 해(The Best Years Of Our Lives)

전쟁에서 아들들이 돌아와서 긴장감을 늦춰서인지 애비는 나날이 쇠약해진다. 애비는 이미 죽음을 예감하고 인생의 남은 시간을 록펠러 2세와 제인 에어나 테스 같은 명작소설을 읽으며 보냈다. 록펠러 2세가 책을 읽어주면 어깨에 기대어 소설에 열중하며 간혹 눈물도 흘리면서 자신이 삶을 정리했다. 1948년 뇌졸중으로 애비는 사랑하는 남편과 육 남매의 곁을 떠난다. 애비가 사망하자 넬슨은 크게 충격을 받고 상심한다. 넬슨은 오 형제 중 애비에게 가장 사랑을 듬뿍 받은 아들이었다.

'아들들'이라고 부르던 어머니의 죽음은 오형제의 갈 길이 달라짐을 의미했다. 이제는 헤어져야 할 시간, 다음의 기약은 없었다. 록펠러 재산상속은 많이 진척되어 있었는데 애비의 죽음을 계기로 속도가 더 빨라진다. 록펠러 2세의 마지막 보루였던 포컨티코 저택과 분지도 형제들에게 분할되어 팔려나간다.

할아버지의 사업을 이어받아 석유사업을 하려던 넬슨은 대통령의 야망을 불태우며 워싱턴에 남는다. JDR 3는 록펠러재단, 셋째 로런스는 국방산업의 신기술 분야, 다섯째 데이비드는 체이스은행을 선택했다. 넷째 윈스롭은 오키나와 공략전에서 가미카제 공격을 받아 입은 화상보다 마음의 상처가 컸다. 여배우 메리 마틴과 염문을 뿌리고 뉴욕의 카페를 전전하는 한량들 사이에 끼여 '한턱'을 내며 폭음을 일삼았다. 1948년 가슴 큰 금발 미인이며 삼류 여배우였던 보보(바바라) 시어즈와 결혼하는데 가족들이 대거 불참하며 불편한 심기를 드러냈다.

일 년이 지나기 전에 보보는 거액의 위자료를 받고 갓난쟁이 아들을 데리고 뉴욕을 떠났다.

훗날 오 형제는 록펠러라는 이름에 걸맞은 활약을 하게 되지만 애비가 살아 있을 때의 결속력과 활기에 비하지는 못했다.

영화 우리 생애 최고의 해 (The Best Years Of Our Lives, 1946)는 록펠러 오 형제에게 맞는 제목이다. 전쟁이 끝나고 애비가 죽기 전까지의 중간 기간인 1946년은 넬슨과 오 형제에게 최고의 해였고 인생의 황금기였다.

냉전 시대

넬슨은 철저한 반공주의자였다. 공산주의자들에 상대적으로 관대했던 JDR 3와는 다른 견해를 가지고 있었다. 넬슨마저도 매카시 열풍에서 공산주의자로 의심받는 황당무계한 일도 있었다. 그러나 넬슨은 공산주의와의 대결, 특히 소련과의 냉전에서 미국이 압도적인 힘의 우위를 가져야 한다는 기본 방침에는 변함이 없는 반공 전사였다.

1949년 소련이 최초의 핵실험을 하고 중국공산당 군대가 북경을 함락시키고 천안문에는 장개석의 사진 대신 마오쩌둥의 사진이 내걸 렸다.

아시아 문제를 해결해나가기 위해 처절한 전쟁을 했던 일본은 물론 필요한 세력들과 손을 잡고 해결해 나가야 했다.

넬슨이 헨리를 만났을 때

넬슨이 키신저를 처음 만났을 때 록펠러 숍은 이미 거대한 집단을 움 직이는 핵심참모로 이미 굳건히 자리 잡았다. 세미나에서 만난 하버 드 생이 끼어들 자리는 매우 비좁았다.

그러나 록펠러 숍의 리더는 젊은 피터 팬, 넬슨이다. 외부에서 수혈 할 필요성을 느끼지 못하는 조직은 늙고 병든다는 사실을 잘 알고 있 었다. 넬슨의 눈에 들기 위해 치열한 경쟁을 벌이는 정치지망생들은 워싱턴에 맥도날드 가게보다 많았지만, 키신저는 달라 보였다.

처음에는 대학교수의 추천장을 들고 온 볼품없는 키신저가 눈에 들 지 않았다. 그러나 만남이 몇 번 지속하자 넬슨은 젊은 하버드생에게 관심을 두게 된다.

워싱턴 정가에 유행하는 유머에 둔감하고 자신의 농담을 듣고 허리 가 부서져라 웃는 다른 사람들과는 다르다는 점도 마음에 들었다.

'뭐야? 이 넬슨 앞에서 눈 똑바로 뜨고 자신의 의견을 또박또박 피 력하잖아. 농담해도 웃지도 않고. 재미있는 친구군.'

"이봐 키신저, 일본이 진주만을 습격했을 때 군사력이 어디가 유리

한지 아나?"

일본은 240만 정규군과 300만의 예비군, 7,500대의 항공기와 230척의 함선이 있었고 미국은 병력 150만, 항공기 1,200대, 전투함 350척 정도였다. 군사력으로 일본은 미국보다 단연 앞서있었다.

"일본이 미국을 앞서 있었지요."

"그런데 왜 미국이 전쟁에서 이겼지?"

미국이 초기 군사력 열세에도 불구하고 전쟁에서 이긴 이유는 산업생산량의 차이에 있었다. 산업생산량의 차이에 가장 핵심 자원은 석유와 철강이었는데 당시 미국의 석유 비축량은 약 14억 배럴로 일본의 700배였다. 일본이 진주만을 습격한 이유도 미국이 주춤할 때 남방작전을 펼쳐 네덜란드령과 미얀마 지역에서 석유를 확보하기 위한 전략이었다.

스탈린그라드 전투도 전쟁사의 매우 중요한 사건으로 군사적 지식만으로는 핵심을 제대로 다루지 못한다. 히틀러가 전략적, 전술적으로 어려움이 있음에도 불구하고 스탈린그라드에 수십만 대군을 몰아넣고 희생시킨 가장 큰 이유는 스탈린그라드 너머에 있는 풍부한 유전지대를 차지하기 위함이다. 히틀러의 침략은 미국과 영국이 보유하던 석유 유통망의 횡포에 대항하여 일어난 전쟁이라는 속성을 가진다. 제2차 세계대전, 태평양전쟁과 진주만 습격은 석유와 강철을 둘러싸고 일어난 전쟁이었다.

록펠러 제국의 석유산업이 제2차 세계대전을 미국의 승리로 이끌었다는 자부심이 넬슨에겐 있었다.

"석유생산력 차이 때문입니다."

키신저는 무뚝뚝하게 답했다. 넬슨은 이어서 록펠러 제국 칭찬이 쏟아지리라 기대했는데 키신저는 당신이 더 잘 알지 않느냐는 듯이 침묵했다. 록펠러 찬양가 대신 핵심만을 말하는 키신저가 넬슨은 마음에 들었다.

키신저는 프랭크 제이미슨에게 물었다.

"어떻게 하면 넬슨과 계속 일을 할 수 있나요? 나는 예스맨에 적합하지 않아서요."

제이미슨이 키신저의 어깨에 손을 살짝 얹고는 작은 소리로 말해주었다.

"넬슨과 같이 일하려면 예스맨이 될 필요는 없네. 넬슨 주위에 예스맨은 너무 많고 신뢰를 받지도 못해. 대신 '넬슨맨'이 되면 되네."

"넬슨맨은 어떡하면 되지요?"

제이미슨은 가볍게 웃으며 키신저의 어깨를 두드려 주었다.

"자네가 더 잘 알지 않나?"

조직에서 회의가 끝나고 허심탄회하게 의견을 개진해보라는 보스의 말을 믿고 '직언'을 했다가 영원히 우주 밖으로 나가 본 경험이 있는 사람들은 믿지 못하겠지만, 넬슨은 자신에게 '이익'이 된다면 록펠러샵 사람들이 자신의 의견에 토 달고 반박하는 데 익숙했다. 그의 요구사항은 '충성심'이지 '맹목적 예스'는 아니었다. 키신저는 '넬슨맨'이 되기로 한다. 당장은 아니었지만, 키신저가 록펠러로 숍의 일원이 되는 것은 확실해졌다.

미술관 옆 작은 집에서 콴티코 해군기지로

넬슨은 현대 미술관 뒤쪽에 작은 집 한 채를 지어 새로운 아지트로 삼았다. 넬슨은 이곳을 "진지한 사색가들의 작은, 그리고 기묘한 모임의 장소"라고 표현했지만 작은 집에 찾아오는 사람들은 넬슨이 대통령을 하려면 어떤 계단을 이용하면 좋은지에 대한 의견을 내놓는 장소로 알았다.

트루먼 행정부의 임기는 끝나가고 새로운 선거가 다가오고 있었다. 넬슨의 외삼촌 윈스롭 올드리치는 드와이트 아이젠하워를 후보로 끌어들이고 공화당 시대를 열기 위해 노력하고 있었다. 넬슨도 아이젠하워가 당선되면 높은 자리를 차지하리라는 희망을 품고 민주당 정권을 무너뜨리기 위해 열심히 뛰었다.

아이젠하워는 당선 직후 넬슨을 직속 정부조직개혁자문위원장에 임명하고는 군인 출신답게 전쟁 중인 한국 전선으로 출발했다. 그의 머릿속에는 이미 휴전이라는 계획을 머릿속에 가지고 있었다. 넬슨에게는 20년 민주당 집권의 흔적을 행정부에서 지우라는 임무가 지워졌다. 남들은 칼자루 쥐었다고 축하했지만, 넬슨은 국무부 일을 하고 싶었고 외교 일선에 앞장서서 일하고 싶었다.

위원장을 맡은 넬슨은 외교업무에 관한 여러 가지 의견을 내놓았지만, 외교관계특보 덜레스의 벽에 부딪혔다.

아이젠하워는 한국의 전선을 살피고 돌아온 후 김일성 뒤에 있는 소련의 핵무기가 초미의 관심이었다. 미국이 선점했던 핵 우위 상태는 소련이 바짝 추적해 와서 무너지고 있었다. 덜레스는 대량보복에 집착했지만, 아이젠하워는 핵전쟁이 자살행위라고 생각했다.

넬슨은 보건교육복지부 차관을 거쳐 심리전략특보에 임명된다. 대통령과 CIA 사이의 업무조정관 역할을 하는데 외교업무에 직접 관여할 기회였다.

소련과 군축협상을 진행해나갔고 소련이 철의 장막을 넘어 서방의 무기 사찰 계획도 수용하자 넬슨은 자신이 중심이 되는 전략적 방안을 수립할 계획을 세운다.

콴티코 해군기지에 넬슨이 불러들인 사람들이 은밀한 모임을 열었다. 각 분야에 전문가들로 구성된 이 모임에서 미국과 소련이 서로 공중조사를 한다는 '영공개방계획'을 세워 아이젠하워에게 보고한다. 이 계획은 덜레스의 반대에도 불구하고 소련과 제네바에서 성공적인 제안과 합의에 이르게 된다.

콴티코의 성공에 잔뜩 고무된 넬슨은 콴티코2 회의를 개최하여 냉전의 우위를 유지할 보고서를 작성한다. 그러나 돈이 잔뜩 들어가는 콴티코2는 강력한 반대로 좌절된다.

계획이 좌절되고 서서히 넬슨은 아이젠하워정부에서 점차 투명인간이 되어간다. 아이젠하워의 시야에서 멀어지고 있을 때 국방부 차관 제의가 들어온다. 국방부 장관 자리까지 내다볼 수 있는 제안이라 덥석 오케이를 했는데 아이젠하워는 측근들의 반대를 핑계 삼아 넬슨을 임명에서 제외하였다.

물 먹은 하마가 된 넬슨은 끓어오르는 분노를 삭이지 못하고 1956년 새해를 하루 앞둔 12월 31일 공직을 사퇴한다.

록펠러 패널 연구회

아이젠하워에게 왕따 당하고 나자 넬슨은 국무장관이나 국방부 장관 자리가 자신을 위해 존재하지 않음을 깨달았다. 록펠러 숍의 결속력이 강하면 강할수록 국무부 안의 넬슨 반대자들의 결속력도 강해졌다. 그들은 넬슨의 독선에 질려버린 기억을 오랫동안 잊지 않고 사사건건 딴죽을 거는 그룹이었다.

공직을 떠나 백수가 된 넬슨에게 돌아온 자리는 록펠러 브라더즈 펀드(RBF) 의장직이 주어졌다.

넬슨의 성공을 위해 세 형제(윈스럽 빼고)는 넉넉한 돈 가방을 들고 합류했다. 네 형제는 힘을 합쳐 '록펠러 패널 연구회'를 만들었다. 넬슨의 이름을 알리는 야심에 찬 사업이었는데 결과적으로 키신저의 새로운 도약을 위한 발판이기도 했다.

패널 연구회에서는 100만 달러의 돈을 들여 미국의 유력인사 100명을 초빙하여 여섯 개의 패널에서 미국의 외교정책, 교육정책, 대내·대외경제정책에 대한 보고서를 작성하게 하였다.

훗날 미국정책에 큰 영향을 끼치는 국제안보정책패널의 의장으로 키신저가 발령되었다.

키신저는 55년 초에 포린 어페어스의 편집장 자리를 노렸으나 실패하고 외교관계협회 스터디 그룹의 핵무기 관련 분과 보고자로 일했는데 그 스터디 그룹의 견해를 '핵무기와 외교정책'이라는 책으로 정리해서 출간했다. '제한적인 핵전쟁' 가능성을 논한 이 책은 예상 밖의 베스트셀러가 되었다. 책으로 나오고 콴티코 세미나에 합류한 넬슨과 키신저는 아주 밀접한 사이가 된다.

키신저의 국무부 동료는 그때 일을 이렇게 회상했다.

"넬슨 록펠러는 키신저와 지기지우(知己之友)가 되었다. 록펠러
는 키신저를 좋아했고, 그의 지적 능력과 재치를 높이 평가했다.
개인적으로 만나 본 사람들 가운데 그가 가장 지적인 인물이었으
므로 록펠러는 키신저와 함께 많은 시간을 보냈다. 키신저도 그
런 관계를 즐겼다. 그는 록펠러가 자신을 얼마나 존중히는지 알
았고, 그걸 안 이상 태연할 수 없었다."(4)

1961년 스페이스 오디세이(1961: A Space Odyssey)

세계 최초의 인공위성, 소련의 스푸트니크 1호는 1957년 10월 4일에
발사되었다. 크기는 지름 58㎝, 무게 83.6㎏이며, 4개의 긴 안테나를
달고 있었다. 농구공만 한 스푸트니크는 3개월의 여행을 마치고 대기
권으로 들어와 타버려서 짧은 수명을 다했지만, 미국 사회에 던진 충
격은 엄청났다. 미국 행정부와 사회는 벌집을 쑤셔놓은 듯이 요란한
굉음을 내며 소란을 떨었고 돈 지랄을 해서라도 소련을 따라잡아야
한다는 여론이 비등했다.

분위기를 감지한 넬슨은 패널 보고서를 잽싸게 마무리했다. 패널
보고서의 대부분 주장은 키신저의 의견으로 당시의 위기의식을 반영
한 정책들이 대부분이었다. 지금 당장 돈 아끼고 머뭇거리다가는 큰

코다치고 비싼 대가를 치를 거라는 내용이 주를 이루었다.

패널 보고서가 차후에 미국정책에 수없이 많이 수용되었음에도 아이젠하워 정부는 여전히 넬슨의 요구에 응하지 않았다.

넬슨은 패널 보고서 즉 록펠러 보고서가 출간되자 대부분의 일을 다른 사람에게 넘겨주고 정리하기 시작했다. 키신저도 하버드 대학교로 돌아갔다.

1961년 우주를 탐험하는 오디세이 유리 가가린이 보스토크 1호를 타고 우주여행에 성공했다. 최초의 우주인이었다. 여전히 소련은 우주경쟁에서 미국에 앞서 있는 것으로 보였다.

성질 뻔히 알면서

넬슨은 이제 임명직에서 쫓겨나서 괴로워하느니 선출직으로 가겠다고 결심한다. 대통령도 어차피 선출직 아니던가. 뉴욕주지사가 되면 대통령이 되기 위한 가장 가까운 자리가 되리라. 결정적인 순간마다 물 먹이는 인간들을 위에 서서 진두지휘하는 것만이 넬슨의 소망을 이룰 수 있는 길이었다.

그런데 형제들과 록펠러가의 여자들이 '너무 눈에 띄는 짓'은 하지 말자고 반대하고 나왔다. 특히 여자들은 허파에 바람이 들어서 집안에 이상한 불똥이 날아 들어올까 봐 지레 겁먹었다. 넬슨의 참모들도 '당장파'와 '차기파'로 반이 갈려서 갑론을박하였다.

망설이는 넬슨에게 결정적으로 결심하게 만든 사람은 아이러니하게도 현직 주지사 에이버럴 해리먼이었다. 선거가 민주당의 승리가 확실하므로 '넬슨 록펠러 같은 허접후보'를 내세우라는 논리 없는 남의 집 훈수를 두었다. 넬슨은 성질 뻔히 알면서 도발을 유도한 해리먼을 좌시할 수 없다는 의욕이 불타올랐다. 넬슨은 헌법제정연구위원회에 참가한 점을 이용하여 각주를 돌아다니며 정치현안과 유권자 의식을 파악하였다.

그리고 넬슨은 뜻을 굳혔다. 성질 뻔히 알면서 나를 건드려! 해리먼! 기다려라, 내가 간다!

선거라는 이름의 전차

1958년 뉴욕주지사에 출마하기로 한 넬슨은 공화당 뉴욕 주 전당대회에서 손쉽게 후보로 지명된다.

선거 전략은 쉬웠다. 공화당 우세지역에서는 해리먼 주 정부의 적자재정을 공격하고 민주당 우세지역에서는 록펠러 3대가 얼마나 많은 돈을 뉴욕 주에 쏟아부었는지 선전하면 되었다.

실제로 교회, 대학, 공공주택, 문화시설, 시민단체 후원 등 록펠러 자금은 어디에나 흐르고 있었다. 유대인들도 이스라엘 국채를 잔뜩 사주고 유대 단체에 기부금을 많이 낸 사실을 기억하고 있었다.

그런데 결점 하나가 발견되었다. 넬슨의 대중연설이 예상보다 형편없었다. UN과 백악관과 행정부에서 상대방을 제압하던 토론방식이 대중을 향한 연설로 바뀌자 버벅댔다. 그는 핵심문장을 외우는 방법으로 결점을 극복해 나갔다. 다행히도 다른 장점이 발견되었다. 넬슨은 지지자들과 몸을 부대끼며 상대방을 끌어들인다는 것이다. 넬슨은 재벌의 이미지를 완화해 나가면서 대중 앞에 점차 다가갔다.

부지런한 넬슨의 천성은 선거기간에 유감없이 드러났다. 100회 이상의 공식 연설회를 열면서 전차 등 모든 교통수단을 이용하며 지역구 곳곳을 누볐다.

상대 후보인 해리먼도 가진 게 돈밖에 없는 재벌이었다. 아이젠하워의 중간평가라는 슬러건을 가지고 기울어져 가는 승부를 뒤집어 보려고 했지만 역부족이었다.

11월 5일 선거개표가 끝나가자 빌트모어 호텔에서 해리먼 주지사는 선거 승복선언을 했다.

그 시간에 넬슨은 부인 토드와 뺨에 기쁨의 키스를 나누며 지지자들과 승리의 행진을 하고 있었다. 유권자들이 완벽하고 이상적인 모습의 당선자 부부에게 아낌없는 박수를 보냈다. 그런 둘의 모습을 해피는 떨어져서 물끄러미 바라보고 있었다. 넬슨과 토드의 마지막으로 다정했던 순간이었다.

록펠러 2세의 죽음

록펠러 2세는 석유로 벌어들인 '더러운 돈' 콤플렉스 속에 살았고 돈으로 아버지의 이름을 세탁하려고 누구보다도 열심히 살았던 사람이었다. 록펠러센터를 완공하며 마지막 나사를 자신의 손으로 직접 채우는 순간은 록펠러 2세의 최고의 날이었다.

애비가 죽자 그의 인생의 황금기는 급속히 끝나갔다. 죽은 아내에 대한 회고담과 자신의 비통한 심정을 전하는 일상은 그를 고독한 늙은이로 만들어갔다. 5형제는 자신의 제국을 나눠서 점령해나갔다.

애비가 죽고 4년 뒤에 마사 베어드 앨런과 재혼하자 5형제는 기뻐하며 안도했다. 새엄마 '마사 아줌마'는 록펠러 2세의 절친인 아서 앨런의 미망인이었고 오 형제가 좋아하는 가까운 이웃이었다.

마사 아줌마 덕에 아버지가 기운을 차리고 일어서리라 기대했는데 아버지는 나날이 쇠약해져가고 그녀가 아버지를 독점하며 새어머니 티를 꽉꽉 내기 시작하자 관계가 급속도로 나빠졌다. 아무도 애비를 대신할 수 없었다.

록펠러2세는 보유 부동산의 절반을 마사에게 절반은 비과세 록펠러 브라더스 펀드에 증여하여 부동산세를 내지 않는 '록펠러 유언'을 고안했다.

록펠러 2세는 잘 먹지 못하고 나날이 말라서 피골이 상접해 갔다. 뼈는 살을 뚫고 나올 듯 불거져 나왔고 몸이 떨려서 늘 담요를 덮고 의자에 앉아 있었다. 아무리 많은 돈도 그의 죽음을 대신 할 수 없었다. 1960년 5월 11일 아버지 록펠러의 과오를 씻기 위해 고민하며 세상을 살았던 속죄양 록펠러 2세는 세상을 떠난다.

공화당은 록펠러 당이 아닙니다

1960년도에 들어서자 넬슨은 공화당 대선 후보에 지명될 가능성에 대해서 조사를 시작한다. 뉴욕주지사 선거에서 그는 공화당의 총아로 널리 알려져 있었다. 그리고 공화당에 록펠러 사형제가 얼마 많은 돈을 주었는지는 하늘도 알고 땅도 알았다.

아이젠하워의 러닝메이트로 부통령자리에 있었던 닉슨이 대통령에 출마한다는 소식을 듣고는 자신의 맞상대로 너무 약하다는 자만심에 피식 웃기까지 하였다. 그러나 공화당에 아무리 많은 돈을 퍼부어도 공화당은 록펠러 당이 되지 않았다. 집토끼라고 생각하는 월가에서도 넬슨 대통령은 하나의 도박이라고 여기는 무리가 여기저기에서 포진되었다. 월가는 '돈 있는 후보' 보다 '돈 필요한 후보'를 원했다. 정치자금을 대는 조건으로 이권을 보장받을 후보는 넬슨보다는 닉슨이었다.

넬슨은 유명언론인이며 아이젠하워의 연설문을 썼던 에멧 휴즈와 패널에서 착착 죽이 맞았던 키신저를 선거운동본부에 끌어들여 핵심 보좌진으로 삼았다. 6개월간 사전조사 끝에 승산이 없자 1959년 크리스마스가 지난 연말 불출마 선언을 하기에 이른다.

다음 해 가을이 오고 소련 수상 니키타 흐루쇼프가 미국을 방문했다.

소련 수상은 넬슨에게 '평화공존'을 위해 축배 하자고 제의하자 넬슨은 못마땅한 표정으로 '협력'을 위한 축배만 들겠다고 수정 제의한다. 누가 보아도 대통령 자리를 염두에 둔 소련 수상과의 기 싸움이었다.

JFK

닉슨의 라이벌로 민주당에 케네디(John Fitzgerald Kennedy)라는 듣보잡이 출마했다는 이야기가 들리자 넬슨은 눈을 꿈틀댔다.

넬슨: 케네디 어디서 많이 들어본 이름인데.

넬맨: 술도가 집 아들이라는데요.

넬슨: 술도가 어느 술도가?

넬맨: 조셉 패트릭 케네디요. 그 집 아들이랍니다.

넬슨: 조셉은 잘 알지. 금주법 시절 밀주로 돈 좀 챙겼지. 그런 것에 비한다면 석유독점이야 정말 깨끗한 사업이야.

넬맨: 아버지도 꿈이 대통령이었답니다.

넬슨: 루스벨트한테 돈 좀 뿌리고 영국 대사할 때 말실수해서 대통령 꿈 날아간 친구지. 이제 아들이 대타인 모양이군.

넬맨: 40대 초반입니다.

넬슨: 민주당에 그렇게 후보가 없나?

넬맨: 미남입니다.

넬슨: 여기가 무슨 할리우드야? 잘 생기면 뽑아주게.

넬맨: 새롭게 등장한 TV에 적응해야 대통령이 된다고 전문가가 말합니다.

넬슨: 영향이야 있겠지만, TV를 너무 과대평가하지 말게.

넬맨: 부인도 퀸카예요.

넬슨: 그건 조금 도움이 되겠네.

넬맨: 아이리쉬라는데요.

넬슨: 알지. 집안 내력이야 바꿀 수 없으니 딱 한 일이군.

넬맨: 여배우 엉덩이 꽤나 쫓아다닌답니다.

넬슨: 아버지가 영국대사 되기 전에 할리우드 RKO 영화사 사장 시절 뮤지컬 찍으면서 여배우 꽤 후렸지. 그래서 피는 못 속인다는 거야.

넬맨: 해군 출신이고 가톨릭이랍니다.

넬슨: 기독교로 개종이라도 하지. 캐리어 관리 엉망이군.

넬맨: 돈 많답니다.

넬슨: 조셉이 미국 부자 순위 넘버 10안에 들었으니까, 아들이면 많겠지. 그렇다고 몇 푼 되겠어.

넬맨: 꿈이 크답니다.

넬슨: 꿈이 크면 뭐해. 개나 소나 대통령 다 되는 줄 알아. 대통령 되기 힘들겠군.

넬슨은 애송이의 출현에 콧방귀를 뀌었다. 아버지 따라서 영화나 찍지. 요즘 젊은 애들이란, 대통령은 개뿔!

넘버 2

1960년 7월 23일, 공화당 전당대회 이틀 전, 잠 잘 시간도 부족한 공화당 대통령 후보 닉슨은 넬슨의 고급아파트에서 만찬을 들며 부통령자리를 맡아 달라 애걸하고 있었다. 넬슨이 부통령자리를 수락하면 케네디와의 승부는 떼놓은 당상이다. 그러나 넬슨은 부통령자리를 거절하고 더 나아가 공화당 당령에서 14개 군데를 수정하자고 요구하며 생떼를 부렸다.

닉슨은 대통령 후보의 자존심도 접어두고 굴욕적인 태도로 넬슨의 요구사항에 대한 합의문에 사인했다.

닉슨이 당선되면 당이 쇄신되고, 낙선되면 닉슨이 무능력하다고 주장하면 된다. 넘버 2자리는 필요 없다. 어떤 결과에 상관없이 나는 가장 강력한 공화당의 차기 대선후보가 된다. 넬슨은 32개의 방이 있는 뉴욕의 고급아파트에서 즐거운 비명을 질렀다. 넬슨 대통령! 얼마나 근사하게 잘 어울리는 이름인가.

순풍에 돛을 달고

애송이 케네디가 대통령에 당선되자 넬슨에게는 오히려 힘이 되었다. 당선 후 케네디가 '상대가 록펠러였으면 공화당이 이겼을 것'이라는 자평을 했다는 소문이 들리자 어깨가 더욱 우쭐거렸다.

야심차게 진행했던 뉴욕주의 공공사업도 순조롭게 진행되어 올바니를 비롯한 여러 도시가 눈에 띄게 변화하고 있었다. 전시효과로 건설만큼 좋은 것은 없었다. 고대와 중세의 제국들도 건설과 토목 공사에 국운을 걸지 않았던가.

케네디 행정부의 국방정책이 자신과 키신저가 만든 '록펠러보고서'에 따라 움직이자 넬슨은 더욱 힘이 실린다.

넬슨은 시간 나면 포컨티코로 심복들을 불러들여 새도우 캐비넷을 구성하고 1964년 선거에 대비했다. 여배우들하고 놀아나거나 잘하는 줄 알았더니 백악관을 꿰차고 앉아 있는 40대 젊은 대통령 케네디의 대중적 인기가 예상 이상으로 오르고 있어서 그를 넘어서는 것이 가장 큰 과제로 드러났다. 그러나 정작 가장 큰 장애는 다름 아닌 넬슨 자신이었다. 해피와의 문제가 서서히 수면 위로 올라오고 있었다.

러브 해피 – 해피에겐 뭔가 특별한 것이 있다.

넬슨의 침대 위로 뛰어들려는 금발의 쭉쭉 빵빵 미녀들은 얼마든지 있었다. 실제로 넬슨은 해피 이외의 여자들과 만남도 있었다. 그러나 해피 이외의 여자들은 금방 싫증을 내며 돌아섰다.

해피는 다른 여자들처럼 록펠러가의 남자 넬슨의 눈에 들기 위해 뼈를 깎는 노력을 할 필요도 없었다. 청바지를 입으면 청순해 보였고 드레스를 입으면 화려해 보였다. 넬슨은 가끔 파티에 나온 다른 여자들의 가슴을 노골적으로 쳐다보다가도 해피가 나타나면 그녀에게서 눈을 떼지 못했다.

적당한 키, 눈부신 자태, 매끈한 피부와 윤기 흐르는 머리, 생기 넘치는 눈동자는 완벽한 조화를 이루었다. 더구나 넬슨의 농담을 한순간에 이해하고 받아치는 능력까지. 지금까지 이런 여자는 없었다.

엘리노어 허먼은 정부의 유형을 악녀 형, 백치미 형, 매력적인 추녀형으로 나누었는데 해피는 어디에도 들어가지 않았다. 굳이 구분하자면 매력적인 청순 명랑형이었다. 딱! 넬슨의 이상형!

항상 이성적이던 넬슨도 해피를 만나면 낭만적이고 감상적으로 변했다. 정치라는 고된 격무 속에서도 해피를 만나면 피로를 잊고 해피송을 불렀다.

금지된 쾌락을 좇아가는 남녀에게는 항상 대가가 따른다. 일탈의 즐거움에 만족하지 못하고 자기 자리로 돌아가지 않으면 아주 큰 대가를 치른다. 세상에 공짜가 없다는 말은 만고불변의 진리가 아니던가. 넬슨은 해피에게 흠뻑 빠져 단순한 진리를 이성으로 판단하지 못했다.

참을 수 없는 욕정의 무거움

뉴욕 사교계만큼 남 입방아 찧기를 좋아하는 모임도 없다. 돈도 벌 만큼 벌었고 노는 일도 슬슬 지겨울 때 남의 뒤에서 은밀하게 속삭이는 험담이야말로 시간 가는 줄 모르는 사교계 최고의 오락이 아니던가.

뉴욕과 워싱턴의 사교계에서 메리 토드는 '칼푸르니아(Calpurnia)'라는 별명으로 불리고 있었다. 칼푸르니아는 카이사르의 세 번째 부인의 이름인데 그녀는 남편의 바람을 모른 척 눈감아 주는데 선수였다. 어차피 가질 수 없는 남편의 마음 대신 카이사르 부인이라는 타이틀을 선택한 것이다.

메리가 나타나면 사람들은 쑥덕대던 뒤 담화를 중단하고 대화의 주제를 다른 데로 돌리는 일은 일상이 되어갔다. 넬슨이 자신에게 돌아오는 것은 석유에서 애비앙 생수 추출하기보다 어려웠다. 이제 넬슨에게서 메리는 특별한 것이 없었다. 자존심으로 무장된 메리는 칼푸르니아의 인생을 살겠다는 결심을 한다. 그래 바람피우고 다녀라. 이

망할 연놈들아. 내 눈에 띄지만 말아라.

숙명의 라이벌, 본처와 정부. 남들의 쑥덕거림을 무시하며 조금만 참으면 별 탈 없이 하루하루를 보내면 된다는 계산이 나왔다.

불륜 남녀를 위한 뉴욕의 은신처에서 놀아나는 기쁨에 만족했다면 넬슨과 해피의 만남이 한 때의 추억으로 끝났겠지만, 넬슨은 진지한 사랑에 빠져 이혼을 결심했다. 추억이 역사로 변하는 순간이었다. 해피는 남편이 자신을 무시하는 결혼생활에 진저리를 내고 있었다. 이혼은 정치적 자살이라고 떠들고 다녔던 프랭크 제이미슨이 살아 있었다면 도시락 싸 들고 다니면서 독설을 퍼붓고 말렸겠지만, 그는 암으로 저세상으로 떠났다.

선거 전략으로 심기가 복잡했던 키신저는 넬슨에게 빗나간 욕망의 대가를 치를 준비가 되어 있냐고 물어보려다 다시 생각했다.

'정치와 관련된 사안이라면 얼마든지 넬슨을 이해시킬 수 있다. 그러나 이건 이성을 초월한 문제이다. 넬슨을 설득하기가 쉬울까 아니면 나를 설득하기가 쉬울까?'

설득할 수 없는 상대라면 자신을 설득하는 것이 쉬울 때가 있다. 키신저는 넬슨이 욕망이라는 이름의 전차를 타고 폭주하는 것이 운명이라 치부해버렸다.

위대한 개츠비

해피는 넬슨의 인생에서 하나의 상징 같은 존재였다. 피츠제럴드의 데이지 뷰캐넌처럼. 해피는 '여성의 매혹 그 자체로, 잠깐 다른 어떤 것도 중요성을 잃게 만드는 힘을 가졌다.' 그러나 넬슨이 곧 깨닫게 되듯, 그가 '차지하고 싶어 했던' 해피와 그가 '차지한' 해피는 서로 다른 사람이었다.(5)

위대한 개츠비 속의 데이지 뷰캐넌처럼 '여자와 물의 패러독스'를 잘 설명한 소설은 없었다. 데이지는 개츠비의 연인이었지만 부자인 남자와 결혼하고 개츠비 따위는 안중에 없었다. 그런데도 개츠비는 데이지란 자신의 인생에 둘도 없는 이상형이라는 망상을 가지고 되찾기 위해 갖은 수단을 다 동원하지만 결국 비참한 죽음으로 끝난다.

첫 번째 신혼여행보다는 못하지만, 베네수엘라로 화려한 신혼여행을 떠났을 때 공화당 내에서는 넬슨에게 도덕적 문제를 핑계 삼아 끌어내리려는 계획이 차곡차곡 진행되고 있었다.

자기들도 할 거 다 하고 다니는 사람들조차도 유명인사의 스캔들에는 도덕군자 행세를 해야 직성이 풀리지 않는가. 인간의 섹스는 동물적인 영역이지만 정치인의 밤 생활은 정치의 영역이다. 정치인에게는 밥 먹는 것도 정치의 영역이다.

신혼여행에서 돌아오고 실시한 갤럽 여론조사에서 넬슨은 심각한 타격을 받았음을 알았다. 배리 골드워터에게 여유 있게 앞서던 지지율이 근소한 차이지만 추월당해 있었다. 더구나 남의 마누라나 뺏는 난봉꾼과 남자에 미쳐 네 명의 어린 자식을 버린 무정한 요부! 연놈들을 절대로 용서하지 않겠다는 유권자들은 점차 늘어났다.

칼럼니스트 스튜어드 올섭은 '넬슨은 재혼이냐 대통령이냐 중에서 양자택일해야 했다'고 비아냥거렸다. 에드워드 8세는 이혼 소송 중인 기혼녀 월리스 심슨 (Wallis Simpson)과 사랑한 죄로 왕관도 반납하지 않았던가. 월리스 심슨을 지칭하며 사람들 앞에서 "저런 것 때문에 모든 것을 포기하다니"라고 못마땅해 했던 영국의 메리대비가 둘의 결혼식을 보았다면 '미국에 바보 하나 더 있구나'하고 혀를 끌끌 찼을 것이다.

덜컥수는 연이은 패착을 부른다.

재혼이라는 '덜컥수'는 연이은 패착으로 이어진다. 적당한 후보를 내세우고 자신은 이혼과 결혼이라는 충격에서 헤어나는 68년 선거에 집중해야 한다는 합리적 의견들을 넬슨은 듣지 않았다.

공식적인 자리에서 '불륜녀'를 쳐다보는 눈길에 얼굴을 숙이고 다니는 임산부 해피를 전국 유세에 동참시킨다. 대중이 그녀를 보면 마음을 돌릴 것이라고 믿었기 때문이다. 그러나 유권자들은 불륜 남녀에게 꼴도 보기 싫다는 반응을 보였다.

지지율이 오르지 않으면 남 탓하고 헛발질하는 것은 미국이나 한국이나 마찬가지다. 넬슨은 공화당 보수파들을 향해 '수구 꼴통들과 당을 함께하는 사실이 역겹다고' 소리 지르며 극한 대결로 간다. 자신을 지지하지 않으면 적으로 간주하는 태도가 얼마나 나쁜 결과를 초래하는지 갤럽 여론조사는 바로 알려주었다. 골드워터가 더 큰 차이로 넬슨을 앞선다.

누가 보아도 해피는 선거에서는 악재였고 그녀는 대중의 눈에서 멀어지면 멀어질수록 유리했다. 그러나 해피는 계속해서 언론에 노출되었다.

넬슨은 주지사 선거를 거울삼아 몸으로 뛰고 돈으로 달리며 재역전의 기회를 노렸다. 예비선거 3일 전 드디어 넬슨이 골드워터를 49:40으로 앞선다는 여론조사 결과가 나오며 기적의 역전승이 가능한 듯했다.

그러나 이번에도 해피가 문제였다. 그녀가 뉴욕병원에서 아들을 순풍 낳았다. 유권자들은 잠시 잊었던 불륜 남녀의 괘씸했던 지난날이 떠올라 다시 불쾌해졌다.

1964년 대선후보 지명전에서 아슬아슬한 패배 소식을 보고 받은 넬슨은 망연자실한 모습으로 해피 곁으로 돌아간다.

닉슨 죽이기

1964년의 악몽이 지나가고 넬슨은 대통령 꿈을 계속 꾸지만, 해피와 결혼하기 전처럼 자신만만한 도전은 없었다.

1966년 주지사 선거도 상대방이 누구든 25%의 지지를 받는다는 진단을 받았을 정도로 최악의 출발을 했다. 넬슨의 인기는 너무나 폭락해서 정치를 떠나 석유를 파러 가는 길이 더 현명해 보이기까지 했다. 그러나 상대방의 10배나 넘는 선거자금을 투자하여 가까스로 승리하며 방어전에 성공한다.

1968년 대통령 선거에서 미시간 주지사 조지 롬니를 밀기 위해 키신저를 비롯한 자신의 측근들을 보낸다. 특히 키신저는 롬니의 외교 정책 과외선생 임무를 수행하며 선거의 핫 이슈인 베트남전에 대한 정견발표문을 작성해준다. 그러나 롬니는 대통령 후보가 지녀야 할 자질이 너무나 떨어져서 아무리 숨기려 해도 감출 수가 없었다. 넬슨은 능력 부족 롬니가 중도 사퇴하자 키신저를 다시 불러들여 닉슨 쓰러뜨리기 진영을 다시 짠다. 키신저는 닉슨의 당선을 저지하기 위해 '닉슨 공략집'까지 만들어 트리키 딕(사기꾼) 신드롬 일으키기 등 네거티브 선거를 준비했는데 역부족이었다.

6월에는 JFK에 이어 민주당 유력후보 동생 케네디도 총을 맞아 죽어 형 케네디가 암살이 아니라 공개 처형당했다는 사실을 확인시켜주었다. 많은 노력에도 불구하고 '꼴도 보기 싫은' 닉슨은 당선된다. 누가 봐도 넬슨은 해피와의 결혼식 이후 내리막길을 타고 있었다.

넬슨 록펠러가 사는 포컨티코의 저택은 높은 언덕에 있어서 주변 경관이 내려다보이는 아름다운 석조주택이었다. 저택 현관문을 통과하여 홀 안에 들어서면 메트로폴리탄 박물관에 있을 법한 그리스 조각들이 놓여있고 계단을 따라 내려가면 현대미술관을 방문한 기분을 느낄 수 있는 예술품을 볼 수 있다.

이곳에서 넬슨과 키신저는 새로운 구상을 하게 된다. 닉슨을 저지하지 못했으면 키신저를 닉슨에게 보내 자신의 구상을 실현해보자. 키신저로서는 당연히 오케이였다.

한번 '넬슨맨'은 영원한 '넬슨맨'

한 남자가 청중들 앞에 성경에 손을 얹고 이사야서 2장 4절을 읽고 있었다.

'그가 열방 사이에 판단하시며 많은 백성을 판결하시리니 무리가 칼을 쳐서 보습을 만들고 창을 쳐서 낫을 만들리라. 한 민족이 다른 민족을 거슬러 칼을 쳐들지도 않고 다시는 전쟁을 연습하지 않으리라.'

선서를 마친 사람은 미국의 36대 대통령 리처드 닉슨. 그는 이제 총과 칼을 녹여서 농기구 생산에 전념하겠다는 성경 구절을 읽었다.

무엇보다도 전쟁을 끝내야 한다는 결심을 한 것은 당선 후 존슨이 보여준 미국 금고 때문이었다. 그곳은 텅 비어있었다. 짐작은 했지만, 생각보다 심각했다. 빚쟁이들이 텅 빈 금고를 보면 아우성칠 것은 불을 보듯이 훤했다.

자신은 베트남 전쟁에서 베트콩을 혼내주고 싶었지만, 그것보다 중요한 것은 다음 선거에서 이겨야 한다. 4년 후 선거에 이기려면 인플레이션과 재정적자 문제를 해결해야 했고 그러려면 베트남에서 발을 빼야 한다. 체면 안 구기면서 전쟁을 끝내고 국민의 마음을 사로잡을 묘책을 지닌 선수를 찾아야 하는데 결정하기 어려웠다.

그때 넬슨에게서 만나자는 연락이 오고 닉슨을 찾아왔다. 닉슨은 넬슨의 동반자가 누구인지 금방 알아차렸다.

"이게 누구신가? 닉슨 공략집까지 만들어 '닉슨 죽이기'에 앞장섰던 키신저 박사 아니신가? 여기까지 같이 오고 무슨 일이지?"

넬슨은 키신저가 닉슨에게 필요한 물건이라고 소개한다. 닉슨도 처음에는 떨떠름했지만, 곰곰이 생각해보니 키신저의 전략적 능력이야 이미 알고 있고 넬슨과 석유로 이어주는 끈 역할로도 손색이 없었다.

닉슨은 결론을 내렸다.

'행정부와 국회를 누르고 나의 질주를 도와줄 선수로 키신저는 좋은 카드다. 유대인 변태 녀석을 국가안보보좌관으로 임명하자.'

닉슨은 키신저를 선택했다. 그러나 키신저는 자신이 닉슨을 선택했다고 여겼고 영원히 넬슨맨이라 생각했다.

위기의 남자 – 두 번째 헛발질

1972년 공화당 전당대회에서 넬슨은 닉슨의 후보지명 역할을 맡았다. 4년 전 모습은 어디에도 없이 넬슨은 닉슨을 열렬하게 지지하고 공화당의 압승에 견인차 구실을 하였다. 기회는 다시 다가왔다. 닉슨이 워터게이트 추문을 이기지 못하고 탄핵이 결정되기 전 재빨리 사퇴해버렸다. 넬슨의 가슴은 다시 뛰기 시작했다. 1973년 12월 넬슨은 최장수 뉴욕주지사 자리를 사퇴하고 대통령 선거에 전념한다.

1974년 8월 21일 넬슨은 바다가 내려다보이는 친구의 집에서 휴가를 즐기고 있는데 부통령 지명 전화를 받는다. 넬슨은 미소 지으며 생각했다. 대통령 꿈은 끝나지 않았다. 포드가 1976년 대선에 나와도 자신에게는 1980년이 있다. 나이? 내 나이가 어때서? 1980년이면 72세. 할아버지와 아버지는 그 나이에 현역으로 열심히 뛰어다녔다.

예상과는 달리 포드의 부통령후보 지명을 수락한 일은 넬슨 일생의 두 번째 헛발질이었다. 해피와의 결혼이 첫 번째, 그리고 후보지명으로 인한 청문회가 두 번째.

청문회에 들어가기 전부터 '넬슨 록펠러의 재산이 얼마나 되나'가 초미의 관심이었고 록펠러 가문과 금융재벌들은 염려의 메시지를 넬슨에게 보낸다. 록펠러 가문은 사생활 보호를 핑계 삼아 재산공개를 피하여 왔는데 정보가 드러나면 자신들의 은밀한 영향력이 드러나고 신비감이 소멸하리는 염려 때문이었다. 재산이 '얼마나 많은가?'가 문제가 아니고 '재산을 어떻게 지배하고 있는가'가 더 큰 비밀이있다.

그러나 넬슨은 백악관에 들어가겠다는 일념으로 의회 청문회에 출석, 재산의 은밀한 부분을 까발린다. 넬슨은 청문회를 마치고 나오면서 '가문의 숭고한 정신'과 '미국국민과 인류에 대한 봉사활동'을 재차 강조하며 나왔다. 그러나 여론은 복잡한 네트워크를 가지고 있는 록펠러 제국의 힘과 탈세에 집중되었고 그 많은 정치헌금도 자신에게 준 것임이 들통났다. 넬슨은 할아버지를 닮은 '정치 모리배'로 몰리는데 걸리는 시간은 그리 길지 않았다.

넬슨이 부통령의 자리에 올랐을 때 넬슨의 아버지가 그토록 고생해서 만들었던 가문의 신화는 물거품으로 변했다. 넬슨은 1976년 대선에서 부통령 후보지명을 포기하고 임기를 마치자 정계에서 은퇴하며 대통령 꿈을 영원히 접는다.

마지막 록펠러

평생 5형제의 꼴찌 노릇을 하며 아칸소 골목대장이었던 윈스롭은 1973년 형제 중 제일 먼저 세상을 떠났다. 뉴욕주지사 넬슨은 남이 써 준 형식적인 추도사를 읽었다.

형제의 죽음은 자신이 유한한 인간이라는 메시지를 강하게 받는다. JDR 3은 자신의 활동을 정리하고 예술품 기부를 서두른다. 로런스와 데이비드는 상속을 서둘러서 주변 사람들을 놀라게 하는 취미가 생겼다.

오직 넬슨만이 자신의 시대가 끝나가고 있다는 것을 인정하지 않았다. 누나 뱁스와 JDR 3가 1976년과 1978년에 연달아 세상을 떠나도 최소한 100살까지 살 거라고 장담했다.

증조부도 할아버지도 아버지도 수분이 몸에서 다 빠져나가서 빼빼 말라비틀어지도록 오래 살았다. 넬슨은 그들보다 오래 살 자신이 있었다.

1979년 1월 26일 넬슨이 록펠러센터에 있는 자신의 사무실에서 일하다가 쓰러졌다고 알려졌다. 해피는 저녁 후 넬슨의 미술컬렉션 카탈로그를 보기 위해 사무실로 갔다가 넬슨의 심장발작을 발견했다고 주장했다. 그러나 사실 넬슨은 자신의 별택에서 자신의 여비서 미건 마르샥과 단둘이 있었다는 사실이 폭로되었다. 메리의 눈을 피해 해피와 비밀리에 만나던 밀회장소들은 결혼 이후 다른 여자들의 차지가 되었다. 미건 마르샥은 넬슨의 위태로운 상태에서 가족 대신 탤런트 폰치아 피어스에게 도움을 청해서 의혹은 증폭되었다. 그러나 살고 있었던 집과 5만 달러의 돈을 받고 조용히 입을 다물었다.

가족들은 검시를 거부하고 18시간 만에 곧바로 화장했다. 록펠러 제국의 마지막 황제로 평가되는 넬슨은 미국의 역대 정·부통령 중 처음으로 화장되어 뉴욕시 외곽의 록펠러 가족묘지에 묻혔다. 넬슨의 죽음에 대해 수많은 억측이 나돌았지만, 자연사로 정리되었고 장례식장에서 키신저의 조사는 넬슨에 대한 예찬으로 가득했다.

> "대통령이 되고 싶으냐고요? 글쎄요, 나는 정치가죠. 그게 직업입니다. 미국에서 정치가로서 성공한다는 것은 오직 하나만 의미하지요."(6)

잘 나갈 때 넬슨이 남긴 말이다.

미국 대통령 그까짓 거 뭐 그냥 대충 열심히 하면 할 수 있는 직업 정도로 여겼던 넬슨의 자만심은 록펠러라는 이름이 미 대통령 족보에 올리는 데 가장 큰 장애였다.

20세기의 신화였던 석유제국의 마지막 록펠러였던 넬슨은 석유, 정치, 미술, 여자 사이에서 살았고 역사 속에 남았다. 모든 인간이 그렇듯이 록펠러가 사람들과 넬슨도 시간이라는 거대한 흐름을 이길 수 없었고 한 시대를 풍미하다 떠나갔다. 넬슨 록펠러가 죽고 석유제국의 후계자들은 가문의 영광을 지속시키는 대신 각자의 길로 뿔뿔이 흩어지면서 100여 년에 걸친 록펠러 가문의 영화도 역사의 뒤안길로 사라진다.

넬슨이 1930년대 사들여서 아내 메리 토드헌터 클라크와 함께 자녀를 양육했던 방이 32개였던 아파트를 메리와 이혼하면서 아파트도 2개로 나누었다. 전처는 위층을 쓰고 아래층은 해피와 살면서 연결되는 복도를 차단했는데 넬슨이 죽고 해피는 이 아파트를 팔아버렸다.

전처와 새 부인을 아무렇지도 않게 같은 아파트에서 살게 했던 간 큰 남자 넬슨이 죽고도 해피는 팜므 파탈이라는 오명을 뒤집어쓴 채 오래오래 살다가 2015년에 세상을 떠났다.

(1) 버트런드 러셀/자유와 조직/부의 제국 록펠러 재인용

(2) 록펠러가의 사람들/씨앗을 뿌리는 사람 p456

(3) 록펠러 가의 사람들/씨앗을 뿌리는 사람들. p313

(4) 록펠러가의 사람들/씨앗을 뿌리는 사람/p426

(5) 록펠러가의 사람들/씨앗을 뿌리는 사람/p456

(6) 록펠러 가의 사람들/씨앗을 뿌리는 사람들/462p

03

저우언라인(周恩來),
선면후식(先麵後食)

키신저의 저우언라이에 대한 평가

마오쩌둥을 도와 중국 공산혁명을 완수한 '영원한 이인자' 저우언라이. 국제 외교를 자신의 손아귀에서 쥐락펴락한다고 자부하는 키신저는 저우언라이를 "60년 공직 생활에서 저우언라이보다도 더 강렬한 인상을 준 사람을 만난 적이 없다. 키는 작지만 우아한 자태며 표정이 풍부한 얼굴에 번득이는 눈빛으로 그는 탁월한 지성과 품성으로 좌중을 압도했으며 읽을 수 없는 상대방의 심리를 꿰뚫어 보았다."라고 평했다. 그리고 "철학에 능통하고 역사를 통찰하고 분석하는 능력이 뛰어나며, 남다른 지략과 재치 있는 언변술을 가지고 있고, 풍류를 아는 걸출한 위인"이라고 덧붙였다.

문화혁명의 광기 속에서 자금성을 비롯한 수많은 문화유산을 지켜내고 덩샤오핑(鄧小平)의 든든한 후견인을 자처했던 저우언라이에 대한 타인들의 평가는 뒤에 다시 소개하겠다.

미국과 중국이 다시 손을 잡는데 키신저의 카운터 파트로 저우언라이가 된 것은 큰 행운이었다. 마찬가지로 중국을 찾아온 밀사가 키신저인 것도 저우언라이에게는 큰 행운이었다.

삼모지교(三母之敎)

저우언라이는 1898년 화이난(淮安)에서 태어났다. 본인은 저장성 사오싱 출신이라고 밝혔는데 이것은 자신의 선조들이 대대로 살아온 곳을 고향이라 생각했던 중국의 전통적인 습관에 따른 것이다.

아버지 주이능(周貽能)은 전통적이고 평범한 삶을 살고자 한 시골 유지(鄕紳)였다. 미관말직의 월급 받고 뇌물 받아 술 한잔 걸친 후 배부르고 등 따시면 천하에 부러움이 없는 인생이었다. 아들의 교육에도 무관심했다. 아버지가 없거나 무관심하여 큰 인물이 된 경우는 동서양을 막론하고 어디에나 많다. 공자, 맹자는 어머니 손에 자랐고 예수는 아버지의 존재감이 미미했고 무함마드는 부모 없이 자랐다. 무관심한 아버지로 인해 저우언라이는 그다지 좋은 인상을 받지 못하며 자랐다.

저우언라이에게 영향을 준 것은 어머니였다. 맹모에게는 좋은 강남 학원을 찾아 헤매는 어머니의 이야기가 있지만, 저우언라이에게는 평생의 스승이 되었던 세 명의 어머니가 있었다.

첫째 생모 만씨. 그녀는 글을 읽을 줄 몰랐으나 풍부한 식견을 가지고 있었고 성격이 활달하고 총명했다. 복잡하게 얽힌 집안 갈등을 풀어나가는데 재주가 있어서 문제 해결 능력을 키워주었다.

둘째 양모 진씨. 저우언라이 부친의 넷째 동생의 부인이었던 그녀는 남편과 일찍 사별하고 아이가 없어 저우언라이에게 모든 애정을 쏟아부었다. 박식했던 그녀는 저우언라이에게 당시와 송사, 그리고 서유기나 천우화(天雨花) 등 중국 고전 속의 인물에 대해 교육을 하였다. 예술적 감각과 학문에 대한 이해능력을 넓혀 주었다.

셋째 유모 장강씨. 마차꾼의 아내였던 그녀는 평범한 농촌 아낙네로 소박함과 솔직함이 가진 힘을 가르쳐 주었고 자연의 위대함을 알려주었다. 세상에 감사하고 작은 일도 소중히 하는 품성을 심어주었다.

저우언라이는 아버지보다 3명의 어머니에게 많은 영향을 받았다. 생모도 양모도 10살 이전에 돌아가고 혼자가 되었던 저우언라이는 유모가 찾아오면 각별히 대했다. 수십 년이 지나 국무원 총리가 되고도 유모 장강씨를 챙겼다고 하니 그녀에 대한 애정은 정말 남달랐다.

다시는 고향에 돌아가지 못하리

화이난은 수많은 영웅호걸과 문인들을 배출한 곳이었다.

강남 지역에서 일어나 중원으로 북진했던 오왕 부차(夫差), 한대(漢代) 삼걸 중 한 명인 한신(韓信), 악비와 함께 금의 침입에 맞서 싸웠던 중국의 전설적 여걸 양홍옥(梁紅玉), 아편전쟁 때 천비 해전에서 영국군과 맞서 싸우다 조국의 흥망은 자신의 책임이라 믿으며 장렬히 전사했던 관천배(關天培)도 화이난 출신이다.

화이난이 배출한 문인도 무수히 많다. 서유기의 오승은(吳承恩)이 한국에 가장 많이 알려진 대표 작가이다.

어린 저우에게 양모 진씨는 서유기를, 장강씨는 여걸 양홍옥 이야기를 들려주며 키웠다. 어린 저우는 옛날이야기를 들으며 중국의 유구한 역사와 문화의 토양 속에서 자랐다. 그래서 저우는 평생 화이난의 추억을 잊지 않았고 그곳을 그리워했다.

1910년 큰아버지 주이갱의 심양 집으로 이사하며 저우언라이는 꿈에도 잊지 못하는 화이난과 이별했고 살아서 다시는 돌아가지 못했다.

홍색 연인 – 덩잉차오(鄧穎超)

1911년 신해혁명이 일어나자 변발을 잘랐다. 톈진(天津) 난카이(南開) 중학교 시절 남다른 근면함을 보였다. 공부도 늦게까지 하는 것은 물론 학비를 벌기 위해 아르바이트도 열심히 했다. 단벌인 푸른 면 외투는 일요일에 빨아 밤새 말려서 입었다.

바쁜 일상에서도 연극반 활동에 정성을 기울였다. 아직 여학생 연기자가 없어서 여성 역할 단골이었다. 인기 폭발이었다. 연기로 스타가 될 자질이 다분했다. 난세가 끝나고 기획사에 캐스팅되었으면 불후의 명배우로서 인생을 살았을 거라는 가지 않은 길이 있었다.

한때 중국에서는 전도 유명한 미남 4인방, F4가 있었다. 청년 원수 장쉐량, 경극 배우 메이란 팡, 쑨원의 비서로 파리평화회의에서 이름을 날렸던 왕징웨이, 그리고 저우언라이까지 4명이었다. 4명 모두 중국 역사의 한 면을 장식한 인물들이었다.

1917년 난카이 중학교를 졸업하고 일본으로 유학길에 올랐다. 일본에 가서 2년도 안 돼서 1919년 5·4 운동이 일어났다.

"나라가 없어지면 공부가 무슨 소용인가."

저우언라이는 공부를 중단하고 귀국하여 난카이(南開) 대학에 입학한다.

공부보다는 학생신문의 편집장을 맡아서 학생운동에 전념한다. 군벌 정부에 대항하기 위해 톈진의 학생들이 모여서 각오사(覺悟社)를 결성한다. 여학생 중에는 톈진 여자 사범학교에 다니는 덩잉차오가 있었다. 꽃미남 운동권 리더와 얼떨결에 마르크스주의에 입문한 여학생의 만남이었다.

저우언라이는 덩잉차오를 만나고 "인생에서 연애와 부부는 별개의 일이다. 연애는 남녀를 구분하지 않는다. 한쪽이 감정을 발산하면 다른 쪽이 감응하는 것이 곧 연애다. 하지만 부부는 순전히 가정을 꾸리고 인종을 유전시키는 관계를 위해서만 존재할 수 있다."는 알쏭달쏭한 글을 일기에 적었다. 일반적인 남녀 애정의 감정으로 만나지 않았음이 분명하다. 사랑과 우정 사이 정도라고 추측하기도 한다. 연애 감정 여부를 떠나 둘은 꾸준히 연락하며 지냈다.

권력과 대립하는 사이 운동권 학생이 된 저우는 잠시 감옥에 다녀온 후 프랑스로 '근공검학'(勤工儉學)을 떠나게 된다.

나는 파리의 두부 요리사, 리스쩡(李石曾)

촉한의 승상 제갈량은 만두를 만들었고 회남왕 유안은 두부를 만들었다. 그 두부가 바다를 건너 프랑스에 가서 중국 공산혁명을 만드는 계기가 된다. 두부가 혁명을 일으켰다. 1907년 프랑스에서 유학 중이던 리스쩡이 파리 교외에 두부 공장을 세우고 중화반점(中華飯店)을 열었다.

병부상서(兵部尙書)와 군기대신(軍機大臣)을 역임한 이홍조(李鴻藻)의 막내아들 리스쩡은 영특함으로 반짝이는 소년기를 보냈다. 의화단의 난을 진압한 8국 연합군이 베이징을 유린하자 '말로만 나라와 백성을 위하며 평소에 잘난 척하고 거드름 피우던 고관들이 코빼기도 안 보이는' 현실을 간파하고 유학을 결심한다.

리스쩡은 아버지 대신 아버지의 정적 이홍장을 찾아 방법을 찾았다. 아버지는 답이 없는 고지식한 영감으로 여겼기 때문이다. 이홍장은 프랑스 공사로 부임하는 쑨 바오치를 따라가라고 조언한다. 쑨 바오치는 잘 생기고 영리하고 무엇보다도 돈을 좋아했다. 거부의 아들 장징장과 짜고 돈뭉치를 손에 쥐어주자 쑨바오치의 입은 찢어져라 벌어졌고 리스쩡의 프랑스로 가는 길은 훤하게 열렸다.

소식가였던 리스쩡은 프랑스에서 두부 생각이 간절하자 허베이성(河北省) 농민 40명을 프랑스로 불렀다. 그가 만든 두부 코코아와 두부 커피는 날개 돋친 듯이 팔려나갔다. 중화반점에도 프랑스인들로 가득 차서 돈을 쓸어 담기 바빴다.

사업이 성공하자 리스쩡은 의화단의 난에서 벌어졌던 아픈 기억이 되살아났다. 아편전쟁 이후 서양 열강들에게 탈탈 털리고 있는 조국에 무엇을 할까 고민했다. 지도자를 양성해야 한다. 그가 얻은 해답은 일하면서 공부하는 '근공검학(勤工儉學)'이었다. 중국 학생들에게 유학의 길을 열어준 것이다. 10년간 17차에 걸쳐 3,000명의 가난한 중국 청년들이 프랑스에 건너와 일하며 공부했다.

근공검학으로 프랑스에 온 학생 중에 수많은 혁명가들이 배출된다. 저우언라이와 덩샤오핑(鄧小平)도 그중 한 명이었다. 중국 공산혁명은 두부 공장에서 시작되었다.

광저우(廣州)에 신이 있다면 그것은 곧 황금이다

혁명의 고향보다 요리의 천국으로 알려진 광저우는 쑨원이 죽기 전에 혁명의 요람이었다. 중국 역사에서 변방이어서 죄인의 유배지였는데 황제로부터는 멀었지만, 바다를 마주했기에 외부 세계와는 가까웠다. 서양문물이 바다를 통해 들어오는 시대에 반역의 기운이 싹트기 좋은 위치이다.

1841년 아편전쟁 때 영국군이 점령했고 1911년 쑨원이 광저우 봉기를 일으켜 신해혁명의 시발점이 되었다. 중화민국 대통령 쑨원이 임시수도로 정한 광저우는 군벌을 통합하고자 국공합작을 행하여 양산박을 열었다. 중국 전역에서 나라를 구할 영웅호걸이라고 착각에 빠진 인재들이 양산박으로 모여들었다. 이놈 저놈 어중이떠중이도 뛰어든다. 그 이름도 중국 역사에 길이 남을 황푸군관학교! 장세스(蔣介

石)가 교장, 저우언라이는 정치부 주임, 예젠잉(葉劍英)이 교관을 맡아 린뱌오(林彪) 같은 전쟁영웅을 배출하였다. 마오쩌둥(毛澤東)도 광저우에서 농민운동 강습회를 열었고 특강을 위해 군관학교를 찾았다.

쑨원(孫文), 장제스, 마오쩌둥과 저우언라이가 국공합작의 틀 안에서 동상이몽을 꿈꾸던 광저우 시절이었다. 이곳에서 선동과 공작의 달인인 저우가 훗날의 인민해방군 지도자들을 유혹하는 삐끼 노릇을 톡톡히 한다. 군관학교 생도들은 남다른 친화력과 인격으로 자신을 유혹하는 저우의 미끼를 덥석덥석 물었다. 자료마다 다르게 나와 있지만 덩잉차오의 증언에 의하면 저우와 마오가 처음 만난 곳도 광저우였다.

1924년 9월 덩잉차오는 광저우를 지원한다. 요청을 받아들인 당은 광저우로 저우를 찾아가라는 명령을 하달한다. 저우는 중국공산당 량광구(兩廣區) 위원장도 겸하고 있었다. 낮에는 군관학교 일을 하고 밤에는 당일을 하며 격무에 시달렸다. 파리의 근공검학(勤工儉學)이 중국으로 와서 주군야당(晝軍夜黨)으로 변했다.

덩이 온다는 소식이 반가웠지만 일에 쫓기는 저우는 다른 사람을 부두로 보냈는데 사진 속의 인물을 찾지 못했고 당 사무실로 덩이 찾아와서 둘은 오랜만에 해후한다. 파리 유학 시절에도 그들은 서로 소식을 주고받아왔고 이제 공산당의 동지로 다시 만나게 된 것이다.

1925년 8월 8일 저우와 덩은 결혼을 한다. 전업 혁명가 부부는 신혼의 달달함 보다 혁명 전우로서의 비장함이 더 강한 사이였다. 자녀가 없으나 혁명 과정에서 숨진 동지들의 자식들을 양자, 양녀로 맞이하였다. 훗날 양자 중 한 명인 리펑(李鵬)은 총리가 되었고 양녀 중 한 명인 쑨웨이스(孫維世)는 맞아 죽었다.

광저우 사람들은 '우리에게 신이 있다면 그것은 곧 황금이다'라고 외칠 정도로 배금주의자라고 한다. 이러한 토양 아래 공산주의가 싹이 트고 자랐다는 것은 운명일까 아니면 아이러니일까?

오월동주(吳越同舟), 장제스(蔣介石)

1919년 상하이 홍등가에 불이 켜지기도 전에 달려와서 날을 지새우는 사내가 있었다. 가진 돈을 아끼지 않고 팍팍 뿌리는 큰손이었다. 스스로 '거리에 나갔다가 지나가는 여자 엉덩이만 쳐다봤다'는 일기를 남겼다.

새로 온 기녀가 사내의 정체를 포주에게 물었다.

"상하이 증권 교역소에서 일하는 장제스라는 증권 중계인 인데 청방(비밀 결사조직, 조폭)과 결탁하여 돈 좀 만지나 보더라. 운 나쁘면 성병 걸려 일 년 안에 죽고 운 좋으면 10년 안에 비렁뱅이 돼서 길거리에 앉아 있을 테니 신경 쓸 거 없다. 만나면 돈이나 두둑이 챙겨라."라고 대답한다. 포주는 장제스가 5년 후 황푸군관학교 교장이 되고 국민당 총재가 되리라 상상도 하지 못했다.

저장성 소금장수의 아들인 장제스는 1887년 태어났다. 청 제국은 아편전쟁으로 시작된 병이 날이 갈수록 위중해지며 숨을 헐떡이고 있었다. 가슴에 야망이 가득하고 한순간에 상대방을 제압하는 재능이 탁월한 장제스는 난세의 인물이었다. 단점은 성격이 불과 같아 사람을 설득하지 못했다. 초한 시대를 비교하면 장제스는 항우를 닮았고 마오쩌둥은 유방을 닮았다. 1907년 일본에 가서 사관생도 후보를 가르치는 진무 학교를 졸업하고 사관학교 진학이 어렵게 되자 일본군 다나카 포병연대에 근무한다.

신해혁명이 시작되자 귀국했다가 타도 위안스카이 봉기에 참여했고 실패하자 일본으로 돌아간다. 일본에서 장제스가 평생 존경했다는 3명 중의 한 명인 상하이 혁명세력의 거물이었던 천치메이(陳其美)를 만난다. 천지메이가 키운 세계적인 인물 장제스. 장제스는 천치메이를 따라다니며 부자와 힘 있는 사람을 소개받았다. 쑨원에게 장제스를 소개하여준 사람도 천지메이였다.

1924년 쑨원은 황푸(黃埔)군관학교를 세워 혁명을 추진할 군사 간부를 양성하도록 했다. 초대 교장에 취임한 장제스는 여기서 2년 만에 5천여 명의 교육생을 배출했고, 이들 중 상당수를 국민당과 자신에게 충성하는 사람으로 만들어나가 향후 중국의 주도권을 잡을 기반을 닦아나갔다.

이곳에 정치부 주임 저우언라이의 부임은 장제스 인생에서 최대의 잘못된 만남이었다. 황푸군관학교에서 아침 식사로 식빵을 함께 먹었던 장제스와 저우언라이는 평생을 원수로 지냈다. 국·공합작의 다른 이름은 오월동주였다.

난창(南昌)봉기 – 미스터리 장군, 주더(朱德)

중국혁명에서 대장정보다 더 미스터리로 꼽히는 주더의 변신. 1886년 쓰촨 성에서 태어나 체육선생 하다 사회 분위기가 심상치 않자 군사학교에 들어가 군벌이 된 주더는 신해혁명 이후 손가락으로 꼽을 만큼 자수성가한 사람이었다. 그 당시 군벌들 대부분이 그렇듯이 주더도 성공하자 여러 명의 미녀를 첩으로 두고 아편에 취해서 하루하루를 보내는 일상을 지낸다.

삼처사첩(三妻四妾)은 부귀인가의 상사(常事), 이상할 것이 없었다. 그대로 여자들 엉덩이에 깔려서 평생을 지냈으면 군벌의 시대가 끝나고 소리 소문 없이 사라졌던 인물 중 하나가 되었을 텐데 1921년 아편을 끊고 정신을 바짝 차린다. 그리고는 자신이 가진 돈을 여자들에게 나누어주고 상하이로 가서 공산주의를 공부하고 입당을 신청한다. 군벌 경력이 문제가 되어 거절당하자 독일로 유학을 떠나 괴팅겐에서 역사와 철학을 공부한다. 1925년 학생소요를 일으켜 독일에서 추방되자 중국으로 돌아온다. 그때 저우언라이의 소개로 공산당에 입당한다.

1927년 7월 27일 난창(南昌)의 주더의 집에 저우언라이가 찾아온다. 제1차 국 · 공 합작의 느슨한 틀을 깨고, 중국공산당 정권을 세우려는 난창 봉기를 의논하기 위해서였다. 주더가 직접 요리하여 저녁을 차렸다. 음식은 고추와 가지 요리. 지금도 난창의 주더 옛집에 가면 전시되어있다. 저녁을 먹으며 군대 상황과 봉기 계획을 보고 한다. 저우는 계획의 치밀함에 감탄하며 주더를 칭찬한다. 봉기가 시작되자 주더가 주모자임을 모르는 국민당 정부로부터 진압을 명령받지만 거역

하고 본격적인 홍군 활동을 한다.

난창 봉기는 주더와 저우언라이의 합작품이었다. 둘은 이때부터 평생의 동지로 함께하게 된다. 국민당 군대의 반격으로 대패한 저우와 남쪽으로 이동한 주더는 헤어진다.

국민당의 반격으로 쫓겨 다니던 주더는 1928년 4월 징강산(井岡山)의 공산당 해방구에 1만 명의 군인을 데리고 가담한다. 여기서 마오쩌둥과 만나게 되는데 이를 역사에서는 '주더와 마오쩌둥의 합류'라 한다. 주더 부대는 홍사군이 된다.

저우언라이와 함께 혁명을 모의하고 끝까지 군대를 이끌어서 마오쩌둥과 합류한 주더가 중국 역사에 본격적으로 기록되는 시기이다. 마오쩌둥 국가주석과 저우언라이 총리, 그리고 주더 총사령관의 인연은 이렇게 시작된다.

대장정(The Long March) – 대장정 1934년에서 35년까지

하루에 60킬로를 매일 걸어간다면 어떤 일이 일어날까? 대장정이 위대한 전술이라는 말도 있고 전략적 실패라는 평가도 있지만, 세월이 흐르자 신화가 되었다. 전쟁은 이기고 봐야 한다.

중국이라는 나라가 없던 시절, 지방의 군벌들이 다스리는 시대였다. 1921년 중국 공산당이 창당되고, 23년 공산당은 국민당에는 비교할 수 없었지만 군대라고 부를 수 있는 조직을 구성하였다. 쑨원의 국민당은 공산당과 1차 국공합작을 통해 군벌에 맞섰다. 1925년 쑨원이 죽자 둘의 짧았던 밀월은 끝나고 전쟁에 돌입한다.

1934년 모스크바에서 교육받은 '28인의 볼셰비키'나 해외파들이 정통론에 입각한 군사작전을 주장하고 있었다. 마오쩌둥의 유격전 전략을 포기하고 정규전과 참호전을 선택한 것이다.

국민당은 장시(江西) 성에서 공산당 소탕작전을 시작하였다. 장제스는 자신의 최정예 부대와 70만 대군을 투입하여 홍군에게 전면 공세를 취하였다. 루이진(瑞金)이 함락당하고 위기에 빠진 공산당군은 포위를 뚫고 서쪽을 향해 걸음아 날 살리라고 도망을 시작한다. 대장정의 시작이다. 10만 명 이상의 홍군(인민해방군 전신)들이 뒤를 따랐지만 죽거나 이탈하는 숫자가 늘어났다.

1935년 초에 구이저우성(貴州) 북부의 쭌이에 도착했다. 중국공산당과 저우의 운명에 커다란 영향을 미치는 쭌이회의가 열렸다.

쭌이회의 (遵義会議)

구이저우성 쭌이시. 해발 2,000m의 첩첩산중에 형성된 이 도시는 홍군의 고향이자 중국식 사회주의 무장투쟁의 발원지이다. 마오쩌둥이 정치국 확대회의에서 소련 볼셰비키파를 누르고 당권과 군권을 장악해 특유의 게릴라전을 펼치며 북방 옌안(延安)을 향해 대장정을 이어가는 원동력이 되었다. 지금도 쭌이시의 최대 상품은 '혁명'이다. 이른바 '홍색 관광'이다.

회의가 시작되자 당시 총서기였던 소련파의 핵심인물 보구(博古)가

입을 열었다. 일반적인 경과보고는 있었지만, 책임소재는 일체 말하지 않았다. 책임을 회피하기 위한 지도자의 전형적인 방법이었다. 장원티엔을 중심으로 신랄한 어조로 지도부를 비판했다. 책임을 회피하려는 세력과 교체하려는 세력이 팽팽하게 맞섰다.

마오는 시골뜨기였지만 아는 것이 많았고 말발이 타의 추종을 불허했다. 그의 연설은 먹물들이 자기 잘난 체하는 화려한 수사대신 마음을 사로잡는 간단하고 은유적인 말들이 많았다. 회의에서는 참석자들의 수준에 맞게 말하고 농민들 앞에서는 눈높이에 맞춰시 말하는 법을 알았다. 방구나 섹스 등 일상 속의 단어들을 잘 인용했다.

시골에서 홀로 마르크시즘을 공부한 얼치기 공산주의자 모택동과 정통 마르크시즘을 배우고 근공검학을 거쳐 구내에 돌아온 프랑스파 신상품 공산주의자 저우언라이와는 거리감이 있었다. 그러나 회의가 진행될수록 저우는 이제 다른 줄에 서야 함을 알아차렸다. 저우는 뜻밖의 발언을 한다. 마오쩌둥을 지지하고 나선 것이다. 역풍도 돌아서면 순풍이 된다.

"마오쩌둥이 옳았다. 우리는 그의 말을 들어야 한다. 귀가 있는 자, 들을지라."

마오의 상관인 저우가 마오의 '참모'를 자처한 발언으로 모두에게는 쇼크였다. 농민 집안 출신의 혁명가 스타일 마오와 관료 집안 출신의 외교관 스타일 저우가 손을 잡을 잡는 순간이었다. 대범하고 큰 맥을 잘 잡는 마오와 신중하고 빈틈없는 저우는 어울리는 콤비였다.

중앙정치국 회의가 끝나자 권력을 장악하고 있던 볼셰비키 그룹의 오토 브라운(李德)등 친 소련파들의 책임을 물어 실각되고 농민을 기반으로 한 유격 전술을 주장하던 마오가 권력을 잡게 된다. 당의 총서기는 아니었지만, 당권과 군권을 장악한 마오가 공산당의 핵심 영도력을 가지고 장정을 이끌게 된다. 군사 지휘권은 주더가 맡고 저우는 현상유지로 마무리하였다. 대장정은 새로운 국면을 맞게 되었다.

서북 지방의 산시 성(陝西省)을 향해 장정에 나선 후 10개월 지나 산시(陝西) 성의 옌안(延安)에 도착했을 때, 생존자는 겨우 8,000명에 지나지 않았다. 생존율은 고작 10%. 수많은 산과 강을 건넜다. 그리고 1949년 중국공산당이 중국 본토를 통일한다. 역사에 기적의 드라마로 평가된다. 작전의 유효함이나 무모함을 떠나 대장정은 중국의 역사를 바꾸었다.

시안(西安)사건

1936년 공산당 지도부와 홍군은 한숨을 잠시 돌린다. 쉬는 시간이면 탁구도 치고 강물에서 수영도 했다. 총은 쉬고 있었지만, 입과 붓은 쉬면 안 된다. 저우언라이가 외교활동을 시작한다. 명분은 '항일'이고 이름은 '국·공 합작'이다.

'청년 원수' 장쉐량(張學良)과 만나서 일본에 대항하기 위해 전 중국인이 단결해야 한다고 공식적으로 공동성명을 발표한다. 장쉐량의 소식을 접한 장제스는 포위 토벌 전을 독려하기 위해 전선에 나가 12월 11일 서안 동쪽 화청지(華淸池)에 머물렀다. 당나라 황제 현종이 절세미녀 양귀비와 사랑을 불태우던 장소였다.

장제스의 새벽잠이 깨기 전에 장쉐량의 군대가 급습을 하였다. 장쉐량은 장제스를 감금하고 생명을 보장하는 대신 8가지 조건을 내세우며 일체의 내전을 정지하라고 요구한다. 장제스가 거부하자 저우언라이가 나섰다. 황푸군관학교부터 대장정까지 불구대천의 적이 무릎을 맞대고 앉아서 묘수를 찾았다. 저우는 항일의 당위성과 시의적절함을 설득했다.

시안을 폭격하려는 계획을 중지시킨 쏭메이링(宋美領)도 남경에서 날아 와서 무릎 하나 보탰다. 반전의 분위기가 무르익었다. 내전 중지, 항일전쟁 재개, 옌안지방 정부 인정, 장쉐량 신변보장, 장제스 최고지도자 추대 등 줄줄이 합의한다. 12월 25일 장제스는 석방되고 장쉐량도 다시 돌아오지 못할 길을 떠난다. 뒤늦게 도착한 저우는 안타깝게 하늘만 처다보았다. 영원한 이별이었다. 장쉐량은 징역 10년의 가벼운 선고를 받았으나 장제스가 죽기 전까지 연금 상태로 지냈다. 제2차 국공합작을 위해 저우는 시안과 옌안을 부지런히 오간다. 1937년 제2차 국공합작은 현실화된다. 한방의 총성도 없이 외교의 힘으로 옌안의 홍군은 위기에서 탈출했다. 저우의 외교활동은 일본군이 만주와 북부 중국에 대한 침략이 가속화되자 엄청난 위력을 발휘한다.

자살골이 쌓이면 경기도 진다.

동업은 깨지기 마련이다. 목표를 이루면 더욱 그렇다. 1945년, 눈에 보이던 침략군 일본군이 사라졌다. 둘이 싸울 일만 남았다. 그렇지만 일단은 웃으며 만난다. 1945년 장제스와 마오쩌둥의 충칭(中京) 교섭이 시작된다. 오랜 제국주의 침략과 내전으로 국민은 지쳐있었다.

평화에 대한 갈망은 어느 때보다 컸다. 이기는 편 우리 편! 아무나 이겨라! 전쟁만 끝내라! 장제스가 자신의 덩치만 믿고 상대방을 깔보며 화를 부른다. 군사력도 우세하고 점령지역도 8:2 정도로 많은 국민당은 공산당을 이른 시일 안에 밀어내고 싶었다. 미국 트루먼 대통령의 특사였던 마셜의 중재 하에 국민당과 공산당은 내전 방지를 논의하였으나 진척이 되지 않았다.

1946년 6월 국민당은 2백만의 병력을 동원하여 장강 하류 지역을 시작으로 옌안까지 홍군을 밀어내고 점령하였다. 초반 우세는 오래가지 않았다. 첫 끗발이 개 끗발! 전쟁이 인플레와 생활수준 저하를 가져왔다. 제기랄, 싸우지 말라는데 누가 총질 시작한 거야. 여기저기서 기아상태에 빠지면서 국민당을 부정하는 대중운동이 일어난다.

전쟁의 명장은 잘 싸우는 사람도 많지만, 실수를 안 하는 사람도 많다. 상대방이 헛발질과 자살골로 날 새고 있으면 방안에서 손톱 손질하며 기다리는 사람이 명장이다.

상대방이 약해지기를 숨죽이고 숨어있던 전쟁 귀신 린뱌오의 군대가 1947년 궐기하여 국민당 군대를 물리치고 창춘·지린·선양을 포위한다. 공산당의 군대는 증가하고 국민당의 군대는 줄어간다. 국민당군은 점차 싸울 의지가 사라져 갔다. 전투에 지는 일보다 도망치는 아군을 잡는 일에 열중하면 전쟁은 끝난 거다. 애들 싸움 코피 터진 거나 진배없다. 장제스가 대만으로 도망가려고 정부의 금괴와 보물 그리고 최정예 군대를 챙긴다. 전란의 시대가 끝나가고 있었다. 그러나 평화란 생각처럼 쉽게 주어지는 선물은 아니었다. 중국의 인민과 군대에는 아직도 넘어야 할 산들이 많았다.

김일성의 통 큰 지원

김일성이 살아 있을 때까지 보여준 중국의 '북한사랑'을 이해하지 못하는 사람들이 있다. 대한민국 사람들도 중국인들도 중국 지도자들이 왜 김일성에게 그렇게 VVIP 대접을 하는지 알 수 없다는 말을 심심치 않게 말한다.

그것은 한국전쟁 시절 중국이 북한을 돕기 위해 압록강을 건넌 사실은 알아도, 중국이 장제스 군대를 몰아내는데 김일성의 역할을 무엇인지 잘 몰라서 생기는 질문이다.

1946년 봄, 동북에서 국민당군을 상대로 악전고투 중이던 마오쩌둥은 무기 지원을 북한에 요청했다.

당시 북한에는 일본 침략자들이 놓고 간 무기와 탄약이 창고에 쌓여 있었다. 김일성은 "현재 중국혁명이 곤경에 처해 있다. 강 건너 불구경하듯이 모른 체할 수 없다. 보관 중인 무기와 탄약을 파악해라. 10만 명이 무장할 수 있는 장비를 무상으로 중국에 지원하겠다."

북한 내부에서도 "우리 형편에 10만 명분은 과하다"며 "1만 명분만 보내자"는 주장이 많았지만, 김일성은 "이왕 돕겠다면 성심성의껏 지원해야 한다. 성의에 많고 적음을 따지지 말라"며 굽히지 않았다. 중국에 퍼주고 나면 정규군을 양성하기 위해 설립한 평양학원 학생들에게 나눠줄 무기가 부족하다고 해도 듣지 않았다.(1)

김일성의 지원에 중국의 반응은 장난이 아니었다. 무기를 받아 들고 눈이 뒤집힐 정도로 놀랐다. 각목 들고 다니며 전사라고 돌아다니던 군인들이 날이 새도록 춤추고 노래하며 광란의 밤을 보냈다. 장제스 군대 기다려라. 홍군이 간다.

김일성은 통 큰 지원은 여기서 끝나지 않았다. 국민당과의 전쟁 중인 동북민주연군의 후방의 역할을 하며 마오쩌둥의 요구는 무조건 오케이 하며 물심양면으로 도와주었다. 마오쩌둥에게 전폭적인 지원을 해준 5년간의 행적으로 평생 자신을 지원하는 응원군을 만난 것이다.

1958년, 중국 총리 저우언라이가 평양을 방문했다. 시민 환영대회 석상에서 의미심장한 발언을 했다. "중·조 양국의 인민들은 깊고 돈독한 우의를 맺어온 전통이 있다. 우리들의 우의는 장기간에 걸쳐 공동의 적에 반대하고 투쟁하는 과정에서 공고해지고 발전해왔다. 이런 우의야말로 두 나라 인민의 선혈이 함께 응고된 우의다. 지난날, 중국 인민들의 여러 차례에 걸친 국내 혁명전쟁과 항일전쟁 기간 조선 인민의 우수한 자녀들은 중국 인민들을 지원하기 위해 생명을 아끼지 않았다."(2)

3. 저우언라이(周恩來), 선면후식(先麵後食)

중국에는 창녀가 있다

하나의 중국 원칙에 대해 유명한 일화가 있다.

건국 초기, 공식 기자회견에서 서방기자 한 명이 저우언라이에게 질문했다.

"중국에도 창녀가 있습니까?"라고 질문했다. 함정일 수도 있는 질문이라 기자회견장은 긴장된 분위기가 되었다.

저우는 간단하게 대답했다.

"있습니다. 대만에."

기자는 창녀가 없다고 하면 타이완은 중국이 아니냐고 하고 있다고 하면 공산국가에 창녀의 존재를 인정하냐고 재차 질문하려고 준비했었다. 저우의 답변에 기자들이 감탄했음은 물론이다. 특유의 기지가 발휘된 것처럼 보였지만 사실 하나의 중국이라는 기본원칙이 저우언라이 머릿속에 있었기 때문에 함정에 빠지지 않았다.

저우는 모스크바에서 영어를 사용했다. 소련의 연회에서 영어를 사용하자 부수상 미코얀이 불편해했다.

"저우 동지는 왜 영어를 쓰시지요? 러시아말도 있는데. 소통하기 어렵군요."

저우는 영어로 답했다.

"중국말로 하면 어떨까요?"

"중국말은 너무 어렵소."

"모스크바 중국대사관에서 중국어 공부를 무료로 열겠습니다. 내일 아침부터 오시지요."

미코얀이 퉁명스럽게 안 배우겠다고 하며 자리를 떠났다.

총칼 대신 입으로 싸워라

신중국 선포 후 외교부장에 마오쩌둥이 가장 신임하는 인물이 외교부
장으로 선임된다. 저우언라이는 국무원 총리와 외교부장을 겸했다.
초대 총리였으니 위상이 높았고 강력한 중앙집권적 통치 체제를 구축
하다 보니 세력도 막강했다. 그러나 외교부에서는 부장이었다.

"외교부 사람은 나를 총리라 부르지 마라. 부장이라고 불러라."

저우언라이는 사무용품도 북양 정부가 쓰던 비품을 그대로 사용했
다. 자동차도 없이 자전거를 홍콩에서 사들여 타고 다녔다.

전쟁터를 누비던 군인들이 외교에 관하여 아는 것이 전혀 없어 한
숨을 내쉬었다.

"여러분은 새로운 전쟁터로 나간다. 외교는 전쟁과 똑같다. 총칼 들
고 싸웠지만, 이제는 입으로 싸워야 한다. 무기만 바뀌었지 전쟁의 연
속이다."

외교를 전쟁에 비유하자 장군들은 자신감을 가졌다. 그래 목숨 걸
고 싸우는 총싸움도 했는데 말싸움이야 못하겠냐.

1955년 저우언라이는 제네바 회의에 말쑥한 국제신사의 모습으로
참석했다. 외교는 내용도 중요하지만 폼이 나야한다. 저우는 영토와
주권의 존중, 비 침략, 내정 불간섭, 평등·호혜, 평화공존을 외치며
국제 외교 무대에 데뷔했다. 이른바 평화공존 5원칙이다. 이제 중국

은 제삼 세계의 맹주가 된다.

중국 외교가 구웨이쥔(顧維鈞) 시대를 끝내고 저우언라이의 시대가 왔음을 세상은 확실히 알게 되었다. 중국의 외교는 구웨이쥔의 DNA를 받아들이고 발전시켜 한 단계 상승하기 시작한 것이다. 구웨이쥔은 누구인가? 구웨이쥔은 국가 이익과 민족 존엄을 목표로 중국의 주권과 영토 수호, 침략전쟁 반대, 평화 자주 외교 견지를 위해 헌신적으로 뛰어다닌 중국 외교의 전설이다.

네 번의 결혼식과 한 번의 생일잔치

2014년 9월 27일 뉴욕에서 열린 옌유윈(嚴幼韻)의 109세 생일잔치는 인류 역사상 보기 드문 풍경이었다. 109세까지 정정하게 살아 있기도 쉽지 않은데 여러 나라에 분산되어 사는 300명이 넘는 자손들이 한 곳에 모였다. 더욱 화제가 된 것은 옌유윈의 죽은 남편이 중국 외교의 전설 구웨이진이라는 사실이다. 언론사들이 생일잔치의 취재에 열을 올렸다.

구웨이진은 1888년 상하이 병기창 재정 주임 집에서 태어났다. 옆집에 용한 점쟁이가 있었다. '관운이 길하고 명이 길다'는 점괘가 나왔다. 뻔한 이야기지만 집안에 경사라고 모두 기뻐했다.

첫 번째 장인은 명의(名醫) 장샹원이다. 장샹원이 구웨이진의 사주를 보니 '멀리 떠날수록 좋고 처가 덕 볼' 운명이었다. 처가가 몇 개인지는 사주에 없었는지 사위로 점찍었다. 사돈과 비용을 반반 나누어

태평양 넘어 미국으로 보냈다. 열일곱 살에 당당히 컬럼비아 대학에 합격하고 석사과정에 들어가기 전에 장상원의 딸과 결혼했다. 첫날밤은 어머니 방에서 곯아떨어졌다. 미국으로 부인을 데려왔지만, 콧김 한번 제대로 나누지 못했다. 부인은 꿔다 놓은 보릿자루처럼 장식물로 집에 있었다. 친구들이 이름도 제대로 몰랐다.

1910년 만주 총독 탕샤오이(唐紹儀)가 미국에 왔다. 유학생회 회장 구웨이진이 탕사오이와 만났다. 탕사오이는 구웨이진이 맘에 들었다. 1911년 공화제가 선포되자 탕사오이가 첫 번째 내각 총리로 임명되었다. 구웨이진은 본국 호출을 예상하고 부인에게 이혼 서류를 던졌다. 외교관은 장가를 잘 가야 한다는 평소의 소신이 있었다. 사다리 타고 위로 가기 위해서는 장인이 의사 정도로는 곤란하다. 자신의 방에는 얼씬도 하지 않는 남편이 그러리라 예상한 듯 부인은 도장을 냉큼 찍어주었다.

두 번째 장인은 짜고 친 고스톱처럼 탕사오이였다. 탕사오이를 만나러 가면 딸 바오밍이 패키지로 딸려 나왔다. 자주 보니 정도 들고 몸도 섞었다. 탕사오이의 사위가 되는 일이니 구웨이진이 더 적극적으로 대쉬하였다. 결혼하고 2년 뒤에 주미대사 임명장을 받았다. 처가 덕분에 세계 외교 사상 27살 최연소 주미대사였다. 미국에서 잘 나갔다. 윌슨 대통령의 조촐한 결혼식에 초대될 정도로 미국 정계와 친밀한 관계를 만들었다. 탕사오이는 총리직을 던진 후 다음 기회가 오지 않았다. 바오밍은 자신의 역할이 끝났음을 알았는지 결혼 5년 후 병사했다. 바오밍의 빈자리를 바로 물색했다. 금방 눈에 들어왔다. 중국 역사에 기록되는 엄청난 여자였다.

세 번째 장인은 장사의 신 황스진의 아들 황중한(黃仲涵)이었다. 중국 화교사에 빼놓을 수 없는 걸출한 인물이었다. 황중한은 상상을 초월하는 부자였다. 돈도 많았지만, 세상사 돌아가는 일에 여기저기 발 담그기 좋아하고 나서기도 잘했다. 지하조직에 거금도 쾌척하고 공익사업에도 관심 컸다. 동남아 곳곳의 화교학교도 설립했다. 여자에 대한 투자도 아끼지 않아서 공인된 부인만 18명이고 자녀는 40명을 넘었다. 손자 손녀는 누가 누군지도 몰랐다. 해외 사는 자식들끼리 얼굴을 몰라서 만나면 몇째 부인 소생인지 말하고 나이를 물어 형인지 동생인지 족보를 따져야 했다.

황중한의 많은 자식 중에 가장 아끼는 딸은 단연 황후이란(黃蕙蘭)이었다. 조강지처의 첫딸이고 총명했다. 아버지의 사랑을 독차지했다.

구웨이진과 결혼한다고 하자 황중한이 결사반대한다. 황중한은 공직자를 싫어했다.

"모두 도둑놈이다."

공직자 중 외교관을 가장 싫어했다.

"입만 살아 움직인다.", "거짓말 잘해야 출세하는 직업이다" 온갖 악담을 다 한다.

딸이 반응이 없자 탐정을 고용해서 구웨이진의 신상을 털었다. 결혼을 두 번이나 했다는 보고가 들어왔다. 그거 봐라! 여자관계 복잡하다.

"아빠는 부인이 18명인데 뭐가 문제지요?" 할 말이 없어진다.

"그래, 그래 결혼해라. 단, 결혼식 안 간다."

"안 오셔도 돼요. 지참금 많이 보내세요."

황중한은 딸 바보였다. 사위는 미워해도 황후이란에게 엄청난 거금을 퍼부었다. '외교는 돈'이라는 편지와 함께 거액의 돈이 다달이 송금된다.

황후이란이 유럽과 중국의 외교계에 쏟아부은 돈은 지금도 전설이다. 구웨이진의 월급으로는 옷 한 벌도 사지 못했다. 최고급 의상과 보석으로 온몸을 휘감고 다녔다. 구웨이진이 프랑스 대사에 발령받자 대사관이 맘에 안 든다고 사비로 호화 대사관을 짓는다. 완성되면 국가 소유가 된다는 정부의 방침에도 알았다고 끄덕인다. 프랑스 호화 대사관에 얼마 살지 않았는데 외교 총장직에 발령받는다. 베이징 티에스쯔(鐵獅子) 골목의 방 200개의 저택을 사서 파티를 벌였다.

1924년 10월에 베이징에서 군사 정변이 일어나자 황후이란은 중국이 슬슬 지겨워진다. 남편도 예전처럼 살갑지 않다. 텐진을 거쳐 상하이로 간다. 군벌의 시대에 상하이는 별천지였다. 황후이란은 상하이 사교계를 가자마자 장악한다. 여자들 사이 '황후이란 따라 하기'가 유행하고 남자들은 황후이란을 보고 침을 흘렸다.

구웨이진은 유부녀와 어울렸고 황후이란은 연하의 싱싱한 젊음을 즐겼다. 남편과 절친인 장쉐량과 상하이에서 보낸 뜨거운 밤은 몇 십 년이 지나서 신문에서 가십기사로 나왔다. 상하이의 화려한 밤은 한참을 지속했다.

1956년 황후이란은 37년 결혼생활을 끝냈다. 황후이란의 친모가 사망하자 둘은 무늬만 부부였던 관계를 청산한 것이다. 이혼 서류에 잉크가 마르기 전에 다음 부인이 정해져 있었다. 위에서 109번째 생일잔치를 언급했던 옌유윈이다.

　네 번째 장인은 옌신허우(嚴信厚)의 아들 옌쯔쥔이다. 장인보다 처조부가 유명하다. 옌신허우는 근대식 기업을 세운 중국의 부자였다. 중국의 최대 은행 통상은행의 초대 총장도 했다. 자손이 귀해서 옌유윈은 귀하게 자랐다. 황후이란 정도는 아니라도 엄청난 부자였다. 점보러 갔더니 첫 남편은 비명횡사하고 남편이 둘이란다. 남자가 도망간다. 외교관 양광성(楊光洼)이 나타나고 집안의 전폭적인 지지 속에 결혼했다. 결혼식에 구웨이진도 와서 알게 된다. 양광성은 외교관으로 승승장구하며 자신의 입지를 넓혀나갔다. 1941년 진주만 습격 때 마닐라 총영사였다. 비겁한 맥아더가 도망가자고 재촉했지만, 화교들의 보호를 위해 남는다. 전쟁 중에 지나친 의무감은 과부를 만든다. 일본군이 군자금 소재 밝히기를 거부하는 양광성을 총살한다.

　맥아더가 필리핀으로 돌아오자 과부가 된 옌유윈을 챙긴다. 여권도 비자도 없는데 1945년 4월 마닐라를 떠나 미국에 턱 하니 입국한다. 호텔로 옌유윈을 찾아온 국무부 직원은 양광성이 몇 년 전에 이미 죽었다고 알려준다. 옌유윈은 밤새 통곡한다. 태어나서 처음 겪은 시련이었다. 남편이 죽었으리라고 꿈에도 생각하지 않았다.

　유엔 의전관에 지원서를 냈다. 박봉이었지만 그럭저럭 살만했다. 난징에서 남편의 국장이 열려서 귀국하니 오빠들이 거액의 유산을 넘겨준다. 한 푼도 손대지 않고 진링여자대학에 기부하고 뉴욕으로 돌아온다. 구웨이진은 양광성의 죽음을 애통해하며 옌유윈을 보살핀다. 자주 만나다 보니 동거하고 같이 지낸다. 참새들의 입방아야 들은 척도 안 한다. 황후이란과 이혼하자 바로 결혼했다.

마오쩌둥이 전쟁에서 승리하자 전범 명단을 발표했다. 외교 분야에서는 구웨이진이 일 순위로 올랐다. 장제스가 대만으로 가자 외교관을 모두 교체했다. 구웨이진은 살아남았다.

구웨이진은 50여 년간 주요국 대사와 외교 총장을 역임하고 국무총리도 3차례 맡았다. 중국에는 없는 기록이고 세계사 속에서도 유례를 찾기 어렵다.

"50여 년간 공직에 있으면서 일관된 원칙을 견지했다. 상부의 지시를 받거나 건의를 할 때마다, 국가에 무슨 이익이 있을지를 스스로 고민했다. 나는 평생 당파나 정치에는 관심이 없었다. 권력투쟁에 말려들다 보면 국가의 이익을 생각할 겨를이 없기 때문이다."(3)

정치적인 두뇌가 없다는 말을 즐겼다는 외교관 구웨이진, 1985년 옌유원의 침실에 붙어있는 욕조 속에서 숨을 거둔다. 그러나 중국 역사의 최고 외교관으로 역사가 되고 전설이 되었다.

항미원조전쟁(抗美援朝戰爭)

중국에서는 한국전쟁을 항미원조전쟁이라 부른다. 임진왜란을 항외원조전쟁이라 부르는 것과 같은 맥락이다. 단둥의 항미원조기념관에 가면 중국이 이 전쟁을 얼마나 중요시하는지 알 수 있다. 문화대혁명의 끝자락에서 비참한 죽음을 맞이했던 펑더화이를 비롯한 참전 장군들의 사진이 걸려있는 화려한 기념관이다.

1950년 10월 1일, 신중국 선포 1주년을 맞이해서 기쁨의 자리가 되어야 할 시간에 저우언라이는 근심에 젖어있었다. 스탈린과 김일성에게서 참전해 달라는 요청에 시달리고 있었다.

중앙서기처 확대회의 의견은 반반이었다. 린뱌오(林彪)는 참전반대, 펑더화이는 참전찬성이었다. 저우언라이는 결론을 보지 못한 채 스탈린을 만나 참전반대이유를 구구질질 실명했다. 스탈린은 손에 피 안 묻히고 미국과 중국을 견제하기 위해 싸움을 부추겼다.

그사이 중국은 전쟁을 의결한다. 전에 중국은 1949년부터 중국 인민해방군 소속 조선 국적의 병사들을 귀국시켰다. 한국전쟁 초기 북한군의 중요한 병력이 되는 3개 사단을 이미 보내서 전쟁에 발을 담근 상태였다. 등 떠밀려 결정한 면도 있었으나 북한과 중국은 부분적으로 한 몸이었다.

회담을 마치고 돌아온 저우언라이는 린뱌오 대신 펑더화이를 대장으로 선발하고 참전을 서두른다.

9월에 인천상륙작전이 성공하고 북한군이 패주하자 주중 인도대사를 시켜 압록강에 진격하면 중국이 전쟁에 개입할 것이라는 경고를 미국 정부에 전달했다. 작전의 성공으로 한참 흥에 올라있는 맥아더는 허장성세로 보고 무시했다. 중국군은 한반도로 몰려갔다. 한국전쟁으로 미·중 두 나라의 불화는 20년 넘게 지속했다. 미국은 대만의 장제스 정부를 중국 유일의 합법 정부로 인정하며 비현실적인 외교 노선을 고집했다. 저우는 이를 뒤집기 위해 집요한 노력을 기울였다.

'제삼 세계 외교'의 시작이었다.

지옥의 문

1959년 대약진 운동이 실패로 끝나가고 있었으나 7월 2일 시작된 루산회의의 평가는 엇갈렸다. 한국전쟁에 참여했던 펑더화이(彭德懷)가 포문을 열었다.

"내가 보기에는 잘못된 운동이다. 성공사례라고 숫자만 나열하지 마라"

마오쩌둥은 "하늘이 무너질까 봐 걱정하는, 평화시대의 군인답다."고 조롱했다.

저우언라이는 마오쩌둥이 대약진 운동을 포기할 생각이 없다고 판단했다. 펑더화이에게 화해의 메시지를 보냈다. 펑더화이는 저우언라이가 '내시 같은 놈'이라고 싫어했다.

권력은 잔소리하는 조강지처보다 사탕발림하는 시녀를 사랑한다. 마오쩌둥은 펑더화이가 자신의 권위에 도전한다고 여겼고 희생양도 필요했다. 펑더화이가 맥아더에게 미끼를 던져 장진호의 추위 속으로 끌어들였듯이 펑더화이가 자신을 비판하는 시간을 충분히 주고 거기에 동조하는 적까지 드러나기를 기다렸다.

전쟁과 권력싸움은 간첩질하고 이간질 잘해서 남을 죽이면 이기는 게임이다. 마오쩌둥은 간계와 반간계의 달인이었다.

1959년 7월 23일 마오쩌둥이 펑더화이를 비판하자 피의 전주곡이

들려오기 시작했다.

저우언라이는 펑더화이를 찾아 '주석의 방향 제시 잘못이 아니고 집행을 잘못한 것'이라고 발언을 권유한다. 팽더화이는 '저우언라이, 네놈이야말로 가장 간사하고 교활한 원흉이다'라고 질책하며 타협을 뭉개버리고 대화를 거부한다. 무인이었던 펑더화이는 저우의 간교함을 싫어했다.

1966년 5월 16일 중국공산당 중앙위원회 주석 마오쩌둥은 무산계급 문화대혁명, 십 년 동란(十年動亂)을 시작했다. 서우와 린뱌오가 바짝 따라붙었다.

중국인과 대화할 때 조심하며 금기해야 4가지가 공산당 비판, 대만의 독립지지, 마오쩌둥 비난, 그리고 문화대혁명(文化大革命)이라고 한다. 저주받을 문화대혁명, 지옥의 문은 활짝 열렸다.

유언비어 치고 사실 아닌 것이 없다. - 캉성(康生)

현대 중국의 역사, 특히 문화혁명에 캉성이 빠진다면 앙꼬 없는 찐빵이다. 캉성은 한국 현대사와도 무관치 않다. 아리랑의 주인공 장지락(김산) 등 우리나라 독립투사들을 스파이 혐의로 처형한 인물이기도 하다.

교활하고 총명했으며 권모술수에 능했다. 특히 유언비어를 만들고 유포하고 그것을 사실로 만드는 데 도사였다. '유언비어치고 사실 아닌 것이 없다'는 량스이의 말을 가장 잘 활용한 인물이다.

캉성이 주도하여 중국 공산당의 근거지인 산시 성(山西省) 옌안(延安)에 불어 닥친 '옌안 정풍' 운동으로 수많은 희생자가 생겼다. 캉성은 소련에서 배워온 '선진기법'으로 반당(反黨) 분자와 내부 간첩을 색출한다는 핑계로 반대파의 숙청하는 만행을 저질렀다. 선진기법이란 별거 아니다. 불로 고문하다 전기로 고문하면 선진기법이다.

캉성은 마오쩌둥의 부인인 장칭(姜青)의 옛 애인으로도 유명하다. 불우한 가정환경에서 성장한 장칭은 유랑극단을 전전하다 산둥 성 대지주의 후처로 갔다. 대주주의 집에 손님 중 한 명이었던 캉성은 은밀한 연인관계로 발전했다. 그러나 캉성이 상하이로 떠나면서 두 사람은 생이별했고 10년 만에 옌안에서 다시 만났을 때 장칭은 이미 마오의 여자였다.

캉성은 장칭과의 인연을 청산했을 뿐 아니라 마오쩌둥과 장칭의 밀애 사건 때 당내 보수파 인사들은 두 사람에 대한 공격을 시작하자 조사 업무 과정에서 두 사람을 적극적으로 두둔한다. 그리고 장칭과의 인연을 권력싸움에 절묘하게 활용했다.

훗날 캉성은 옛 애인의 남편 마오의 '숨은 채홍사'까지 자원해서 맡았으니 두 사람 허리 밑의 인연은 각별하고도 길었다.

캉성이 두각을 나타낸 계기는 저우언라이의 발탁 때문이다. 남의사(藍衣社)에 의해 공산당 최고 지도부 상당수가 검거되자 정보·보안 기관인 중앙군사위원회 특별임무위원회 특별공작과 이른바 '서후이부'(社會部)를 설립한다. 이 부서에 캉성은 저우언라이의 천거로 이인자에 올랐고 저우가 장시(江西) 성으로 떠나자 캉성은 이 조직의 최고 책임자로 부상했다. 그 후 중국 대표의 자격으로 4년 동안 소련에 머

3. 저우언라이(周恩來), 선면후식(先麵後食)

물며 소련 비밀경찰 겸 정보기관인 내부인민위원회(內務人民委員會)로부터 선진화된 '특별교육'을 받아 못된 짓이란 못된 짓은 모두 배우게 된다.

옌안으로 돌아오고 1945년 마약중독과 권력남용으로 자리에서 물러났다가 흐루쇼프 소련공산당 서기장의 스탈린 비판 때 권력에 다시 복귀한다.

마오는 절대 권력을 상실할지 모른다는 두려움에 마음이 약해져 있었다. 캉성은 타인의 두려움을 이용하는데 선수였다. 마오는 권력이라는 마약을 먹기 위해서는 캉성이 필요하다고 인정했다.

권력에 돌아온 캉성은 브레이크 없는 벤츠였다. 문화혁명 기간에 공산당 중앙조직선전선동 소조 책임자로 임명되어 중국을 혼란에 몰아넣었고 류사오치(劉少奇) 국가주석의 숙청을 주도한 것도 캉성이었다. 문화혁명 기간이 끝나가자 자신의 마지막 광기를 다 내뿜은 듯 1975년 방광암으로 사망한다.

캉성은 어디에서 배웠는지 예술에 조예가 깊었다. 희곡과 소설, 서법과 회화에 대한 안목이 높았다. 자신의 능력을 문화재 수집에 활용하기도 했다.

그는 '붉은 공포' '마약왕' '기회주의 끝판왕' '중·소 분쟁의 배후 조정자' '중국 원폭 개발의 공신' '중국 정보기관의 대부' 등 수많은 별칭으로 불렸다.

문화혁명의 기획자로 알려진 그는 1975년 사망 당시 공산당 중앙정치국원 겸 부주석으로 권력 4위였다. 죽은 후 4년 후에 당적은 박탈되고 열사의 무덤에서도 쫓겨났다. 현대판 부관참시당할 정도로 지은

죄가 큼을 하늘도 알고 땅도 알았다.

수렁에다 버린 내 딸 – 홍색 공주 쑨웨이스(孫維世)

1937년 저우언라이는 팔로군 연락사무실 앞에서 연안으로 보내달고 때를 쓰며 울고 있는 십 대 소녀를 만났다. 어디서 낯익은 모습이라 누구냐고 물었지만 당찬 여자애는 저우를 무시하고 쳐다보지도 않았다.

저우언라이가 물었다.

"너 쑨웨이스구나."

여자애는 깜짝 놀라 고개를 들고 저우를 바라보았다.

"아저씨는 누구세요?"

저우는 부인을 불렀다. 덩잉차오는 번개처럼 달려와 소녀를 알아보고 부둥켜안고 통곡을 했다. 꼬마 여자애는 덩잉차오가 꿈에도 그리며 찾았던 황푸군관학교 정치부 주임 쑨빙원(孫炳文)의 딸, 웨이스였다.

쑨빙원(孫炳文)은 저우에게 권유받아 공산당에 입당했고 황푸군관학교를 거쳐 혁명가의 길을 걸었는데 장세스에게 체포되어 회유 당하였으나 거절하고 요참당해 몸이 두 동강이 나서 처참하게 세상을 떠났다.

아버지가 죽고 나서 쑨웨이스는 리원허(훗날 장칭)와 연기자 생활을 하며 가깝게 지냈는데 행실에 의심이 가는 일이 많아 사이가 멀어졌다.

저우는 쑨웨이스를 수양딸 삼는다. 저우와 덩은 수양딸이 많았지만 쑨은 다른 아이들과 달랐다. 쑨빙원이 자신 때문에 비참한 죽임을 당했다고 생각하는 저우와 덩은 쑨을 누구보다 사랑하고 아꼈다. 목숨 걸고 쑨웨이스를 지켜주겠노라 맹세도 한다. 1939년 저우가 모스크바로 치료받으러 갈 때도 덩잉차오는 쑨웨이스를 동반했다. 린뱌오의 청혼을 받은 적도 있고 마오쩌둥과 불륜관계였다. 진산(金山)과 쑨웨이스의 결혼식에 총리 저우언라이가 안 왔다고 덩에게 대놓고 싫은 소리 할 정도로 친딸에 가까웠다. 저우는 상하이 바람둥이 진신을 싫어했다.

중공군이 서울을 점령하자 진산은 평양을 방문한다. 김일성이 붙여준 미모의 여비서와 사건을 일으켰다. 인민이 죽어가는 와중에도 여자 문제에 민감하게 반응하며 노발대발한 김일성은 여비서를 총살하고 진산의 처형을 요구했다. 펑더화이도 동의했다. 저우언라이는 깜짝 놀라 본국 송환을 요청했다. 쑨웨이스를 위해 진산을 지켜주었다.

그렇게 지켜주었던 쑨웨이스 였지만 문화혁명의 절정기에 쑨웨이스는 장칭(江靑)의 모함에 걸려들었다. 그 누구도 장칭을 대놓고 무시하거나 경멸하지 않았다. 쑨웨이스가 유일했다.

장칭도 화를 냈다. "어린 게 당돌하고 못돼먹었다." 장칭의 가슴에 30년 동안 서리가 내렸다. 린뱌오의 아내 예췬도 짝짜꿍이 되었다. 죄목은 괘씸죄. 체포 동의서를 받아들고 저우는 손을 심하게 떨었다. 자신의 목숨을 걸고 딸의 생명을 지킬 것인가. 아니면 딸의 목숨을 내어줄 것인가. 서명하지 않는다면 자신의 목숨도 보장할 수 없었다.

저우는 비겁함을 택했다. 쑨웨이스와 결혼하자고 따라다녔던 좀생이 린뱌오도 마누라 무서워 모른 체했다. 남편 진산도 고개 숙인 남자였다. 남자는 위기가 오면 비겁하다. 그것이 남자다.

양아버지도 옛 애인도 남편도 외면한 쑨웨이스는 7개월 동안 고문을 당하며 벌거벗긴 채로 고통스럽게 맞고 또 맞았다. 죽음을 앞두고 쑨웨이스는 밤이면 노래를 불렀다. 능욕을 당하며 부르는 노래는 서글프고 처절했다. 어느 날 노랫소리가 끊겼다. 간수가 들어가 발로 차자 혼이 떠난 육체가 침상 밑으로 굴러 떨어졌다. 혁명 열사의 딸이라고 개국 원수들이 찬양하고 떠받들던 홍색 공주는 그렇게 죽었다. 쑨웨이스는 죽을 때까지 저우언라이와의 연관을 부정하며 양아버지의 목숨을 지켰다.

아버지는 우익에게 허리가 동강이 나고 딸은 좌익의 몽둥이에 맞아 죽었다. 그녀의 나이 고작 47세였다. 딸의 죽음을 막지 못한 저우언라이의 고통은 헤아릴 수 없을 만큼 컸다. 문혁의 광기는 가해자와 피해자를 가리지 않고 마구 할퀴고 지나갔다.

거짓말을 잘해야 큰일을 이룰 수 있다.
– 비공비림(批孔批林) 린뱌오(林彪)

1971년 린뱌오가 산하이관(山海關) 공항에서 전용기에 올라탔다. 소식을 접한 저우언라이는 마오의 숙소로 달려갔다. 격추할 지를 묻기 위해서였다.

린뱌오의 탈출 보고를 듣고 마오는 "신부가 결혼하기로 작정하면 아무도 막지 못한다. 가고 싶은 곳으로 가게 내버려 둬라"라고 침울하게 말했다. 저우는 마오의 마음을 읽었다. '뒤끝 없이 죽여라'는 메시지였다. 전국의 비행장을 봉쇄하고 레이더를 동원하여 위치를 추적했다. 후일을 위해 접대성 멘트도 날렸다.

"돌아와라. 없었던 일로 해주겠다." 아무런 응답이 없었다.

착륙할 곳이 없어진 비행기는 몽골의 한 지역에 추락했다. 격추되었는지 연료 부족인지 아직도 진실을 모른다. 현장은 철저히 통제되며 조사 작업을 벌였다. 비행기 속에는 국·공 내전 당시 동북 3성을 시발로 13개 성에서 국민당을 승리로 이끈 전쟁 귀신 린뱌오의 시체가 비참하게 찢긴 채 발견되었다.

린뱌오를 죽인 저우는 다른 사람이 보는 앞에서 대성통곡하며 슬퍼했고 린뱌오 지지자가 많은 군 지휘관 앞에서 슬픔에 몸 둘 바를 몰라했다. 자신이 린뱌오를 사지로 몰아넣고 슬퍼하는 저우의 메소드 연기에 모두 혀를 내둘렀다.

린뱌오는 1907년 후베이의 먹고살 만한 상인 집에서 태어났다. 정혼한 여자 있는데 예쁜 유부녀를 유혹하다 마을에서 쫓겨났다. 여기저기 전전하다 교장 장제스와 정치부 주임 저우언라이가 양분하던 황푸군관학교에 4기생으로 입교했다. 장제스를 존경했으나 관심을 받지 못했다. 장제스는 린뱌오를 챙기지 못했다고 두고두고 후회했다. 저우언라이와는 체질적으로 맞지 않아 가까워지지 않았다.

군관학교에서 주목받지 못한 린뱌오가 뜬 것은 전쟁을 통해서였다. '호탕', '남성다움', '마초' 같은 이미지와는 너무도 거리가 먼 취미, 습관을 지녔고 일상에서는 '좀생이'로 보이는 린뱌오는 군대를 움직이는데 타의 추종을 불허했다.

20세기 최고의 명장은 베트남의 지압 장군을 꼽는다. 프랑스, 미국, 중국 등 세계최강 군대와 싸워서 승리했다. 두 번째 명장을 꼽는다면 린뱌오를 꼽는다. 일본군과 국민당 군대를 상대로 절대적으로 불리한 상황에서 승리를 이끌었다.

중화민국이 수립되었을 때 린뱌오는 6개 성의 당·정·군을 장악한 실제적인 넘버 2였다. 그러나 사람을 만나지도 않고 일도 하려고 하지 않았다. 한국전쟁도 반대하고 칭병하며 참전하지 않았다. 1955년 덩샤오핑과 함께 정치국에 진입했지만, 여전히 할 일이 없었다. 1959년 루산회의에서 마오는 국방부장 펑더화이를 몰아낼 칼로 린뱌오를 선택했다. 린뱌오는 펑더화이 후임으로 국방부장에 임명된다.

살기 위해 린뱌오는 필사적인 노력을 한다. 사람과의 관계를 끊어버렸다. 업무도 비서에게 요약으로 보고받는 것으로 대신했다. 최대한 빈둥대며 살려고 노력했다. 온종일 시체놀이 하며 지냈다. 1963년 린뱌오가 좋은 스승, 유익한 친구(良師益友)라 칭했던 뤄룽환(羅榮桓)이 죽었다. 첫 번째 맞는 개국 원수의 장례식. 개국 이래 최대의 장례식이 거행됐다. 국가주석 류사오치가 위원장이고 마오쩌둥, 저우언라이, 주더, 린뱌오등 80명이 위원으로 참석했다. 신중국 건설 이후 최대의 장례식. 사람들은 경악했다. 천하의 린뱌오가 시신 앞에서 흐느끼고 있었다. 살기 위해 왕래를 끊었던 절친의 죽음 앞에 너무나 미안한 마음의 표현이었다.

1966년 문화혁명의 소용돌이가 대륙을 강타했다. 마오의 후임자로 린뱌오가 선정됐다. 수차례 거부했지만, 마오의 청을 거절하지 못했다, 거절해도 죽고 수락해도 죽는다면 일단은 살고 보자. 린뱌오는 이 인자의 길을 걷기로 결심했다.

"거짓말을 잘해야 큰일을 이룰 수 있다니! 인간으로 태어난 게 슬프다."라며 탄식했다.

퇴로가 없는 린뱌오는 손에 피를 묻히며 반대파 숙청에 심혈을 기울이면서도 마오에 대한 조롱이자 자신을 향한 자책을 쏟아낸다.

"이건 무화(武化)대혁명이지 무슨 문화대혁명이냐!"

대만 정부와는 국·공으로 나뉘어 피비린내 진동하며 싸울 때나 전쟁이 끝나서나 뒷구멍은 항상 열려 있었다. 합작도 두 번이나 했고 술 취해 여자 놓고 주먹질한 악연들도 추억이 되었다. 황푸군관학교 출신들은 백색 지대, 홍색 지대 상관없이 서로의 이익을 위해 연락했다. 린뱌오도 비밀리에 대만과 연락하며 지냈다. 장제스는 황푸군관학교 교장 출신 아니던가. 쿠데타와 망명의 갈림길에서 늘 고민하며 지냈다.

1969년 중국공산당 9차 건국대표회의는 린뱌오 측 인사 5명이 정치국에 입성하면서 위원의 3분의 1이 린뱌오 세력으로 채워졌다. 린뱌오의 절정기였고 이제 산에 내려올 일만 남았다.

1969년 '마오쩌둥의 친밀한 전우이자 계승자'가 된 린뱌오가 징강산(井岡山)에 올랐다.

"승자는 한 명이다. 정권을 탈취하려면 총과 붓이 필요하다. 전사는 있는데 글쟁이가 없다."

린뱌오가 맥없이 말했다. 말의 의미를 몰라 수행원들이 어리둥절했다.

2년이 지나고 린뱌오의 죽음을 전해들은 수행원들은 그날 있었던 린뱌오의 말이 자신의 미래를 예감한 탄식이었음을 알았다.

측천무후를 꿈꾸다.

중국의 악녀를 꼽으라면 한나라 여치와 당나라 측천무후 그리고 청나라의 서태후가 기본으로 꼽힌다. 마지막 악녀였던 서태후가 죽으면서 한마디 한다.

"다시는 부인네들이 국정에 끼어들지 못하게 하라."

자신의 인생을 한마디로 표현하며 죽어간 걸까? 죽기 하루 전에 광서제를 암살하여 자신의 저승길 동승자로 삼았던 집요한 권력욕에 대한 자기 풍자였을까? 혹은 중국 역사에 남는 유머를 한 마디 남기려고 한 것일까?

사실 여치와 측천무후는 정적들을 많이 죽였지만, 일반 국민은 다른 때보다 평온한 시절이었다는 평가도 있다. 그러나 서태후는 얄 짤 없다. 온 국토를 말아먹고 국민을 도탄에 빠트렸다는 중론이다.

난세에 진시황과 측천무후를 꿈꾸는 남녀들은 얼마든지 있다. 문화대혁명의 기간에 장칭(江靑)이 측천무후, 서태후를 꿈꾸기 시작했다. 내가 서태후보다 못한 것이 없다. 몰락한 집안의 궁녀였던 서태후가 48년 권세를 누리지 않았던가.

마오쩌둥은 장칭이 옌안에 오기 전부터 알았다. 관심 있는 여배우가 제 발로 옌안을 찾아왔다. 너무나 예쁘고 기특했다. 만나고 얼마 안 지나서 마오 숙소에 드나든다. 틈만 나면 밤낮없이 연애에 열중했다.

중국의 혁명가들은 크로포트킨의 영향으로 중국의 전통관습을 부정하고 자유로운 연애결혼을 신조로 여기고 있었다. 그래서 혁명가들은 모두 여복이 충만했다. 1949년 중공정권 선포 당시 5대 서기들은 화려한 결혼 이력이 두고두고 화제였다. 류사오치가 여섯 번, 마오쩌둥과 주더가 네 번이었다. 가장 많이 결혼한 예젠잉은 세 차례 비공식 결혼식을 합쳐 두 자리 수를 채웠다. 저우언라이처럼 한번은 희귀동물 취급받았다.

장칭은 총명하고 고난의 소중함을 가슴 깊이 새긴 과거가 있는 여자였다. 무엇보다도 성 문제에서 아무리 멋진 남자들도 '망할 놈'이 될 수 있음을 잘 알았다. 남자는 여자 쓰러뜨리고 나 몰라라 하고 뒤에서 자랑질하는 짐승들이다.

마오쩌둥이 결혼하려 하자 장칭에 대한 온갖 뒷담화가 활개 친다. 남자들은 남자들의 잣대로 여자를 재단한다. 여자들은 라이벌의 잣대로 여자를 악랄하게 재단한다. 그래서 사실과 인식의 차이가 벌어진다. '상하이에서 온갖 건달과 양아치들과 어울린 배우이고 유산계급의 단물 빨아먹는 습관이 몸에 배어 있다. 남녀관계는 입에 못 담을 정도이다.' 나쁜 보고가 판친다. 장칭과 사이가 나쁜 여배우들은 신나게 까대기에 열중한다. 남녀 사이는 반대자가 많으면 많을수록 불타오른다. '내 여자 문제는 내가 결정한다.' 허리 아래 문제에 마오쩌둥이 단호히 대처하며 돼지고기 한 접시 올려놓고 조촐하게 결혼식을 올린다. 20년간 정치에 개입하지 않는다는 조건이 붙었다.

신중국 초기에 마오쩌둥과 장칭은 사이가 멀어진다. 침대에서 뒹굴러도 예전처럼 즐겁지 않다. 오히려 부담스럽다. 이럴 때 부부가 멀어지는 이유는 거창하지 않다. 경제력과 생활습관, 두 가지뿐이다. 이것을 애정이 식었다고 표현한다. 경제력이 탄탄하면 생활습관 차이가 만리장성보다 넓고 멀다. 마오는 목욕을 거의 안 했다. 이빨 닦는 것은 주중 행사였다. 연애할 때 안 보이던 지저분한 모습이 차차 눈에 들어오자 장칭은 질색했다.

"더러워서 못 살겠다."

마오쩌둥은 발만 벌리면 주위에 여자가 많았다. 채홍사를 자처하며 아부하는 캉성 같은 인간들은 수두룩했다. 잔소리하는 마누라의 사나운 눈초리에서 벗어나면 천국이었다. 아이러니하게도 부부의 인연이 멀어질수록 정치적으로 가까워졌다. 20년 정치개입 금지조항도 기간이 지났다. 몸은 새 여자를 갈구하고 마음은 조강지처(?)를 믿고 의지했다. 문화혁명이 시작되자 조강지처는 온갖 위력을 발휘했다. 마오를 향해 휘두르던 칼날이 인민을 향해 무차별로 던져졌다. 장칭의 시대는 이렇게 열렸고 돌아가며 나쁜 짓 했는데 장칭이 제일 많이 욕먹었다. 정치에서 크게 말아 먹으면 여자 탓 한다. 그게 남자다.

권력은 짧고 악명은 길다

린뱌오가 죽자 마오쩌둥의 권위에 금이 갔다. 어쨌거나 저쨌거나 '넘버 투가 도망가다 죽었다.'가 사건의 본질이었다. 한직에서 콧구멍 파던 예젠잉이 국방부장 직을 승계했다. 저우언라이는 중병에 걸려있었지만, 주치의와 덩잉차오 둘만 알았다. 장칭과 왕훙원(王洪文), 장춘차오(張春橋), 야오원위안(姚文元) 4명의 사인방에게는 절대 비밀이었다. 예젠잉을 통해 마오쩌둥에게 발병 사실을 알렸다. 저우언라이의 대타가 필요했다. 장시 성(江西省)에서 돼지 밥 주던 덩샤오핑이 튀어 올라왔다. 프랑스 유학 때부터 저우언라이의 동생이자 동지였다. 공산당 입당도 저우가 덩샤오핑을 꼬시면서 시작됐다. 직책은 부총리 복직과 인민해방군 총참모장. 군사위원회를 이끌어 군권을 장악하게 하려는 예젠잉의 의도가 그대로 반영되었다.

저우언라이의 방광암 병세는 악화되어있다. '온갖 선생 다 해봤지만, 암세포와의 전쟁이 가장 힘들다'고 넋두리했다.

장칭과 4인방이 저우를 향해 포문을 열었다. 돌아온 덩샤오핑의 목을 치기 위한 사전 포석이었다. 군권을 내주기 전에 일을 벌여야 했다. 덩샤오핑은 아무런 카드도 없었다. 저우는 병상에서 가쁜 숨을 몰아쉬고 있었고 마오와의 단독 면담은 성사되지 않았다.

1975년 4월, 뜻밖의 구원투수가 베이징에 왔다. 조선의 김일성이었다. 중국의 복잡한 정치 상황 속에 변수를 마련했다. 김일성은 마오와의 만남을 요청했다. 덩샤오핑은 쾌재를 불렀다. 마오쩌둥, 김일성, 덩샤오핑, 오진우 4명의 자리가 마련되었다.

천재일우의 기회를 덩샤오핑은 놓치지 않았다. 정치 동향보고를 하며 마오의 속마음을 타진했다. 마오의 마음은 예젠잉과 덩샤오핑을 향해 있었다.

마오쩌둥이 김일성에게 염라대왕과 한잔 약속이 있다며 웃는다.

"가지 마십시오."

김일성이 빠르게 대답했다.

기분이 좋아진 마오쩌둥이 김일성에게 마지막 충고를 한다.

"아직도 석유를 못 찾았느냐? 빨리 찾아라. 석유와 원자탄이 제일 중요하다. 그거 두 개만 가지고 있으면 어디 가도 큰소리칠 수 있다."

마오쩌둥과 김일성은 석유와 원자탄에 엄청난 관심이 있었다.

덩샤오핑을 가리켰다.

"꼬꾸라졌다 다시 일어났다. 내가 술 마시러 떠나가면 저 사람과 상의해라."

덩샤오핑은 마오쩌둥의 속마음을 알았다. 김일성과 이틀간 회의하고 3일간 난징(南京)여행도 다녀왔다.

저우가 죽자 장칭은 덩샤오핑을 다시 쫓아냈다. 1976년 3월 한 인민 집회장. 장칭의 정치적 야망은 극에 달했다.

"많은 사람이 나를 당나라 여황제 측천무후에 비교합니다. 영광스럽습니다."

권력은 떠나가고 있는데 착각은 구름 높이 날아올랐다.

병원 침대에 있으면 의심이 많아지고 잘 삐진다. 그것이 인간이다. 병상에서 마오는 장칭의 발언을 듣는다. 마오의 눈썹이 꿈틀댄다. 아파서 그런 건지 마음이 불편해서인지 아무도 모른다.

'자기가 측천무후이면 나는 당나라 고종 이치란 말인가? 그런 무능한 인간과 나를 비교하다니. 내가 죽으면 나를 밟고 능멸할 마누라다.'

후계자를 화귀펑(華國鋒)으로 확정하고 1976년 9월 마오는 떠났다. 덩샤오핑은 정계에 3번째로 복귀했다. 4인방은 체포되었다. 10년 동안 중국 전역을 피바람으로 물들게 한 문화대혁명은 총 한 방 쏘지 않고 피 한 방울 흘리지 않은 채 조용히 막을 내렸다. 혁명의 열기는 사라지고 상처만 남았다. 인간의 광기는 무너질 때 너무나 허무하다.

화궈펑 집권은 2년으로 짧았다. 문화대혁명의 고난을 무기 삼은 정치세력들이 힘을 갖기 시작했다. 덩샤오핑이 당과 정부와 군권까지 장악하며 새로운 시대를 열어나갔다.

장칭의 재판이 시작되자 피 흘린 원한들이 온갖 폭로를 다 했다. 무너진 권력에 모든 과오의 책임이 돌아갔다. 힘 잃은 권력은 조롱거리다. 여황의 꿈이 사라진 장칭은 인민재판정에서 사형선고를 받고 재판정에 누워 발악한다.

"나는 마오쩌둥의 개였다. 그가 물라고 하면 물었다."

무기징역으로 감형받고 11년을 살았으나 손수건에 목을 매 스스로 목숨을 끊는다. 죽기 전에 개가 주인에게 한마디 한다.

"마오 주석, 당신을 사랑합니다. 제자이자 전우였던 제가 이제 당신을 만나러 갑니다."

죽어서도 4인방의 수괴로 역사에 '인민의 적'이 되었다. 측천무후는 자신의 능 앞에 무자비(無字碑)를 세웠고 장칭은 푸톈(福田) 공동묘지에 '리윈허의 묘, 1914년~1991년'이라는 비를 남겼다. 장칭이라는 이름은 사용하지 않았다. 권력은 짧고 악명은 길다.

넘버투는 항상 일인자를 꿈꾼다

춘추시대 제나라 사람 손무는 적을 알고 나를 알면 백번 싸워도 위태롭지 않다(知彼知己 百戰不殆)고 했다. 적을 알고 나를 알아도 이긴다고 할 수 없으니 전쟁이 얼마나 어려운 일인가를 알 수 있다.

전쟁에 대해 신중하지만 싸우면 이겨야 한다는 신념이 있는 마오쩌둥이 다스리는 중국이 소련과 국경분쟁을 하게 된다. 무산계급문화대혁명을 통해 중국의 모든 권력을 집중시킨 마오쩌둥은 공산주의 종주국 행세를 하는 소련을 한국전쟁부터 줄곧 불편해 왔다. 스탈린 격하운동과 쿠바 미사일 사건 이후 긴장이 증폭되었던 중소관계는 결국 주먹다짐을 시작한다.

1969년 3월 중·소 국경 우수리 강에 홍수가 발생해서 국경지대가 불명확해졌다. 전바오다오(珍寶島·러시아명 다만스키 섬)가 홍수에 지형변화를 했는데 위도와 경도로 구분하느냐 기존 지형 구분으로 따르느냐에 따른 해석 차이였다.

처음에는 양측 간의 패싸움이었다. (키신저는 중국 측의 부비트랩으로 판단) 그런데 군대란 젊은 혈기로 뭉쳐진 집단이다. 더구나 사람 죽이는 일이 유일하게 칭송받는 곳이다. 비가 와서 오랫동안 갇혀 있던 젊은이들은 쉽게 흥분하고 불필요한 자존심으로 똘똘 뭉친다. 소련군의 주먹에 밀린 중국군이 봉술을 사용했고 결국 총격이 이어졌다. 가는 방망이, 오는 홍두깨의 다툼이 일을 커지게 했다.

"1969년 3월 2일 오전 8시 40분 아군(중국군) 국경 수비대 30명이 두 그룹으로 나눠 임무 수행을 위해 전바오다오에 상륙했다. 소련 수정주의자들이 곧 아군을 발견했다. 두 방향에서 트럭 1대, 장갑차 2대, 지휘 차량 1대를 이용한 약 70명의 적 병력이 섬에 상륙해 아군을 포위했다. 9시 17분 아군의 경고를 무시하고 적이 먼저 발포했다. 아군 전사들은 마오쩌둥 주석의 '남이 나를 침범하지 않으면 나도 남을 침범하지 않으며, 남이 나를 침범하면 반드시 나도 남을 침범한다(人不犯我 我不犯人 人若犯我 我必犯人)'라는 지침에 따라 자위 반격을 시작했다."

"3월 15일 소련군은 대량의 탱크, 장갑차, 대구경 포를 증강했다. 1개 기동 보병 대대, 1개 탱크 대대, 4개 중포병 대대를 투입했다. 아군 전사들은 마오쩌둥 주석의 '부전즉이 전즉필승(不戰則已 戰則必勝)' 교리에 입각해 충분히 준비했다."(4)

간략히 살펴보면 3월 2일 전투에서 중국군이 전투를 잘 준비했다. 3월 15일 전투에서 중국군이 함정을 설치해 더 많은 적을 사살했다. 무기는 열세였지만 병사의 사기와 작전은 중국이 우세했다.

'마오쩌둥 사상과 혁명 정신으로 무장한' 중국군은 소련군을 격퇴하며 승리를 이끌었다. 강경하게 국경분쟁에 대응한 마오의 행동에 소련은 분노했다.

시작은 주먹다짐이었지만 끝은 창대했다. 전후 질서를 바꾸는 계기가 되었으니. 마오는 전쟁은 시작했지만, 핵강국 소련을 상대로 한 전쟁에서 승리할 수 있을지 엄두가 나지 않았다. 소련은 핵전쟁을 공언하며 보복에 나섰다. 마오는 고민했다. 전면전으로 간다면 어떻게 싸워야 승리할 것인가? 끝없는 고민 속에 오랫동안 잊고 있었던 미국에서 연락이 왔다. 헨리 키신저가 닉슨의 밀사로 오고 싶다는 소식이었다.

지금, 만나러 갑니다. – 폴로 계획

브라만교에 밀려 번성하지 못했던 불교는 아소카왕의 전폭적인 지원으로 잠시 번성했으나 힌두교에 밀려 다시 쇠퇴했다. 아소카 왕이 죽고 700년이 지난 위진남북조시대 달마는 동쪽으로 가서 중국에 선불교를 전한다.

700년이 흐르고 원나라 시절, 유럽에서 후추는 은 항아리에 넣어 소중하게 보관했다. 후추가 은보다 비쌌기 때문이다. 오늘날 석유 가격의 변동에 관심을 가지듯이 후추 가격의 변동은 사람들의 관심사였다. 칭기즈칸이 세운 원나라에 다녀와 '동방견문록'이라는 베스트셀러를 썼다. 후추맨 마르코 폴로는 후추 생산지에 대한 기록을 남겼다.

다시 700년이 지나 오일맨 키신저가 중국의 땅으로 가고 있다. 후추의 시대가 지나고 오일의 시대이다. 작전명은 후추맨의 이름을 따서 '폴로 계획'이다. 외교 · 안보 보좌관 키신저는 워싱턴을 출발, 사이공 · 방콕 · 뉴델리 · 이슬라마바드를 방문한다고 발표했다.

파키스탄 이슬라마바드에 도착한 키신저는 야 히아 칸 대통령 초청 만찬에 참석했다. 식사 도중 갑자기 배를 움켜잡고 복통을 호소했다. 칸도 당황한 표정으로 의사를 부르고 야단법석을 떨었다. 복통이 가라앉지 않자 이슬라마바드는 너무 더우니 대통령 별장으로 모시겠다고 제의한다. 갑작스러운 복통은 연기였다.

다음날 새벽 3시 30분, 키신저는 파키스탄 외무장관이 직접 운전하는 차를 타고 공항으로 갔다. 그곳에서 대기하던 파키스탄 대통령의 전용기로 베이징으로 향했다. 키신저는 베이징에서 저우언라이

총리와 마오쩌둥 주석을 만났다. 키신저는 파키스탄으로 돌아와 이란 테헤란으로 날아갔다. 그곳에서야 전보를 보낼 수 있었다. '유레카'(eureka), 단 한마디였다. 성공에 대한 메시지였다. 키신저의 비밀 방문은 대통령과 키신저의 수행원을 제외하고 아무도 몰랐다. 하물며 국무장관 윌리엄 로저스도 모르는 극비사항이었다.

무간도(無間道) – 슝샹후이(熊向暉)

간첩의 신이 있다면 누구를 총애할까? 소련의 리하르트 조르게, 미국의 에릭 에릭슨이 대표 간첩이다. 독일은 마타하리다. 뛰어난 간첩인지는 몰라도 춤 하나는 끝내주게 추었다고 한다. 첩보 능력이 떨어지면 춤이라도 잘 춰야한다. 영국은? 말할 필요도 없이 007 제임스 본드다. 이 친구는 살인면허도 가졌다. 사람 죽여도 된다. 여자를 총 없이도 쓰러뜨린다. 북한은? 이수근, 정수일, 원정화 등 사람은 많은데 왜 유명한지 잘 모른다. 별로 존재감이 없다. 한바탕 소란 떨고 소리 소문 없이 사라진다. 별로 한일도 없어 보인다. 중국은? 당연히 슝샹후이다. 저우언라이는 키신저를 맞이하는 실무책임자로 슝샹후이를 선택했다. 미·중외교의 외교관으로 이름을 날린 슝샹후이, 그는 사실 중국혁명기를 대표하는 최고 간첩이다.

1949년 10월 미국에 유학 중이던 슝샹후이는 마오가 천안문에서 중화인민공화국 정부 수립을 선포했다는 기사를 보자마자 홍콩행 비행기에 오른다. 저우로부터 편지가 왔다. 내용은 간결했다.

'베이징으로 빨리 와라. 밥 먹자.'

알려준 식당에 찾아가니 저우와 기의(起義) 한 국민당 고위 간부들이 있었다. 국민당 간부 중 공산당 정부에 투항한 사람들은 자신들의 행위를 '기의' 라고 불렀다. 좋게 말해 기의지 항복이고 배신이었다. 인간은 교묘한 단어를 사용하여 자신의 행동을 정당화한다. 그것이 인간이다.

"슝샹후이도 기의 했군." 다들 반가워한다.

저우언라이가 잘난 척하며 한마디 한다.

"슝샹후이는 기의가 아니다. 홍군의 최전방 공격수였다."

모두 입이 깜짝 놀라 입이 벌어져서 다물어지지 않는다.

슝샹후이는 저우가 심어 놓은 간첩으로 전 서북왕 후쭝난의 정보참모였다. 국민당의 심장부에서 근무했다. 국민당과 공산당은 뿌리가 같은 사람이 많았다. 국공합작 기간이 길다 보니 관계가 복잡했다. 딴 주머니 차고 이혼의 손익을 계산하는 부부였다. 겉과 속이 다르고 양다리 걸치고 배반하는 일은 일상다반사였다.

슝샹후이는 12년간 국민당 최정예 부대 후쭝난의 옆에서 신분을 숨기고 홍군의 승리를 위한 결정적인 정보를 넘겨주었다. 평소에는 후쭝난에게 최선을 다해 충성을 다하며 신임을 얻었다. 후쭝난의 슝샹후이에 대한 신뢰는 절대적이었다. 중요하고 결정적인 순간이면 국민당 정보는 저우의 손에 있었다. 슝샹후이 한 명이 몇 개 사단보다 소중하다고 마오는 감탄했다. 전쟁이 끝날 즈음에는 국민당의 돈으로 미국유학까지 떠났다. 공부도 열심히 해서 미래를 대비했다. 슝샹후이에 대한 연구보고서들은 20세기 최대의 간첩으로 그를 꼽았다.

외교부장에 저우가 임명되자 슝샹후이는 외교관이 되었다. 마오쩌 둥, 덩샤오핑도 슝샹후이의 보고는 팥으로 메주를 쑨데도 곧이들었다.

낚시터, 댜오위타이(釣魚臺 · 조어대)

베이징의 댜오위타이(釣魚臺 · 조어대). 중국 정부의 국빈으로 초대받은 국가 원수나 장관급 관리, 주요 기업인의 숙소로 활용되는 국빈관이다. 이름은 금나라 황제 완안경이 이곳에 황실 낚시터를 조성한데서 비롯되었다. 한중 국교정상화를 했던 노태우를 시작으로 김영삼, 김대중, 노무현, 이명박, 박근혜가 대통령 시절 묵었던 곳이기도 하다.

71년 7월 저우언라이는 이곳을 찾아 손님을 맞기 위해 준비를 서둘렀다. 보안을 위해 직원들의 외부 출입, 전화 사용, 필기도구 지참을 금지했다. 댜오위타이 5호를 키신저의 숙소로 정했다. 4호에는 자신이 머물고 6호는 비워두었다. 김일성이 즐겨 묵던 5호에는 '미 제국주의를 타도하자'는 포스터가 걸려있었다. 붙어있는 미 제국주의 타도 선전화와 표어들을 떼어냈다. 대신 쉬베이훙(徐悲鴻 · 서비홍)과 치바이스(齊白石 · 제백석)등 중국의 대표적 화가들의 그림을 내걸었다. 방 안 분위기는 한결 부드러워졌다. 문화대혁명을 치르는 동안 화초를 제거해서 황무지 같은 정원에 꽃도 심었다. 손님의 기분을 누그러뜨리기 위해서였다. 오리를 굽기 위해 화덕도 설치했다.

잠잘 곳, 먹을 곳을 준비하여 절반의 준비를 마치고 키신저를 인계받아 중국으로 모셔오는 의전팀을 파키스탄으로 보냈다. 의전팀은 구미 국장과 예빈 국장으로 구성되었다. 이튿날 키신저 일행 여섯 명은 파키스탄의 칸 대통령 전용기로 베이징에 왔다.

준비는 끝났다. 이제 국수 한 그릇 먹으면 된다. 저우는 귀중한 손님과 식사 약속이 있으면 국수로 항상 먼저 배를 채웠다. 음식을 탐하여 손님 접대에 소홀하면 안 되기 때문이다. 선면후식(先麵後食)! 항상 최선을 다하는 모습으로 손님을 만났다.

저우언라이가 헨리를 만났을 때

'궁하면 변하고 변하면 통하며 통하면 오래간다(窮則變 變則通 通則久)' 주역(周易)의 명언을 저우는 평생 체험하며 살았다. 황푸군관학교 교장 장제스는 주역을 끼고 살았다. 저우도 자연히 영향을 받았다. 소련과의 갈등이 첨예화되고 있을 때 키신저가 제 발로 걸어 들어오고 있다. 지금의 상황은 주역의 궁즉변에 딱 맞는 말이다.

기지와 센스, 화술과 유머로 서방세계에 호감을 얻었던 저우언라이에 비해 키신저는 무뚝뚝한 편이었다. 동양과 서양의 대표선수가 바뀐 이미지로 만났다.

총리인 저우언라이는 3단계 아래에 있는 안보보좌관(차관보) 키신저를 국빈관으로 직접 방문했다. 대표단의 휴식을 취하라는 배려였지만 20년 이상 고립에서 살아남았는데 굳이 서두를 필요 없다는 만만디 전략이었다.

또 한 가지 이유는 북한에서 온 정치국 위원과의 회담을 조정할 수 없어서 대표단을 만나는 시간이 제한적이었다.

미국은 중국의 동맹국인 베트남과 전쟁을 치르고 있었고 대만 문제는 마구 엉켜있었다. 소련이란 공동의 적은 이런 문제들을 압도했다.

저우는 키신저의 중국 체류 48시간 동안 17시간을 직접 만났다. 녹음은 하지 않았지만 둘의 대화는 한마디도 빠지지 않고 기록되었다. 기록은 한국전쟁 당시 미군 포로 심문과 휴전회담에서 능력을 인정받는 궈자딩(過家鼎)이 수행했다.

첫 대면의 긴장감이 사라지기 전에 키신저가 먼저 입을 열었다.

"2차 세계대전을 치르며 서구는 피폐해졌다. 일본도 실패하며 동·서가 진공 상태에 빠졌다. 미국은 쫓기다시피 개입할 수밖에 없었다. 이제 대외정책을 조정해야 한다."

대만과 베트남, 중·미 관계 정상화에 관한 닉슨의 구상을 설명했다. 칼을 내려놓지 않는 평화회담은 무의미하다. 미군 철수를 거론했다.

"미국은 2개의 중국과 대만의 독립을 지지하지 않겠다. 단, 대만 문제가 평화적으로 해결되기를 희망한다. 대만에 주둔하는 미군의 3분의 2는 인도지나 전쟁 때문이다. 미국은 전쟁을 끝내기로 했다. 임기내에 병력 3분의 2를 철수시키고 중·미 관계가 개선되면 나머지 철군은 자연스럽게 이루어진다."

유엔 가입에 관한 문제도 거론했다. "중국을 고립시키거나 공격하지 않고 유엔에서 중국의 지위 회복을 지지하겠다."

저우언라이가 대답할 차례이다.

"2차 세계대전 이후에도 분쟁이 계속되었다. 미국은 세계 곳곳에 손을 뻗치고, 소련은 황급히 추격하느라 정신없다. 미 · 소 양국은 곤경에서 허우적거리고, 세계는 긴장과 전쟁이 그치지 않는다."

"닉슨 대통령이 세계는 군사경쟁에서 경제경쟁으로 바뀌어야 한다는 말을 했다. 경제 확장은 군사 확장을 부른다. 닉슨 대통령 말대로 하면 긴장과 동란이 계속된다. 중국 경제는 낙후돼 있다. 강한 경제력을 갖추는 날이 와도 우리는 초강대국을 추구하지 않겠다. 새로운 방향으로 세계질서를 만들어나가야 한다."

대만 문제에 관한 중국의 단호한 입장을 전달했다.

"대만은 1000년 이상 중국 땅이다. 한국전쟁이 발발하면서 미국이 대만을 에워쌌다. 대만에 있는 미군과 군사시설은 철수해야 한다. 닉슨 대통령이 우리를 향해 한 말들을 중 · 미 관계의 정상화를 희망하는 것으로 간주하겠다. 장제스와 체결한 모든 조약도 파기하고 무효화해야 한다."

두 사람의 1차 회담은 밥 먹는 시간을 빼고 7시간 동안 계속됐다. 회담이 끝난 후 복사본을 넘겨주었다. 키신저는 고맙다며 자료를 넘겨받았다.

첫날 회담을 마친 저우는 밤중에 마오를 찾아갔다. 저우언라이가 대만에 미군 일부를 남겨두겠다는 키신저의 단계적 철수를 보고하자 마오의 표정이 바뀌었다.

"원숭이가 사람으로 진화하는 과정에서 꼬리가 가장 말썽이다. 그래서 대만 문제도 꼬리가 남는다. 그래도 원숭이는 아니고 원인(猿人)까지는 왔다. 꼬리가 짧다."

마오쩌둥은 미국의 도미노이론이 항상 못마땅했다.

"미국은 새로 태어나야 한다. 키신저는 우리보다 영어를 잘한다. 도미노가 무슨 뜻인지 물어봐라. 진보, 별것 아니다. 좋은 패를 던지면 된다. 그게 진보. 우리는 남을 때린 적이 없다. 저들이 잘 지내는 우리에게 와서 때렸다."

할 말을 마치자 "제갈량에게 배워야 한다."며 천하 삼분지계를 논했다. 미·소 간의 냉전체제를 깨고 미·중·소를 주축으로 한 세계 질서의 변화를 예고했다. 저우의 생각과 정확하게 일치했다. 키신저도 같은 생각임을 전했다.

저우언라이는 동틀 무렵에 마오쩌둥의 숙소를 나왔다. 마오는 이제 본격적으로 휴식을 취하지만 저우는 휴식을 취할 시간이 많지 않다.

베이징이 먼저다.

키신저는 아침으로 찐빵과 치즈를 먹었다. 치즈를 얼마나 어렵게 구했는지는 알지 못했다. 어제의 회의 내용을 복기하며 오늘 나눌 이야기를 정리했다.

식사가 끝나자 고궁으로 안내했다. 밤을 새운 저우언라이가 깜박 잠에 빠졌다. 저우 대신 슝샹후이가 키신저를 안내했다. 중요한 일이라 떨릴 수도 있지만, 심장 하나는 탁월하게 튼튼한 슝샹후이는 노련하게 진행했다. 촬영기자가 기록을 위해 사진을 찍자 키신저가 한마디 한다.

"한 장이면 충분하다. 백악관에서 놀러만 다닌 줄 안다"

다들 웃었지만 슝상후이는 촬영을 중지한다. 슝상후이는 신중한 사람이다.

점심시간이 되자 저우가 돌아왔다. 다들 먹는 시간에 저우의 입은 문화대혁명을 설명한다. 키신저가 '중국 내부의 일'이라고 해도 얘기를 계속한다. 문화혁명을 이해하지 못하면 수없이 많은 난관이 생긴다.

저우가 "우리는 미국과 소련이 남과 북에서 동시에 공격해 올 상황에 대비해 왔다." 장기항전을 치르겠다는 말도 덧붙이며 키신저의 반응을 떠본다.

"미국은 중국과 정상적인 교류를 원한다. 중국을 공격하는 일은 단연코 발생할 수 없다. 병력을 북방이나 다른 지역으로 이동시켜도 좋다." 저우는 예상한 답변에 안도했다.

"닉슨은 1972년 여름에 중국 방문이 가능하다. 그때까지 소련 지도자들과 만나는 것을 자제하겠다. 베이징이 먼저고 모스크바는 그다음이다."

저우는 중·미 양국이 동시에 발표할 성명서 초안을 작성을 서두른다. 비밀 유지 여부가 중요했다. 키신저는 "닉슨의 중국 방문 결정은 장기간 보안 유지가 불가능하다."고 강조한다. 결혼식 청첩장을 돌려야 결혼을 취소하기 어렵다.

그날 밤 마오쩌둥은 슝샹후이에게 회담 결과를 보고받았다. 저우는 '중·조 우호합작 호조조약' 체결 10주년 기념대회 참석을 위해 자리를 비웠다가 늦게 도착했다.

마오쩌둥은 "닉슨의 중국 방문은 쌍방 모두 주동이 돼야 한다. 내가 닉슨을 만나고 싶어 한다는 말은 절대 집어넣지 마라." 애매한 주문이었다. 청첩장에 서로 사랑해서 결혼한다는 말이 없어야 했다.

저우언라이는 교묘한 문구를 사용했다. "저우언라이 총리와 닉슨 대통령의 외교·안보 보좌관 키신저 박사가 1971년 7월 9일부터 11일까지 베이징에서 회담했다. 닉슨 대통령이 중국 방문을 원하는 사실을 안 저우언라이 총리는 중화인민공화국 정부를 대표해 닉슨 대통령이 1972년 5월 이전 적당한 시기에 중국을 방문해 달라고 초청했다. 닉슨 대통령은 흔쾌히 초청을 받아들였다."

일주일 안에 발표하기로 합의했다. 저우는 하노이와 평양 방문길에 올랐다. 키신저의 중국 방문을 알렸다. 미국은 발표 1시간 전 일본에 통보했다. 물먹고 어안이 벙벙해진 일본 정부가 불쾌해했다.

한반도

1971년 10월 헨리 키신저 국가안보보좌관이 중국 베이징을 방문해 저우언라이 중국 총리와 다시 만났다. 지난번 미처 다하지 못했던 이야기, 한반도가 남아있었다. 1950년 겨울, 혹한의 추위를 둘은 기억했다. 서로에게 총을 겨누었던 두 나라에게 한반도는 가장 큰 관심사 중하나였다. 한반도는 아직 전쟁이 끝나지 않은 휴전상태였다.

전쟁의 잘잘못을 따지면 대화가 진행되지 않는다. 키신저는 전쟁에 대한 언급을 자제했고 저우는 키신저에게 미래를 물어봤다.

첫째, 주한미군 철수 시 일본 자위대의 한반도 진출 가능성

둘째, 주한미군 철수 이전 한국군의 북진 가능성

셋째, 북한의 국제적 지위 인정 등 3가지 문제에 대한 미국의 입장 설명을 요구했다.(5)

키신저는 일본 자위대가 북한을 공격하거나 한국군이 북진하지 않겠다는 확약을 했고 유엔가입 등 북한의 국제적 지위 향상에 노력하겠다고 답변했다. 한반도의 현상유지와 소련·일본의 한반도 문제 개입 저지가 서로에게 이익을 가져온다는데 동의한 것이다.

싸우다가 지치면 친구가 된다.

1976년 2월 백수가 된 닉슨은 중국을 방문한다. 자연인 닉슨을 마오는 국빈대우로 맞이했다. 둘은 논쟁을 벌이다 헤어질 시간이 되었다. 마오는 찻잔을 들었다. 손에 힘은 없었지만, 건배를 제의했다. 닉슨도 찻잔을 높이 들었다. 마오가 겨우 입을 열었다. 목소리가 들릴락 말락 했다.

"우리는 수십 년간 바다를 사이에 두고 원수처럼 지냈다. 원수진 집안이 아니면 머리 맞대고 의논할 일도 없다. 원래 싸우다 지치면 친구가 되는 법이다. 서로를 위해 건배하자. 이제 나는 술을 못 마신다. 군자의 사귐은 담백하기가 물과 같다는 말이 있다. 술은 없지만, 물이 있다. 물로 술을 대신하자."

닉슨과 수행원들은 죽어가는 마오가 발산하는 매력에 흠뻑 취했다.

닉슨도 마오의 시 한 구절을 인용하며 화답했다. "세상에 어려운 일은 없다. 등산하듯이 한발 한 발 기어오르면 된다."

지구 위에서 공산주의를 없애고자 열망했던 닉슨의 입에서 한발, 한발 걷듯 시가 흘러나왔다.

미국과 중국이 손을 잡고 소련을 공동의 적으로 만들어 견제하면서 소련은 서서히 흔들린다. 아프카니스탄 침공과 과다한 무기경쟁, 관료들의 부패, 유가의 장기적인 약세 등 잇단 악제들을 만나며 붕괴로 이어졌다.

키신저와 저우언라이는 신의 한 수로 평가되는 외교정책을 이끌었다.

아름다운 눈을 가진 남자

1976년 새해 벽두, 죽음을 예감한 저우언라이는 장쉐량을 추억한다. 평생 장쉐량을 '영원히 변할 수 없는 공신(千古功臣)'으로 치켜세웠기에 잊을 수 없었다.

"장(張)씨 옛 친구가 그립구나. 40년 전 시안에서 헤어진 후 단 하루도 잊은 적이 없다. 고맙고 미안하다는 말 밖에는 달리 표현할 방법이 없다."

장쉐량은 저우언라이를 '최고 통치자 감은 안되고 훌륭한 재상감'으로 평가한다.

장쉐량에 대한 언급이 끝나자 저우언라이는 혼수상태에 자주 빠진다.

1976년 겨울, 아침에 위급하다는 전갈을 받고 달려온 덩잉차오의 앞에서 저우언라이는 평온하고 영원한 잠에 빠진다. 향년 78세. 죽기 전에 주치의를 보고 "나는 이제 더 돌보지 않아도 되니 여기 있지 말고 다른 환자들을 돌보시오. 그들은 당신을 필요로 하오."하고 말한다. 중국에서 가장 아름다운 눈을 가진 남자로 기억되는 저우언라이는 눈을 감았다.

뉴욕의 유엔 본부에서는 다음 날 반기를 올려 저우언라이의 죽음을 애도했다. 유엔에서는 전례가 없던 일이다.

발트하임 유엔 사무총장은 "조기 게양 이유는 두 가지다. 첫째, 중국은 고래로 금은 재화가 많고 인민폐도 헤아릴 수 없지만, 총리인 저우언라이는 은행에 한 푼의 저축도 없었다. 둘째, 중국의 10억 인구는 세계 인구의 4분의 1을 차지하고 있지만, 그에게는 한 명의 자식도 없다. 귀국의 지도자나 국가원수가 두 가지 중 한 가지만이라도 해당한다면 서거했을 때 반기를 올리겠습니다."고 말했다.

추도식 날 누가 추도사를 하느냐로 사인방과 예젠잉은 대립했다. 사인방의 거센 반대에도 덩샤오핑으로 결정된다. 파리 유학 시절부터 오랜 동료였고 당의 부주석, 국무원 제1 부총리 자격이었다. 마오의 후계자는 의외의 인물을 발탁했다. 화궈펑(華國鋒)이 두 세력의 중재자로 나섰다. 죽은 저우언라이가 살짝 미소 지을 결정이었다.

저우의 무덤 – 사불유언(死不留言)

저우언라이가 죽은 후 장쉐량은 오래오래 살다 103세에 죽었다. 그의 죽음으로 신중국 수립기에 살던 5개의 별이 모두 사라졌다.

중국인들은 그들을 추모하며 애정 어린 우스갯소리를 만들었다.

린뱌오(林彪)는 술과 담배를 모두 멀리해서 63세에 죽었고

저우언라이(周恩來)는 술은 가까이하고 담배를 멀리해 73세에 죽었고

마오쩌둥(毛澤東)은 술은 멀리하고 담배를 가까이해 83세에 죽었고

덩샤오핑(鄧小平)은 술과 담배를 모두 가까이해 93세에 죽었고

장쉐량(張學良)은 술과 담배는 물론 여색도 가까이해 103세에 죽었다.

(장쉐량의 마약은 차마 입에 올리지 않았다)

저우언라이는 무덤도 유언도 남기지 않았다. 그래서 여섯 가지가 없다고 한다.

첫째, 사불유회(死不留灰)다. 저우는 사망 후 화장하여 덩잉차오가 공업용 비행기를 타고 황하에 뿌렸다.

둘째, 생이무후(生而無後)다. 살아서 후손을 두지 않았다. 쑨웨이스 등 혁명 열사의 자식들을 입양하여 키웠다.

셋째, 관이부현(官而不顯)이다. 관직에 있었지만 드러내지 않았다. 외교와 공무를 처리할 때는 관리였지만 평소에는 특별대우를 단호히

거부했다. 평민 재상으로 평생을 살았다.

넷째, 당이불사(黨而無私)다. 당을 조직했어도 사사로움이 없고 사조직도 꾸리지 않았다. 연합한 세력과 배반하기를 다반사로 하였지만, 정당의 영수를 중심으로 움직였다.

다섯째, 노이무원(勞而無怨)이다. 고생해도 원망하지 않았다. 혁명사업과 국가건설에 힘을 기울이며 초인적인 업무량을 감당했지만, 누구도 원망하지 않았다.

끝으로 죽으면서 유언을 남기지 않아 정치 풍파를 막았다. 사불유언(死不留言)이다. 덩잉차오에게도 한마디도 하지 않았다. 인간의 말이 가져오는 불화와 증오를 너무나 많이 보아온 인생이었다.

(1) 중국인 이야기/p287/한길사
(2) 김명호교수의 북-중 교류 60년 ⑧ 중국 국공내전과 북한의 지원/한겨레신문/2014-04-14
(3) 중국인 이야기 5/p359/김명호/한길사
(4) 1969년 인민해방군 참모본부가 당 고위층에 보고한 '전바오다오 자위 반격 작전 소개 자료(珍寶島自衛反擊作戰介紹材料)'
(5) 한겨레 21. 미국과 소련 사이, 서독의 답은 동독이었다. 우문태(宇文泰) 정치학 박사 · 중국 청년정치학원 객원교수

04

진짜 김일성,
짝퉁 콤플렉스

김일성은 진짜다

1989년 9월에 한 망명객이 서울을 방문했다. 1915년생으로 70을 훨씬 뛰어넘은 이 초로의 노인이 인터뷰를 시작하자 가장 관심을 끌었던 질문이 나왔다.

"김일성은 진짜입니까? 가짜입니까?"

지금은 가짜 김일성 설이 많이 사라졌고, 진짜든 가짜든 그 많은 악행을 무엇으로도 덮을 수 없으니 그게 무슨 상관이랴 하겠지만, 당시에는 사실 여부에 관심이 많았다.

그의 대답은 이랬다.

"보천보 전투에 참여한 김일성인가 아닌가를 묻는다면 이건 진짜입니다."

보천보 전투 같은 항일전투에 참여한 것은 사실이나 김일성부대는 수십 명 단위의 소규모였기 때문에 항일투쟁에 큰 영향을 주지 못했다. 10만 회 이상의 전투를 했다는 따위의 북한에서 선전하는 김일성과는 다르다는 요지였다.

가짜라는 답변을 기다리던 사람들은 다소 실망했다. 속 시원히 말도 안 되는 가짜라는 답을 원했던 청와대와 정부담당자들은 크게 실망했다. 그러나 그의 증언으로 '가짜 김일성'에 대한 연구도 실사구시적 연구가 시작되는 전환점도 되었다.

기자들 앞에서 김일성에 대해 증언하는 사람은 전 소련주재 북한대사 이상조였다.

이상조는 1945년 북로당에 입당하여 한국전쟁이 발발하자 정찰국장, 부참모총장을 지내며 전쟁에 직접 참여했고 정전협정에서도 부대표로 참석한다. 연안파에서 독립운동 했다는 무용담이 평생의 자랑인 사람답게 정전협정에서도 항상 험한 표정으로 상대를 대했다.

이상조는 '제국주의자들의 심부름꾼은 상갓집 개보다 못하다.'는 쪽지를 돌리며 회담 분위기를 냉각시켰다는 일화로 유명했다. 이상조는 '논어'까지 인용하면서 유엔군을 '주인 없는 개' 취급하며 자극했다.

이상조는 전쟁이 끝나고 군부에서 밀려나 외교관으로 변신 소련주재 북한 대사로 나간다. 그런데 57년 주소 대사 당시 흐루쇼프의 스탈린 격하 운동의 영향을 받아 북한 내에서 반 김일성 운동이 일어나자, 연안파 숙청이 시작됐고 본국 소환명령을 받았으나 따르지 않고 소련으로 망명했다.

이상조의 답변은 '진짜는 맞는데 별거 아니다'로 요약된다. 이 소식은 한국 언론을 통해 김일성에게 곧 알려졌으리라 추측된다.

김일성, 한평생 짝퉁 콤플렉스에 시달리던 북한의 독재자가 이 기사를 어떻게 읽었을까? 어쩌면 참모들도 심기 경호를 위해 몰래 파기하지는 않았을까?

이상조는 올림픽을 치르고 몰라보게 달라진 서울의 모습을 보고 갔다. 고향인 동래를 방문하여 부산에 살고 있던 이복동생 이경애 씨 등 친척들과의 상봉도 이루어졌다. 박철언 정무장관을 만나 요담하는 자리에서 '6·25는 김일성의 명령으로 북한 측이 도발한 것이며 필요하다면 증언대에 설 수도 있다'고 밝혔다.

남로당과도 북로당과도 불화했던 이상조는 벨라루스 민스크 국책연구소 연구원으로 있다 퇴직하고 노후를 일본어를 가르치며 보냈다. 말로는 그리 좋지는 않았지만, 그가 한국전쟁에서 저지른 죗값에 비해서는 편안했다. 항일운동에 참여한 경력을 하늘이 헤아려서일까?

주체사상이라는 종교

정치 전문가들은 반복에 약한 것이 인간이라는 걸 잘 알았다. 거짓말을 반복하면 더욱 약해진다. 그래서 거짓말은 반복하면 사실이 된다. 이런 사실을 모르면 정치가가 아니다. 한 인간에게 반복으로 주입하는 것을 교육, 광고, 선전, 세뇌, 종교라고 부르지 않던가.

2000년 전 팔레스타인의 가난한 목수의 아들이 유대교를 계승 발전시킨 종교에서 자신의 신과 동격의 왕좌에 오르게 된 가장 큰 이유도

'반복의 힘'이었다.

거짓말 철학의 완성자라 불리는 괴벨스의 명언은 여러 가지 있다.

"뻔히 드러나는 거짓말 100개보다 99개의 거짓말에 1개의 진실이 결합하면 강력한 효과가 나타난다.", "선전이란 거짓말을 참말로 둔갑시키는 예술", "선전원은 민중의 심리를 조정하는 예술가" 등 거짓말 명언은 끝이 없다. 그러나 가장 중요한 말은 이것이다.

"대중은 거짓말을 처음에는 부정하고 그다음에는 의심하지만 되풀이하면 결국은 믿게 된다." 괴벨스는 반복의 힘을 누구보다도 잘 알았다.

김일성도 자기 땅에 그 어떤 종교도 사상도 사라지게 하였다. 종교도 김일성교, 사상도 주체사상으로 반복하면 한반도 북쪽을 김일성 제정일치 사회를 만들 수 있다고 확신했으니까.

짝퉁이기를 거부하다

명품을 백화점에서 사면 편하다. 왜? 믿을 수 있으니까. 가짜를 암시장에서 사도 편하다. 왜? 어차피 진짜가 아니니까. 문제는 암시장에서 명품이라 주장하는 물건을 사면 본인이 진품에 대한 확신을 갖지 못한다. 그러면 자신의 가진 물건이 진품이라고 말이 많아진다. 슬쩍슬쩍 거짓말도 하게 되고 거짓말은 하다 보면 늘게 된다. 그리고 남들이 믿어주면 그 거짓말이 잭이 심어놓은 콩나무 처럼 하늘 높은 줄 모르고 자라게 된다. 김일성도 처음에 자신의 거짓말이 어디까지 통할지 모르고 시작했다. 끝은 바다보다 커졌다. 조선인민민주주의 공화국 안에서는 그 누구도 공식적으로 그의 거짓말을 부인할 수 없게 되었다.

거짓말쟁이의 최종단계는 자신이 자신의 거짓말을 믿는 것으로 완성된다. 공각기동대의 인형사가 거듭 태어나듯 김일성은 자신의 만든 '김일성'이 사실이라고 믿게 된다. 그런데도 남쪽에서 들려오는 자신에 대한 '짝퉁' 논쟁은 그의 심기를 건드렸다. 대한민국에서 자신에 대한 증오가 자라는 것은 얼마든지 환영이었다. 자신에 대한 증오야말로 정권을 유지하는 자양분이 아니던가. 그러나 짝퉁 소리는 거북했다. 그냥 미워해 줘, 짝퉁이란 소리 하지 말고.

김일성의 인생은 남북한 모두가 조작하는 가운데 사실과 신화가 섞여 있어서 어디까지가 역사이고 어디까지가 조작인지 쉽게 구별할 수 없다. 대한민국이 조작했던 가짜 김일성도 과거를 부풀렸던 과대포장 김일성도 올바른 역사를 이해하는 데 방해가 되었다. 대한민국에서는 악마로 북한에서는 위대한 민족의 영웅으로 살았던 반악반웅(半惡半雄) 김일성, 그는 평생 짝퉁 콤플렉스에 시달렸다.

비밀의 화원

김일성은 1912년 4월 15일 평안남도 대동군 고평면 남리(지금의 만경대)에서 태어났다. 본명은 김성주(金成柱). 김일성의 이름은 일제 치하에서 항일운동을 하는 사람들이 대부분 그랬듯이 여러 가지 이름을 쓰게 된다. 만주의 일제 관련 자료에 나오는 金一星, 金成柱, 金聖柱, 金日成 모두 본명이 金成柱인 북한의 金日成을 가리킨다.

김일성은 평양에서 멀지 않은 고평면에서 어린 시절을 보내고 만주로 이사했다. 아버지 김형직은 초기 민족운동가 중 한 명이었다. 평양의 유명한 미션스쿨인 숭실중학교 출신이며 (어머니 강반석도 기독교 신자) '105인 사건'과 조선국민회에 관계했다. 만주로 이사한 것도 독립운동과 관련 있어 보인다.

평양에서 학업 중이던 김일성은 아버지가 위독하다는 소식을 듣고 만주로 돌아온다. 김형직은 32세 젊은 나이에 고문의 후유증으로 사망한다.

집안의 분위기와 성주 길림 위원(毓文)중학교 교육은 소년 김일성을 독립운동의 길로 이끈다. 위원중학교는 중국 명문가 자녀들이 다니던 학교였는데 자나 깨나 독립운동의 중요성을 강조하는 분위기였다. 문호 루쉰의 추종자였던 영어 선생 상웨에게 중국 신문화에 영향을 받은 곳도 유창한 중국어 실력의 발판이 된 곳도 위원중학교였다.

1929년 반동 군벌·교원 반대투쟁, 반일투쟁 활동혐의로 중국 군벌 당국에 체포되어 수개월 동안 감옥살이를 했다. 이때 구명을 해준 사람이 손종도 목사이고 평생의 인연을 맺는다. 1930년 출옥 후 위원중을 중퇴하고 독서회에 가입 30년에 공산주의자로 전환한다. 공부해봐야 장래가 없다고 판단했거나 독립운동에 헌신해서 조국의 독립에 기여하겠다고 결심을 한 것으로 보인다.

무장투쟁에 본격적으로 나선 것은 1931년 만주사변 직후이다. 만주사변으로 동북의 조선인은 충격에 빠진다. 언젠 가는 일본이 망하고 독립이 오리라 생각했지만, 만주마저도 일본의 손아귀에 들어간다면 조선의 독립은 물 건너갔다고 보아야 한다.

이제 일본 신민으로 빠지거나 인생 막살거나 무력투쟁의 길로 가거나 세 가지 중 하나를 선택해야 했다. 김일성은 마지막 선택을 한다. 집안 내력, 기본적으로 가지고 있던 반골 기질, 기존질서를 바꾸지 않고는 장래성 없는 미래가 김일성을 항일투쟁의 길로 이끌었다.

1932년 김일성은 백두산 산록에 있는 안도현 소사하에서 소수의 동료와 함께 중국 구국군 부대 산하(북한은 반일 인민유격대로 부름)에서 별동대를 조직했다.

이때부터 1930년대와 1940년대 초반 일제 자료에 나오는 비적(항일 유격대) 金日成은 바로 그를 가리키는 것이다.

김일성에 대한 비공개문서 '동북지구혁명역사문건휘집'에 따르면 1932년 공산당 입당/중국말이 가능하고/유격대원 속에서 승진했고/중국인 대원 사이에서 신앙(신뢰)이 높고/국민당 대원사이에서도 신앙(신뢰)이 높다/고 기술되어 있다.

정치이념을 떠나 양쪽으로부터 신뢰가 높았다는 것이다. 아직 이념보다는 항일이 우선인 시기였다.

새옹지마 – 민생단(民生團) 사건

동북의 조선인 밀집지역에 사는 친일 인사들이 민족자치라는 미명하에 항일 무장 세력에 대항할 단체를 만들었는데 이름을 '민생단'이라

붙었다. 1932년 만주국이 세워지자 오족협화(五族協和)에 방해가 된다고 스스로 단체를 해산시켰다. 민생단은 사라졌지만, 사람들 머릿속에는 남아 있었다.

1932년 시작된 민생단 사건의 시작은 사라진 줄 알았던 민생단이 좀비처럼 꿈틀대며 일어서 걸어 다니며 시작했다. 송노두라는 중국공산당(조선인도 가입하여 활동)원이 일본군 헌병에 체포되었다가 탈출하여 항일유격부대를 찾아왔다. 탈출 경위가 너무 수월하고 수상쩍어 의심하고 예의주시하고 있었는데 일본군 통역관을 통해 송노두가 일본헌병대에 매수되었다는 정보를 받아 체포한다.

송노두는 유격대 내부에 민생단을 구성해서 파괴 공작을 펼치고 있었다는 자백을 하고 몽둥이찜질이 가해지자 20여 명의 조선인 간부가 연루되어 있다고 폭로한다.

여기서부터 마녀사냥이 시작되어 여기도 민생단, 저기도 민생단 조사와 고발과 위증이 난무하고 조선인 숙청작업으로 진행된다. 잡혀와서 민생단이라는 이름을 처음 들어보는 사람까지 총살되고 어제의 집행자가 오늘은 민생단원으로 몰려 형장으로 끌려갔다. 조선 이주민들에 대한 중국인들의 경계와 배척의 경향이 한몫했다.

김일성도 민생단 사건의 광풍 속에 곤경에 빠졌으나 곧 위기에서 빠져나올 수 있었다. 주위와의 관계가 원만했고 특히 중국공산당 혁명 열사이며 김일성의 직속 상사(훗날 소련 제 88 특별여단장)이었던 저우바오중(周保中)의 보증이 결정적으로 작용하여 민생단 사건에서 벗어나게 된다.

코민테른에서 파견한 양쑹은 저우바오중을 통해 반민생단 투쟁 소식을 듣고 하얼빈시 서기 웨이정민을 통해 회의를 소집한다. 김일성도 참가한 이 회의에서 임의로 벌이고 있는 체포와 살인을 불허하기로 한다. 여기서 김일성은 민생단 사건을 명쾌하게 종료한다. 민생단 혐의자 100여 명을 석방하고 누명을 씌운 자료는 모두 불살라 버렸다. 그리고 억울하게 죽은 사람의 자녀들에게 목욕을 시키고 옷을 만들어 입혔다.

민생단 사건은 김일성에게 위기인 동시에 찬스였다. 민생단의 생존자들을 항일연군에 편입시켜 군사력을 강화하고 세간의 평판을 좋게 하여 존재감을 높였다. 그리고 훗날 정적들을 제거하는 방법으로 동료들을 스파이로 모는 방법을 깨우치는 계기가 된다.

또 하나 김일성의 상관들이 민생단사건으로 처형되어 리더의 자리가 텅 비었다. 김일성은 상급자로 자동 승진하게 되고 자신의 이름을 세상에 알릴 기회가 다가오고 있었다.

보천보 전투

백두산 일대 장백을 중심으로 항일투쟁활동을 벌이던 김일성과 동북항일연군은 1936년 5월에는 만주일대와 국내의 반일세력을 묶어 '조선광복회'를 결성하여 1937년 6월 보천보 전투를 감행한다. 압록강을 넘어 혜산진에서 20㎞ 떨어진 보천보에 침투하였는데 경찰주재소·면사무소·우체국 등의 관공서와 산림보호구 등을 공격하고 '조선 민중에게 알린다, 조국광복회 10대 강령' 등의 격문까지 살포하고 심리

전까지 벌인다. 이때 전투로 양측 각각 수십 명의 사상자가 발생하는 등 압록강 이남은 안전지대로 보았던 일제에는 상당한 충격을 주었고 동아일보도 호외를 발행하는 등 큰 관심을 보였다. 그리 큰 전투는 아니었지만, 상징성이 컸고 이를 계기로 김일성은 '항일투쟁의 전설적 영웅'으로 사람들의 이름에 오르내리게 된다.

김일성의 항일 유격대는 동북에서 일본군과 싸울 때는 중국 항일부대로 활동했지만, 압록강 건너 조선 땅에 들어와 유격전을 펼칠 때는 '조선인민혁명군'이라는 명칭을 사용했다. 전투에서 주민들의 협조를 얻으려는 조치였고 훗날 김일성 신화를 만드는 데 도움이 되었다.

보천보 전투가 끝난 해에 김일성이 다리에 총을 맞고 사라졌고 결국 사망했다는 설도 나도는데 일본 경찰의 과잉 성과 보고였다.

1939년 가을부터 일제의 대토벌 작전이 시작된다. 만주 전역의 유격대들은 치명적인 타격을 받고 근거지를 잃어간다. 1로군, 2로군, 3로군 등 삼만 명이 천사백으로 줄어든다. 섬멸목표 안에 있었던 김일성부대도 1940년 3월에 마지막 대규모 전투였던 홍기하 전투를 치르고 소련 영내 야영으로 이동하기 시작한다. 국경을 넘었던 11월에 16명으로 줄어있었고 김정숙도 여기에 포함되어 있었다. 김일성은 블라디보스토크 근처의 남쪽으로 이동했는데 최용건, 김책 등도 소련으로 넘어왔다. 항일 유격대는 소련 영내에서도 만주에 소규모 유격대를 파견해서 싸웠는데 아직도 싸우고 있다는 생색내기 차원이었다.

혁명은 사랑을 싣고 – 싸우면서 연애하고, 연애하며 싸우자

인간이란 언제 죽을지 모르는 절박한 상황이 다가오면 자기도 모르게 자신의 유전자를 후세에 전달하려는 본능이 발생하고, 이는 곧 사랑이나 성욕으로 이어진다. 전쟁이나 난리 통에 수없이 피어나는 사랑 이야기는 그래서 만들어진다. 만주의 유격대 생활을 하는 김일성도 예외는 아니어서 전투와 여자가 항상 따라다녔다.

1936년 동북항일연군이 결성되는데 11군까지 편제된 대규모 부대였다. 조선인도 대거 참가한 조중연합부대였는데 김일성도 2군 제 3사장이 된다. 조선인 간부들이 많았고 여성 대원들도 다수 포함되어 있었다. 여자에게도 예외가 없는 전쟁터의 고생은 말할 수 없이 컸다.

김일성은 여자에게 넉살 좋은 리더였다. "우리 사단의 아주매들은 깡다구가 있어. 아주 짐도 잘 지고 걷기도 잘해"하면서 격려를 하고는 했다. 이런 말들은 고된 행군 속에 따뜻한 말에 굶주려 있던 여성 대원들의 마음을 사로잡는 작업멘트이기도 했다.

열악한 환경 속에 연정을 가졌던 여러 '아주매'들과의 화려한 연애사는 다섯 살 연하 김정숙을 만나면서 끝난다. 김일성은 많은 유격대원 중에서 김정일의 친모였던 김정숙과 각별한 만남을 시작하였다.

1940년 8월에 김일성과 16명은 소련으로 향하여 떠났다. 소련 땅에 들어서기 전에 훈춘의 산에서 김일성과 김정숙은 결혼식을 올렸다. 웨딩마치 대신 혁명가를 부르고 춤도 추었다. 오랜만에 긴장을 풀고 술도 마시고 여흥의 시간도 가졌다.

김일성은 신혼여행지를 소련으로 정했다. 혁명보다 평온한 가정을 원하던 김정숙을 안심시키고 자신의 미래설계를 위해서 위험한 독립 투쟁보다 편한 길을 선택했다.

김일성은 결혼식이 끝나자 강위룡에게 소련 땅에 들어선 소련 경비병들에게 체포당하라고 지시한다. 체포된 다음에 정황을 소련 공산당 조직에 알리고 그들의 우산 속으로 들어가 비를 피하려는 계획이었다. 그리하여 김일성 일행은 체포되어 땅굴 감옥에 감금된다.

김일성의 소련생활은 이렇게 시작된다.

여담이지만 김정숙과 연애히기 전에 김일싱은 위원중학교 시절 사립여중에 다니던 한성희와 이니시에이션 러브를 이미 치른 상태였다. 한성희와는 같은 독서클럽 출신으로 김일성이 직접 유격대로 영입하여 2년간 연인 사이로 지냈으나 일본군에 잡혀 이별하게 된다. 한성희는 독립운동 포기를 약속하고 석방되어 평범한 인생을 살았다.

김정숙은 김일성과 결혼한 후 하바롭스크 근처 브야츠코에서 통나무집으로 된 군관사책에서 함께 살았다. 1942년생인 김정일을 낳은 시기이다. 독립 후 1948년 사망하였고 둘째 부인 김성애는 한국전쟁이 발발하자 징집되어 김일성의 집무실 비서로 발령받았는데 곧 임신하여 김일성과 결혼하게 된다. 공식행사에 나오는 김성애에 대한 보도를 지극히 자제해서 퍼스트레이디로서 존재감은 그리 크지 않았다. 김일성은 전쟁 중에도 항상 여자를 곁에 두며 행복을 찾았다. 그러나 권력자의 여인이 흔히 그러듯이 김일성의 여인들은 행복한 결말을 맛보지 못했다.

DNA는 살아있다 – 돌아온 만주 혈통

최초의 근대적 직업작가라 불렸던 최찬식. 서울 관립한성중학교(현 경기고)을 다녔다고 알려져 있고 금수저 출신이라 작품 활동에 전념하여 인기작가가 되었다. 그의 대표작은 단연 추월색이었다. 15쇄나 찍을 만큼 높은 인기를 누렸다.

이 작품 속의 주인공인 김영창과 이정임이 결혼을 해서 신혼여행을 떠나는 곳은 만주의 펑톈 성(奉天省)이다. 신혼여행이라는 개념이 희박한 시대에 '만주'로 신혼여행을 떠난 이유는 뭘까? 만주는 러일 전쟁 당시 서양의 군대를 동양의 군대가 대승을 거둔 기념비적 장소였기 때문이다. 소설 곳곳에 용맹하고 충성스러운 병사들의 전적지를 통해 황군 찬양가를 기록하였다. 추월색은 그 당시 만주가 일본에게 얼마나 소중한 땅인가를 나타내는 소설이다.

일제의 위성국이었던 만주국은 한반도보다 6배나 넓었지만, 인구는 4,000만에 불과했다. 한족이 3500 만 명으로 가장 많았고 만주족 180만, 한인 130만, 몽골인 100만, 일본인 65만으로 한인의 숫자는 3번째였고 간도에 집중적으로 거주하고 있었다. 만주라는 땅을 차지하기 위해 많은 국가와 사람들이 몰려와서 살았다.

2012년에 박근혜, 김정은, 아베 신조 세 명은 남북일 지도자로 확정되었다. 이때 사람들은 어디서 본 듯한 기시감에 고개를 갸우뚱거렸다. 어디선 본 그림이지? 그러다 무릎을 '탁' 쳤다. 아 만주! 박근혜의 아버지 박정희, 김정은의 할아버지 김일성, 아베 신조의 외할아버지 기시 노부스케(岸信介) 모두 1930-40년에서 만주에서의 경력이 있다.

세 명 모두 1930-40년에 만주에서 활동하던 DNA를 물려받았다. 1930년~40년대에 만주는 우주의 기운을 받아 대대로 혈통의 축복을 받은 땅이었다.

박정희는 40년 괴뢰국인 만주제국의 육군군관학교에 제2기생으로 입교했고 '진충보국 멸사봉공' 정신으로 훈련받아 졸업식에서는 만계 수석으로 졸업한다. 이때부터 박정희는 일본본과 3학년에 편입되었다가 1944년 졸업하고 일본의 패망 때까지 만주에서 군 생활을 하였다. 만군 인맥은 끈끈한 인간관계에 바탕을 둔 강력한 결속력으로 유명했다. 5·16쿠데타에도 만주육군 군관학교 1기생들이 대거 가담하여 만군 인맥은 박정희의 단단한 기반이 되었다.

'쇼와의 요괴' 기시는 일본 야마구치 현 출신이다. 야마구치 현은 메이지유신의 주체세력이었고 일본 첫 총리인 이토 히로부미 등 일본 총리 57명 가운데 8명의 총리를 배출한 곳이기도 하다. 기시는 만주국에서 산업정책을 총괄한다. 산업부 차장(차관)과 총무청 차장을 겸직하며 만주국 산업정책을 실질적으로 담당했다. 당시 만주국은 명목상 장관을 만주인이 맡고 실질적으로는 일본인 차관들이 모든 문제를 모두 결정했다. 기시는 만주 산업개발 5개년 계획을 만들어 만주 전체의 산업정책을 총괄하며 실질적으로 경영한 인물이었다. 만주국에서 성과를 기반으로 1942년 일본으로 돌아온 기시는 상공성 차관으로 임명돼 도조 히데키를 도와 미국과 전쟁하지만 패전한다. 기시는 전범 재판에서 A급 전범으로 판결되나 소련과의 냉전 준비가 필요한 미군정에 의해 사면받고 미꾸라지처럼 감옥을 빠져나가 일본 총리까지 역임한다.

70년이 흐른 2012년, 그 후손들이 부모의 위광을 유산 삼아 권력을 잡고 삼국의 리더들로 재등장하였다. 넓은 만주벌판의 기운이 좋기는 했는지 모르겠으나 흘러간 노래 리바이벌해서 히트곡 만들기는 어렵다고 봐야 한다.

마지막 바지사장, 푸이 vs 육군의 이단아, 이시하라

만주국은 어떤 나라였을까? 만주국은 청나라 마지막 황제였던 푸이(溥儀)가 황제라는 명함을 파고 바지사장으로 앉아있던 나라였다. 그렇다면 만주국은 한반도와 유사한 일본식민지라고 추론하기 쉽다. 그러나 만주국은 일반적인 식민지의 개념으로 설명할 수 없는 나라였다. 만주국은 일본의 식민지가 아니라 일본군의 나라 특히 관동군의 나라였다.

박정희와 같이 1935년 만주대륙을 처음 구경한 이성렬은 이렇게 말했다.

> "만주를 우리의 영토로 착각할 정도였다. 여권도 필요 없고 검문 검색도 없었다. 가도 가도 끝이 없는 대평원. 그것은 황량한 신천지였다. 신경의 관동군 사령부를 견학할 수 있었다. 대포, 탱크 같은 신예무기도 보여 주었는데 '까마득한 절망감'을 느꼈다. 일본의 세력이 이 광활한 대지 곳곳에 미치고 있음을 실감했다."(1)

만주사변을 이야기하면 반드시 나오는 인물 이시하라 간지(石原 莞爾). 그러나 아무도 이름을 부르지 않고 '육군의 이단아'라고 불렀다. 관동군 작전 참모였던 중좌 이시하라는 본국 정부나 육군, 심지어는 관동군 상부의 허가조차 받지 않고, 만주사변을 일으켜 만주의 주요 도시를 점령하였다. 이시와라는 이때 눈부신 군사적 재능을 발휘하여 약 1만여 명의 병력으로 23만 명의 장쉐량(張學良) 중국 동북군 병력을 무력화시키고 만주 전역을 일본군의 손에 넣었다. 그리하여 일본의 괴뢰 국가인 만주국이 성립되었다.

일본 정부는 만주사변 당시 이를 반대해 왔고 사건이 일어난 것을 후 보고 받았을 정도였다. '마음대로 군대를 진퇴 시키면 사형에 처한다'는 육군 형법은 이제 유명무실한 휴지조각이 되었고 군율과 명령계통을 무시하더라도 결과만 좋으면 만사형통이라는 풍조가 군부를 지배하게 되었다. 전쟁이든 쿠데타든 이기기만 하면 된다는 구호로 무장된 군부는 이미 민간정부의 통제를 벗어난 괴물로 성장했다. 일본의 내부 명령체계가 얼마나 개판 오 분 전이었는지 알 수 있는 대목이다. 일본 총리를 죽이는 '5.15 사건', 청년 장교들의 쿠데타였던 '2.26 사건'도 모두 내부의 하극상부터 시작되었다.

만주국의 1대 황제 푸이, 어린 나이에 허울뿐인 청나라 황제 놀이를 한 경험과 혈통으로 13년 5개월 만주국의 마지막 바지사장을 했고 중국 공산혁명 후 비참한 생활을 하다 최후를 마쳤다.

하바롭스크행, 소련연줄을 잡다

김일성의 하바롭스크 행은 변방의 빨치산에서 중앙의 리더가 되는 계기가 된다.

1942년 7월 소련으로 이동한 항일 유격대 하바롭스크 근처의 비야츠코에 집결해 '동북항일연군교도려(東北抗日聯軍教導旅)'를 결성한다. '제88 특별(국제)여단'이라 칭하기도 하고 이들 중 조선인 부대원은 광복 직후 북한으로 대거 귀국해 '조선인민군' 창설의 모태가 된다. 한국전쟁을 도발하는 핵심 세력도 바로 이들이다.

북한의 초기 핵심 집권세력인 '만주파(빨치산 파)'의 김일성, 김책, 최용건 트로이카가 모두 동항군 출신이다. 주요인물을 더 살펴보면 조선인민군 총사령관을 지낸 최용건, 내각 부수상 김일(본명 박덕산), 내각 부수상을 지낸 박성철, 인민무력부장 오진우 등 북한 역대 당정군의 핵심 인사들을 배출했다.

김일성은 여장 저우바오중의 직속부대 제1 지대장으로 상당히 고위직에 속해있었다. 제1 지대는 과거 만주에서 항일 빨치산 활동을 벌이던 제2군 독립사와 제1로군 6사로 이어지는 조선인 부대의 맥을 잇고 있었다. 이 부대를 지휘한 지대장 임무를 맡게 되며 해방 이후 권력을 잡는 커다란 힘이 된다. 제88 특별여단은 빨치산 활동을 하면서 맺은 동지애로 뭉쳤다. 나이가 많고 직책이 높았던 김책, 최용건이 국내에 이름이 알려진 김일성의 정치적 자산을 고려해 해방 후 조선의 지도자로 치켜세웠다. 결국 김일성은 라이벌 옌안(延安)파, 소련파, 국내 남로당을 권력투쟁에서 물리치고 집권했다. 1956년 '8월 종

파사건' 등 당내 권력투쟁에서 나머지 파벌들은 패배해 숙청당했다

제88 특별여단에서 김일성은 소련 극동군과 인연을 맺게 되고 모스크바 주요정치 지도자들로부터 주목받기 시작했다. 제88 특별여단은 소련 군복을 입고 소련군 계급장을 달았다. 군인이 다른 나라 군복을 입었다는 그것은 독자성이 사라지고 사실상 소련군 지휘 아래 편입되었음을 의미한다. 즉 소련 붉은 군대의 한 단위부대에 흡수된 형태였고 명령을 하달받는 위치에 처하게 되었다.

김일성은 소련군 신분으로 모스크바의 대일 작전회의에 참석했다. 모스크바에서 정치국 위원이며 비서인 주다노프의 만남이 주선되었다. 주다노프와 조선의 해방 이후 정국에 관한 대화를 주로 나누었고 김일성은 스탈린과 직접 연결되는 고리를 만들게 된다.

일본이 패망하고 한 달이 채 지나기 전인 1945년 9월 초 소련 극동군 사령관 바실레프스키 앞으로 스탈린의 긴급 명령이 떨어진다. 북한을 통치할 말 잘 듣고 똘똘한 조선인 지도자를 선발하라는 지시였다. 바실레프스키는 KGB와 협의하여 김일성을 추천한다. 소련 극동군에 편입된 소련군 장교인 김일성을 바실레프스키는 이미 주목하고 있었다.

김일성은 소련군 특별 수송기를 타고 하바롭스크를 떠나 스탈린의 전용별장이 있는 모스크바로 향한다. 스탈린은 KGB보고서를 통해 김일성에 대한 정보를 검토한 상태에서 직접 만나 4시간에 걸쳐서 조선의 미래에 대한 계획을 듣는다. 자신의 입맛에 맞는 말 잘 듣는 조선의 지도자를 보기 위한 면접이었다. 처음에는 긴장하여 신병같이 네 소리만 반복하던 김일성은 시간이 지날수록 스탈린의 마음을 사로

잡는 모범 답안을 펼쳐 보인다. 면접이 끝나고 김일성이 돌아가자 스탈린은 '김일성을 속히 북한으로 보내고 군은 김일성에게 적극적으로 협력하라'는 지시를 한다.

김일성은 레베데프를 찾아갔다. 레베데프는 소련군 제복에 가슴에 적기훈장을 달고 88 특별여단 소속이라고 보고하는 김일성을 사복으로 갈아입히고 적기훈장도 떼라고 명령한다.

그리고 인민들에게 드러내지 않고 물밑에서 은밀히 정치훈련을 시작하여 김일성 지도자 만들기, 우상화 작업을 동시에 진행하라는 상부의 지시를 이행한다.

평양주둔 소련군 장교들은 조만식과 교류하며 내세울 후보를 고르고 있었다. 모스크바에서 '우리의 지시를 따르지 않을 조만식은 힘을 실어주지는 않되 활용하라'는 지시가 내려온 것도 이때였다.

권력의 탄생 – 평양시민 환영대회

해방 후 한 달이 지난 9월 19일 원산항에 소련함정 푸가초프 호를 타고 김일성은 88여단 항일 빨치산들과 함께 귀국한다. 귀국 후 자신의 행적을 숨기고 건당, 건국, 건군 작업을 수행한다. 김책, 김일, 박성철은 각 지역에 파견하여 정세를 살폈다.

9월 22일 김일성은 북한 주둔 소련군 사령부를 찾아 평양으로 간다. 평양의 철도호텔에서 소련 25군 사령관 치스챠코프와 만났다. 그는 4만 명의 점령군을 움직이는 군의 핵심이었지만 전형적인 직업군인으로 간접통치 방식을 취하고 있어 소련군정청을 두지는 않았다. 다만 사령부 안에 민정관리총국을 설치하여 군정청 역할을 대신하게 했다.

평양에서 사무실을 차린 김일성은 박헌영과 노선을 달리하는 공산당 조직을 건설하고 조만식을 비롯한 민족주의자들과 민족통일 전선 문제도 의논했다. 김일성은 자신의 야심을 숨기고 조만식에게 대선배의 예를 갖추면서 건국문제를 상의했다. 63세의 조만식은 33세의 김일성을 위한 환영대회 위원장을 맡아 협력하여 새로운 조국을 긴설하려는 뜻을 나타냈다.

김일성은 두 달에 걸친 '항일 영웅 김일성 장군' 띄우기 정치 일정이 끝나고 10월 14일 '김일성 환영대회'에서 처음 대중 앞에 모습을 드러낸다.

조선공산당 북조선 분국 책임자 김용범이 사회를 보고 치스챠코프, 정치 사령관 레베데프, 민정 사령관 로마넨코가 주빈석에 앉아있었고 환영대회 준비위원장 자격으로 조만식도 함께했다.

김일성은 "해방 위업을 도와준 소련의 영웅적 붉은 군대에 충심으로 감사"하며 "인민대중의 이익을 철저히 옹호하며 나라와 민족의 부강발전을 확고히 담보할 수 있는 참다운 인민 정권"을 세우자고 연설했다.

이날 김일성이 대중들의 예상과는 달리 젊은 나이여서 가짜라는 소동이 일어났다. 독립군 지도자들이 나이 많은 연장자를 상상하던 사람들이 많아서 의심의 대상이 되었다. 가짜 김일성 설의 기원도 사실상 여기서 시작된다. 대회가 끝난 후 기자들을 김일성 생가로 데리고 가서 친인척의 인증 절차까지 밟았을 정도로 일반 대중의 의구심은 상당히 퍼졌다. 그리고 토지의 무상 몰수에 반발한 지주들이 남쪽으로 대거 월남하면서 남한에는 가짜 김일성 설이 더욱 힘을 얻게 된다.

권력자는 민낯을 두려워한다

권력자는 끊임없이 새로운 쾌락을 탐한다. 매일 듣는 아부와 자신의 삶에 의미를 부여하려 한다.

1945년이 끝나가자 북한의 정치질서는 표면상으로는 좌우 연립형태였으나 내부적으로 김일성을 중심으로 재편을 마무리했다. 김일성의 위치는 벌써 뚜렷하게 부상되어 평양을 중심으로 '김일성 장군의 노래'가 울려 퍼졌다. 김일성을 찬양하고 미화하는 구호가 곳곳에서 들려오며 정권장악과 더불어 김일성 우상화 작업은 일찌감치 시작되었다.

스탈린은 소련군에 편입되어 있던 중국공산당 산하 항일 빨치산 출신 장교 김일성을 자신들의 꼭두각시로 발탁하여 1945년 9월 북한에 데리고 들어왔다. 김일성은 중국공산당원으로서 일본에 대항하여 싸웠지만, 조선독립을 위해 싸웠다고 단정하기는 어렵다. '朝鮮戰爭'이란 책을 쓴 일본 공산당원 출신 기자 하기와라 료씨는 "이때 김일성은 조선인의 의식을 갖지 않은 일종의 이방인이었다"고 주장했다.

김일성이 권력을 잡는 과정에서 그의 민낯은 가려지고 짙은 화장으로 얼굴을 감춘 우상 김일성이 북한 사회 전역에 퍼졌다. 김일성의 민낮을 말하는 사람들은 '역적놈'이 되는 시대가 오고 있음을 의미했다.

놈,놈,놈

대한민국 수립과정이나 수립 후 이승만의 심복이거나 동지였다가 '갑자기' '우연을 가장 해서' '비명'에 세상을 떠난 사람들이 있었다. 김구(1949), 신익희(1956), 조봉암(1959), 조병옥(1960)이 역사의 한 페이지를 기록하고 차례로 떠나갔다. 그들의 공통점은 이승만에게 '괘씸한 놈'으로 찍혔다는 공통점이 있다. 권력자에게는 자신의 눈 밖에 난 놈을 영구히 추방하고 싶은 욕망이 있는 법이다.

북한의 김일성에게도 죽이고 싶은 놈들이 있었다. '연안파', '소련파', '남로당' 3개의 파벌에 앞장서 있는 인물들이었다. '무작정 대드는 놈' 김무정(武亭), '늘 눈에 걸리는 놈' 허가이, '제일 맘에 안 드는 놈' 박헌영이 대표적이다.

무정은 대장정에서 살아남은 전쟁 베테랑이었고 김일성이 만주와 소련에서 별 전공 없이 빈둥대다가 스탈린의 눈에 들어 북한의 지도자가 되었다고 공공연히 말하고 다녔다. 김일성은 인천 상륙작전 후 평양을 빠져나가며 무정에게는 평양방위 사령관의 직책을 주어 평양 사수를 명령하였다. 그러나 김일성의 명령에 복종하여 사지를 지킬 만큼 무정은 바보는 아니었다. 만주 심양까지 도망가서 새로 군을 편성했다.

전쟁의 주도권까지 중국군 중심으로 넘어가자 펑더화이와 절친한 무정이 더욱 미워졌다. 김일성은 노동당회의에서 2군단장 무정을 비롯한 몇몇 지휘관을 문책하며 군직을 박탈한다. 무정은 다음 해 위장병으로 사망했으나 김일성에 의해 처형되었다는 설도 있다.

1951년 휴전회담이 시작되자 김일성은 숙청사업의 플랜을 본격적으로 구상한다. 먼저 소련파 허가이의 처형을 서둘렀다. 허가이는 김일성이 수령이 되는 데 역할을 했지만 이제 단물이 빠져가고 있었고 자신의 권위에 도전할 수 있는 인물이었다. 허가이는 북한에서 소련의 권익을 대표하는 스탈린의 아바타고 김일성을 감시하는 역할도 했기 때문이다. 전쟁을 치러 보니 소련은 뻐꾸기 소리만 낼 뿐 실제로 도움이 되지 않았다. 허가이는 자신의 사무실인 평양의 지하 방공호에서 죽은 시신으로 발견되었는데 현장을 조사한 당은 반나절도 지나지 않아 '허가이 동무는 오늘 있을 당 정치위원회의 정당한 비판을 받을 것이 두려워서 자살했다'고 바로 결론지었다. 현직 부수상의 죽음에 아무도 의문을 제기하지 않았지만, 허가이의 죽음 뒤에 김일성과 펑더화이의 그림자가 짙게 드리워져 있음을 모두가 알았다.

조선공산당을 남북으로 나누었을 때 황당하면서도 울며 겨자 먹기로 찬성했던 박헌영.

그는 1948년 최고인민회의 연설에서 김일성 만세 삼창을 하면서 경쟁에서 패배했음을 자인한다. "우리 민족의 영웅 김일성 장군 만세! 만세! 만세!"

그러나 한국전쟁이 한창이던 1950년 12월 노동당회의에서 전쟁의 중간결산을 하는 과정에서 패퇴의 책임소재를 놓고 김일성과 고성을 오가는 격렬한 공방을 벌인다. 안 그래도 손을 반드시 보려고 했는데 자신의 권위에 도전하다니. 휴정협정 체결되고 3일 후 쿠데타 주모자로 혐의를 받은 이승엽 등 12명이 반역죄로 기소되고 이어서 박헌영도 당에서 제명되고 체포된다.

박헌영 숙청으로 김일성에 대한 깊은 불만을 품고 있던 연안파, 소련파들도 반발했다. 박헌영이 숙청되고 스탈린 격하 사건이 벌어지자 이를 기회로 삼고 1956년 4월 조선노동당 제3차 당 대회에서 소련파와 연안파는 김일성에게 개인숭배에 대한 자기비판을 요구하는 계획을 세운다. 김일성은 개인숭배를 남 탓으로 돌리며 자기비판을 거부하고 중공업 우선의 경제정책을 펼치자고 주장하며 시선을 다른 곳으로 돌렸다.

소련파와 연안파는 좀 더 직접 김일성을 공격하기로 했다. 1956년 8월에는 김일성이 동유럽 공산권 국가들로 해외 순방을 떠나자 김일성 비판세력은 이 기회를 호기로 삼았다. 8월 전원회의가 시작되었고, 상업상(장관)이었던 연안파 윤공흠이 김일성의 개인숭배 등을 비판하며 주석직에서 물러나게 하려 했다. 김일성은 미리 알고 귀국하여 회의에 참석하여 윤공흠을 향해 소리를 질렀다.

"저놈이 두목이구나!"

김일성은 이 사건으로 당 간부 수 십 명을 체포하여 숙청하고 권력을 더욱 공고히 하였다. 8월 종파 사건이다.

공포정치는 '양날의 칼'이다. 유일 체제를 뒷받침하는 핵심 수단이지만 권력층 내부에서 불안과 동요가 일어나면 체제를 무너뜨리는 요인이 될 수 있다. 김일성은 반대파를 몰아내며 세력을 키우고 개인숭배 신화를 부풀려 나갔다.

정적을 해치우며 김일성은 음모와 속임수, 남다른 꿍꿍이로 타인을 제압하는 재미에 깊이 빠져들었다. 그리고 자신의 콤플렉스를 보상해 줄 '무언가'를 찾게 된다. 무언가에 제일 좋은 상대는 한국전쟁 내내 자신의 머리 위에 폭탄을 쏟아부었던 미국이 제일 좋았다.

가짜 김일성의 기원을 찾아서

박정희는 여러 가지 콤플렉스가 있었지만, 자신이 만주군관 출신으로 독립군을 토벌하고 다녔다는 자격지심이 있었다. 김일성과 비교해서 꿀릴 것 없는 자신이 유일하게 밀리는 점이 '친일 경력'이었다. 만주군 활동을 좌익을 때려잡은 전공으로 미화하고 독립군을 만주 비적으로 비하해도 콤플렉스가 사라지지 않았다.

장준하가 의문의 죽임을 당한 것도 독립군 출신이라는데 상당히 작용한 것으로 보인다. 대한민국에 있다면 어떻게 손 볼 텐데 김일성은 자신의 주먹 사정거리 밖에 있다.

'뭐야 김일성 녀석. 만주에서 일본군들하고 총싸움 몇 번 한 거 가지고 엄청 우려먹잖아. 한 방 먹일 거는 없을까?'

좋은 아이디어가 떠올랐다. 나를 올릴 수 없다면 남을 깎아내리자! 나의 과거를 바꾸지 못하면 남의 역사를 바꾸자! 근사한 아이디어다. 더구나 김일성 환영대회 때 가짜 김일성 설도 있었고 실향민들 사이에서는 상당한 설득력을 가지고 있으니 전혀 없는 이야기 만들어 내는 것도 아니지 않은가. 이미 연구도 어느 정도 진행되고 있었다.

박정희는 김일성에 대한 왜곡을 결심하고 실행했다는 여러 가지 정황증거가 보인다.

가짜 김일성을 체계화 한 사람은 여러 명 있지만 가장 독보적인 존재는 성균관대학교 교수였던 이명영이다.

이명영은 항일운동의 전설 김일성 장군의 실체를 밝히는 연구와 김일성 장군과 북한의 김일성이 전혀 다른 사람이라는 것을 입증하는 연구를 진행했다.

전자인 김일성 장군이 1920년대부터 여러 명 실존하는 사실이 발견되고 1930년대에 새로운 김일성이 나타나는데 북한의 김일성과는 전혀 다른 인물이라는 주장을 하게 된다.

항일운동 하던 김일성은 여러 명 있는데 북한의 김일성도 그중 한 명이고, 북한의 김일성은 김성주라는 본명을 가진 자로 항일운동 반짝 참여하고 1932년 사라졌다가 1945년 10월 소련군을 등에 업고 나타나서 자기가 '조국을 구했다고' 허풍떠는 인간이다. 이것이 이명영의 주장이다. 김광서-김일성-후임자 김일성-평양 김일성으로 이어졌다는 4인의 김일성 설 등도 이명영의 주장 중 하나이다. 내용이 복잡하여 진위를 가리기는 어려웠으나 체계적인 학문으로 접근했다는 점에서는 높이 평가할 만하다.

제자이며 북한 전문가인 이종석은 "선생님의 '가짜 김일성'에는 견해를 달리하지만, 김일성 관련 증언과 자료를 집대성해 후학들이 이 분야를 연구할 수 있는 기초를 마련했다는 점은 평가할 만하다"고 했다.

박정희가 만주군관 출신으로 과거 전력에 부담을 느끼고 가진 콤플렉스를 김일성 가짜설로 해결하기 위해 정권 차원의 움직임이 있었던 것은 분명해 보인다. 정권 실세들도 그런 왜곡들이 공공연히 행해져도 충성심과 북한과의 경쟁심 때문에 김일성 가짜설을 부추기거나 묵인했었다.

김일성 우상화 작업은 가짜 김일성을 증폭시키는 기폭제 역할을 했다. 동네에서 까부는 양아치 한 명을 우연히 물리친 이야기가 시간이 지나자 열일곱 명 물리친 전설로 거듭나듯 김일성의 항일투쟁 역사도 '조국을 해방한 은인'으로 침소봉대하며 스스로 '가짜'로 만들고 있었다.

대한민국에서 김일성이라는 이름이 증오와 조롱거리가 되고 있을 때 북한에서 김일성은 민족의 영웅에서 위대한 수령으로, 위대한 수령에서 '김일성교' 교주로 거듭나면서 남과 북의 거짓말은 피노키오 코처럼 커져만 갔다

태극기 휘날리며, 인공기 휘날리며

스탈린과 어울리며 김일성은 인민을 빙자하여 인민을 탄압하고 국가를 앞세워 정적을 때려잡는 괴물로 무럭무럭 자라났다.

건국 초기 국내 불만을 잠재우고 확실한 권력을 잡는 방법. 그건 증오를 바깥으로 돌리면 된다. 전쟁이라는 이름의 '사기'는 그렇게 시작된다. 김일성은 남쪽을 향해 방아쇠를 당겼다.

전쟁이 끝났을 때 한반도에는 폐허 속에 암울한 가난과 전쟁의 혹

독했던 기억이 남았다. 휴전선을 앞에 두고 과도한 군사력과 무력보다 무서운 증오심만 남았다. 남과 북 모두 군사력이 팽창하자 군부의 힘을 얻는 김일성 왕조와 대한민국의 군사정권이 들어서면서 증오심을 더욱 키워 나갔다.

골로 간다, 묻어버린다는 말이 있다. 골은 골짜기의 준말이다. 골짜기로 끌고 가서 총살을 하거나 파묻어버리면서 한국전쟁에서 생겨난 말이다. 남과 북의 지도자가 민간인 학살을 하면서 생겨난 언어가 잔혹했던 과거를 떠올리게 한다.

6 · 25전쟁 중에 양민들은 이래서 죽고 저래서 죽었다. 인민군이 내려오면 흰둥이라고 죽이고 국군이 올라가면 빨갱이라고 죽였다. 자신을 지켜 주리라 믿었던 지도자의 손에 영문도 모른 채 목숨을 잃었던 사람들은 너무나 많았다.

대한민국 대통령 이승만. 실속 없는 호언장담을 일삼던 그는 전쟁이 나자 서울을 지킨다는 거짓말을 녹화하고 대구로 도망갔다가 대전으로 돌아온다. 적의 진격을 막는다는 핑계로 국민이 피난 갈 수 없도록 다리까지 폭파 한다. 도망가는 동작이 신속했던 국방부 장관 신성모와 작당해서 6월 29일부터 긴급 체포된 사상범과 남로당 열성분자 등 수감자를 처형했다.

그러나 이것은 시작에 불과했다. 자신의 비겁함이 만천하에 드러나 이승만은 창피함을 견딜 수가 없었다. 화난 독재자보다 부끄러운 독재자가 더 무서운 법. 이승만은 백성의 원성이 담긴 입을 막기 위해 더 공포를 불러온다. 재판도 없이 처형이라는 이름으로 무차별 학살이 진행된다. 보도연맹사건(保導聯盟事件). 빨갱이 사냥을 통해 자신의 불만 세력의 입을 다물게 했다. 자기 때문에 피난 못 간 서울시민들을 향해서도 인민군에게 부역했다는 이유로 집단 살육을 한다. 국민을 적으로 만드는 일에는 누구보다 용감했다.

'태극기 휘날리며'에서 이은주가 "나는 보리쌀 준다고 해서 가입한 죄밖에 없다"고 절규하다 국군이 쏜 총알에 숨을 거두던 바로 그 사건이다.

보도연맹이 진행되고 인천 상륙작전이 성공하자 북한 인민민주주의공화국 김일성도 '미 제국주의'에 패배한 울분을 백성들에게 전가했다. 도주하면서 양민학살계획을 꼼꼼히 챙겼다. 평양이 함락되기 일주일 전 먼저 뺑소니를 치고 UN군 앞에서 자기 목숨 챙기기 바쁜 김일성도 자기 백성 죽이는데 한없이 강했다.

미 제국주의 앞잡이가 될 '가능성'이 있는 양민들을 학살의 대상에 넣었다.

김일성은 '전세가 불리하여 후퇴'하면서 '유엔군 상륙 때 지주(支柱)가 되는 모든 요소를 제거할 것'을 명령한다.

'지주'라는 모호한 표현을 통해 해석에 따라 엄청난 차이가 날 수 있게 하면서 뒤로는 공포를 부추였다. 그러면서 자신은 스탈린의 지시에 따라 평양을 몰래 탈출하여 평북 대동군까지 도망간다.

공포가 학살로 가는 길은 언제나 짧다.

김일성의 군대와 조직은 '유엔군 진주 후 적 진영에 가담, 적극적으로 활동할 자를 학살할 것'을 손쉽게 결의하고 '학살방법에 대하여서는 구체적인 방법에 따라 조직적으로 행'했다.

인민재판은 보복의 장이 되었고 '반동'은 아무런 이유도 증거도 없이 즉결처분이 행해졌다.

'동무는 반동이요' 이것이 법이었다. 그들은 인민들의 공포를 이용해서 김일성의 광기와 저주를 현실에서 이루었다. '적군에 협조할 것 같다'는 이유로 국민에게 총부리를 들이대는 악행은 전투보다 더한 증오를 낳았다. 골로 가면 죽는다는 의미의 '골로 간다'는 말은 오랫동안 백성들의 언어 속에 살아 숨 쉬었다.

이승만은 백성과 도성을 버리고 도망갔다가 한양으로 돌아와서 왜군 대신 '의병'과 '성웅 이순신'을 고문했던 이 균(선조)과 같은 혈통이라 피는 속일 수 없었고, 북한의 '자랑스러운 백두혈통' 김일성의 피도 그 나물에 그 밥이었다.

키신저는 이승만의 보도연맹사건과 김일성의 지주 양민학살 사건을 보며 어린 시절 자신의 동족을 유대인이라 부르며 이유 없이 죽이려 했던 나치를 떠올렸다. 유대인을 한국에서는 '빨갱이', '반동'이라 불렀다.

인천 상륙작전, 원산 상륙작전

맥아더 하면 인천 상륙작전을 지휘해서 한국전쟁을 반전시킨 명 장군의 이미지가 떠오른다. 과연 사실일까? 인천 상륙작전이 탁월한 전략이라치고 다음 수는 무엇이었을까?

맥아더는 미국의 뛰어난 정보력을 무시하고 자기 멋대로 상대편을 오판하기 일쑤인 지휘관이었다. 1941년 필리핀 전투에서 졸전으로 문책당해 예비역으로 편입되었던 전력이 있었다. 필리핀의 웨인 라이트 중장이 일본에 치욕적인 무조건 항복을 했던 원인도 패색이 짙어진 후 맥아더에게 지휘권을 넘겨받았기 때문이었다.

필리핀이나 일본에서 독재자로 지낸 경험은 자신의 지휘권자인 미 대통령마저 무시하는 오만을 가져왔고 각종 전과를 국가나 대통령보다 부각해 자신의 공으로 만들려는 못된 습관이 있는 군인이었다. 자신의 부하였던 아이크가 미 대통령 후보로 거론되는 일이 배가 아파 견딜 수가 없었다. 트루먼은 맥아더를 '자기를 신이라고 생각하는 극도로 자기중심적인 인물'이라고 평했다. 유럽과 한국 등 아시아에서 비교적 호의적인 이미지를 가지고 있었지만 정작 미국과 미군 안에서 맥아더의 인기가 형편없는 이유는 교만함 때문이었다.

마오쩌둥은 "나는 맥아더의 오만함이 좋다. 그가 오만하면 오만할수록 우리는 더 쉽게 미군을 패배시킬 수 있기 때문이다"라고 말하며 상대 장수의 단점을 최대한 활용하라고 했다.

인천 상륙작전이 끝나고 저우언라이는 주중인도대사를 통해 '중국은 미국이 38선을 넘으면 참전한다'는 의사를 전달했다. 중국 인민군 20만 명도 이미 압록강 북쪽에 배치한 상태였다. 그러나 맥아더는 중국이 참전한다는 정보를 무시했다.

부대도 둘로 쪼개서 미 8군은 평양을 거쳐 북진하도록 하고 미 10군단은 원산에 상륙해서 장진호를 거쳐 압록강으로 진격하도록 했다. 원산에 폼 나게 상륙하기 위해 인천에서 한 바퀴 빙 돌아서 갔음은 물론이다. 원산은 이미 한국군이 쓸고 지나간 후였다. 시간은 시간대로 소모되고 병력은 병력대로 쪼개졌다. 인천 상륙작전의 성공으로 거드름의 제왕으로 등극한 맥아더는 참모들의 의견 따위는 듣지도 않았고 크리스마스 때 워싱턴에서 벌어질 승전 파티를 준비하느라 작전을 꼼꼼하게 챙길 여유가 없었다. 워싱턴도 승전 분위기에 들떠서 맥아더에 대한 통제능력을 상실했다.

중공군이 참전하지 않으리라는 전제하에 청천강으로 간 미 8군은 기습공격을 받아 치명적인 타격을 입고 궤멸에 가까운 위기에 빠져 무질서하게 후퇴한다. 맥아더의 잘못된 작전은 미군과 UN군을 사지로 몰아가고 있었다.

서부전선이 치명적인 타격을 받고 있을 때 동부전선은 달랐다. 장진호에는 맥아더의 지시를 무시하고 작전을 펼친 미 10군단 소속 해병 1사단 올리버 스미스(Oliver P. Smith)준장이 있었다. 한국전쟁 기간 중 가장 치열하고 위대한 장진호 전투를 벌인 영웅이었다.

대한민국 구하기, 한국전쟁의 진정한 영웅 올리버 스미스 장군

11월 9일 장진호에는 첫눈이 내렸다. 남부 출신의 군인들은 말로만 듣던 눈을 바라보며 신기해서 눈을 반짝거렸다. 그러나 눈은 곧 저주로 변했다. 잠에서 깨어나면 몸이 오그라들어서 움직이지 않았고 몸에는 동상의 증상인 새하얀 반점이 다리에서 피어나고 있었다. 칠면조 특식은 먹기 전에 얼어버렸다. 북부 출신들보다 남부 출신들은 더 빨리 무너지고 있었다.

해병 1사단을 지휘하는 스미스는 맥아더의 작전을 무조건 신봉하는 에드워드 알몬드 군단장이 '빨리빨리 압록강으로 돌진하라'는 작전지시에 불응하며 끊임없이 의견충돌을 일으켰다. 무능한 육군 장성으로 악명을 떨쳤던 알몬드의 막무가내 지시는 커다란 위기를 불러오고 있음을 여러 가지 정보를 통해 판단하고 있었다.

11월 2일 장진호를 향해 본격적인 진군이 시작되자 중공군은 사흘간 공격하다가 홀연히 후퇴했다. 청천강에서도 보여 주었던 '미끼 작전'이었다. 청천강의 미 8군은 미끼를 물었지만, 스미스는 신중한 사람이었다. 알몬드가 수시로 정찰기를 타고 나타나 전진을 독려했지만, 보급품을 보관하는 창고가 완성되지 않으면 전진하지 않는다는 원칙을 보고했다. 알몬드는 못 들은 척하며 따뜻한 샤워물이 기다리는 숙소로 돌아갔다.

올리버 스미스와 리첸버그 대령은 '장교는 용감해야 하지만, 동시에 부하들의 목숨을 아낄 줄 알아야 한다'고 입버릇처럼 말하는 사람이었다. 자신의 선택 하나 하나가 얼마나 중요한지 늘 명심하고 있었다.

하갈우리에 도착한 미 해병대는 상부의 명령에 불응하며 사단 병력이 모두 모이고 비행장을 만들기까지 진군을 전면 중단한다.

11월 27일 영하 20도 강추위를 동반한 중공군이 총공격을 가해 온다. 미 육군 7사단 31연대는 포위 받고 궤멸한다. 장진호로 진출한 미군 10군은 혹한에 시달리며 고전한다. 그러나 맥아더의 지시를 무시하고 완만한 전진을 시도했던 미 해병 1사단은 혹한 속에서 10배나 많은 중공군을 패퇴시키고 흥남으로 철수할 수 있는 퇴로를 열었다.

피난민들이 미 해병대를 따라오자 적군으로 변할지 모른다는 우려의 소리가 나왔다. 그러나 올리버 스미스는 '전사자와 부상병, 피난민

모두 데리고 후퇴한다'는 원칙을 끝까지 지켰다. 그 덕분에 수천 명의 피난민은 장진호를 탈출하여 흥남에 도착한다. 전쟁이라는 지옥 속에서도 남의 나라 백성의 목숨까지 소중하게 여겼던 스미스 장군의 위대함이 빛나는 순간이었다.

해병 1사단과 항공기의 지원으로 미 10군단은 안전하게 철수할 수 있었고 피난민 9만 8,000명은 흥남철수작전을 통해 성공적으로 후방으로 이동하였다. 10군단이 와해되었다면 대한민국의 운명은 달라졌을 수도 있었다.

마산으로 이동하여 부대정비에 나선 스미스는 전사한 장병들의 부모에게 일일이 편지를 보내며 애도의 뜻을 전했다.

장진호 전투가 끝난 직후 '진주만 피습 이후 미군 역사상 최악의 패전'이라는 평가도 받았으나 제1해병사단은 찬사를 받았다. 해병 1사단은 전 사상자 4,418명으로 이들 중 전사자는 604명이었다. 중공군 측 전 사상자는 37,500명으로 적군에게 포위당한 상태에서 압도적으로 적은 희생자를 냈다. 전쟁에서는 용감한 것도 중요하지만, 아군의 인명을 중시하는 것이 더 중요하다는 지론을 믿었던 스미스장군의 미 해병 1사단은 역사에 남는 명전투로 평가받았다.

1951년 4월 11일 맥아더는 전격 해임된다. 트루먼은 "맥아더 장군이 식민지 총독, 동아시아지역의 황제가 되고 싶어 했다는 거야. 자기가 일개 육군 장교라는 것, 그리고 자신의 상관은 미국 대통령이란 사실도 망각하고 지낸다"고 해임 전에 사석에서 밝혔다.

미국으로 돌아온 맥아더는 '노병은 죽지 않고 사라질 뿐이다'라는 알쏭달쏭한 연설로 군 생활을 마쳤다. 이를 전해 들은 트루먼은 '미친

놈 개소리'라고 격분했다. 트루먼 행정부를 향한 청문회에서 '한국전의 실패에는 맥아더에게 책임이 있다'는 결론을 확인했다. 맥아더는 한국전에 대해서 인천 상륙작전에 대해서만 되풀이 하고 트루먼에 의한 피해자 코스프레를 하며 자신이 참모들의 의견을 무시한 결과로 죽음으로 몰아넣었던 부하들에 대한 언급은 끝까지 하지 않았다.

자신의 부하와 피난민의 목숨을 소중하게 아끼며 위대한 전투를 벌였던 올리버 스미스 장군은 1955년 전역하여 샌프란시스코 따뜻한 남쪽 로스 알토스에 그림 같은 집을 사고 사랑하는 아내와 여생을 즐겼다. 틈틈이 시간 날 때면 전사한 부대원들의 묘소를 찾아 그들의 명복을 빌었다. 1977년, 84세의 나이에 장진호 전투 지도를 걸어놓은 자신의 집에서 죽음을 맞이했다.

위대한 전투를 이끌었던 영웅에 어울리는 평온한 죽음이었다. 샌프란시스코 근교에 있는 골든 게이트 군사묘지에 묻혔다.

뜨거운 가슴, 차가운 현실 – 북한 모스크바 유학생 '집단 망명' 사건

북한의 김일성 우상화를 반대하는 다양한 세력들에게 불행의 그림자는 다가왔다. 전쟁이 끝나고 평화가 찾아왔지만, 권력에 머리 숙이지 않은 사람들에게 봄은 영원히 오지 않았다.

김일성 우상화가 진행될 때 공산당 종주국 소련에는 해빙의 기운이 찾아왔다. 암살과 처형을 일삼던 스탈린은 1953년에 죽었고 소련 공산당 전당대회에서 니키타 흐루쇼프의 스탈린 격하 운동은 시작되었다. 개인숭배를 비판했다는 소식이 유학생들과 북한 엘리트 계층에 스며들었다. 그러나 북한은 겨울로 가고 있었다. 유학생들과 자유스러운 분위기에서 가깝게 지냈던 주러시아 대사 이상조(위에 상술)가 1957년 연안파로 몰려 강제 파직당하자 유학생들의 운명의 시간도 다가왔다.

1951~1958년 북한의 국비 유학생으로 선발돼 소련 전연맹국립영화대학을 다녔던 한대용·김종훈·리경진·허웅배·정린구·최국인·양원식·리진황. 이들은 1958년 8월 북한 국적을 버렸다. 당시 소련 전연맹국립영화대학생 10명 가운데 8명이 집단 망명한 것이다. 1946년부터 시작된 북한의 유학생 파견은 집단 망명 사건으로 타격을 받았다.

이들의 국적은 네다섯 번 바뀌었다. 일본 신민, 북조선 인민, 무국적자, 소비에트 연방 공민, 카자흐스탄·우즈베키스탄 국민. 혁명의 피가 뜨거웠던 젊은 날, 이들은 민주적 공산주의 사회를 향한 이상을 택했다. 젊은 날의 열정은 현실을 이기지 못했다. 죽음으로 향하는 시간 열차의 종착역에 다가설수록 두려움에 꺾여가기도 했다.(2)

소련 전 연맹 국립영화대학 망명 사건의 마지막 생존자 김종훈은 "역사의 소용돌이에 휘말려서 빠져나오질 못하고. 내가 아무리 원하든, 열렬히 뭘 하고 싶어도 빠져나올 수가 없었"다고 회고했다.

건달은 혈색이 좋아야 하고 독재자에게는 영웅담이 필요하다

건달은 혈색이 좋아야 하고 독재자에게는 영웅담이 필요하다. 지나간 시대의 전설이 아직도 계속되고 있음을 증명하자. 대내적으로 존재감을 알릴 이벤트를 기획하자. 스스로 만든 '가짜'와 남한이 만든 '가짜'의 망령은 김일성을 짝퉁 콤플렉스에 시달리게 했다. 김일성은 자신의 존재를 알릴 방법을 끊임없이 찾았다. 영웅의 전설은 계속되고 있음을 만방에 알려주자. 상대방은 한국전쟁 때 자신을 공포에 떨게 했던 미국이면 더욱 좋았다.

북한이 휴전 이후 미국의 '도발'에 대해 가장 강력한 대응으로 자랑하는 사건 3가지의 배후에는 김일성의 이런 심리도 복합적으로 작용했다.

독재자의 영웅담으로 두고두고 김일성의 술좌석에서 회자하였던 일은 다음과 같다.

첫째, 푸에블로호 납치사건,

둘째, 공중정찰기 EC-121 격추사건,

셋째, 판문점 도끼 만행사건(Axe murder incident)이다.

가장 먼저 눈에 먼저 들어온 곳은 바다였다.

돌아오지 않는 배, 푸에블로호(USS Pueblo) 사건

1967년 12월 2일 함장 로이드 부커와 승무원 83명(장교 6명, 사병

75명, 민간인 2명)을 태우고 푸에블로호는 일본 사세보항의 미 해군 기지를 떠난다. 푸에블로호는 일본의 모항에 기지를 둔 미국 해군의 초고성능 전파탐지를 장착한 '전자정보 수집선박'이었다. 퇴역 이전에 화물선으로 사용되었다가 해양조사선으로 활용하기 위해 다시 취역시켰다.

푸에블로호는 북한 해안 근처를 항해하며 북한의 군사용 통신이나 행정용 통신을 감청하여 암호를 해독하고 소련의 동아시아함대 동향도 감시하였다.

개인화기 이외에 유일한 방어수단은 갑판에 설치된 2정의 50구경 기관총이 전부였다.

1968년 1월 새벽에 해안 40km 거리의 동해 공해 상에서 업무수행 중 북한군의 초계정 4척과 미그기 2대의 위협을 받고 미 해군 함정 푸에블로호가 납치되었다. 미 해군 사상 106년 만에 처음 있는 일이었다.

처음에 '정지하지 않으면 발포한다'라는 요구를 할 때까지 함장은 정보수집 활동 중 흔히 있을 수 있는 통상적인 방해라고 판단할 정도로 안이한 판단을 하였다.

푸에블로호는 탈출을 시도하였으나 북한 측의 위협사격으로 1명이 사망하고 4명이 부상하자 곧 항복하였다.

북한군은 당시 상황을 이렇게 말한다.

"국적을 밝히라고 하자 거리낌 없이 성조기를 올리고 거만하게 나왔습니다. 미국이라면 감히 어쩌지 못하겠지라고 생각했겠지요. 천만에 적들이 오산이었지요. 우리 해병들이 올라타서 모두 체포했습니다."

미국의 군사 및 정보 부처 종사자들은 공산권이 획일적이고 단일하다는 선입관에 집착함으로써 복잡한 국제관계의 실상을 무시하였다. 이런한 실패의 결과는 고스란히 83명의 푸에블로호 승조원들의 몫이 되었다.(3)

푸에블로호 사건이 나기 이틀 전에 북한 특수부대의 청와대 습격사건이 발생해서 화가 나 있었던 박정희는 강경 대응을 요구했다. 사이러스 밴스가 미 대통령 특사로 파견되고 박정희와 면담했다.

박정희는 '월남에 파병 중인 한국군 철수' 카드를 내밀었지만, 밴스는 '니 마음대로 하세요.' 카드로 대응했다. 베트남에서 큰돈을 벌던 한국 정부가 철수할 의사가 없음은 너무 명백해서 실효성이 없었다.

미제야 함부로 날뛰지 말라

존슨은 이 사건을 미국에 대한 전쟁행위로 간주하고 평양에 핵 공격까지 검토하는 강경대책을 내세우나 월남전이 발목을 잡았다. 그는 소련을 통해 승조원을 석방하도록 김일성에게 우회하여 압력을 가한다. 북한의 입장은 '올 때는 마음대로 왔지만 돌아갈 때는 절대로 마음대로 돌아가지 못한다'고 대응했다.

열 받은 미국도 항공모함 3대를 북한 연안에 출동시키고 구축함과 전함 16척을 울릉도 근해에 배치하고 미공군기 3백72대 출격태세를 갖춘다.

김일성은 미국의 핵 위협 앞에서도 판문점 남쪽 대성동 입구에서 미군 트럭을 급습하여 2명이 사망하고 2명이 부상하는 도발을 감행한다.

'보복에는 보복으로, 전면 전쟁에는 전면 전쟁으로, 이것은 푸에블로호 사건을 계기로 미국이 광란적인 전쟁소동을 일으켰을 때 우리의 답이다'라는 성명서도 발표한다.

북한의 영해를 침범했다고 인정하라는 줄기찬 요구에 국무부와 우드워드 장군은 존슨의 내락으로 문서에 서명했고 82명의 승무원과 1명의 유해는 판문점을 통해 귀환한다. 세계 최강 국가 미국으로서는 치욕이었다. 북한은 자신들의 주장과 요구가 모두 받아들여졌다고 했고 미국은 신병 인수서만 서명했다고 주장했다.

내용상으로는 북한의 승리였다. 푸에블로호는 결국 돌려주지 않고 원산항에 있다가 평양 대동강으로 옮겨졌다. 전리품으로 전시된 푸에블로호에 북한은 이렇게 선전한다.

'미제야 함부로 날뛰지 마라'

푸에블로호 사건은 월남전 이후 허니문을 구가해오던 한미관계를 냉각시켰고 1969년 닉슨 독트린 이후 본격화되는 한미갈등의 출발점이기도 했다. 박정희는 푸에블로호 사건을 계기로 미국을 불신하게 된다.

푸에블로호 사건이 끝나자 김일성은 어깨에 힘 들어가며 더욱 잘난 척을 하게 된다.

"봤지? 내 실력이 이 정도야! 미 제국주의자들이 분명히 사과했지? 나 믿으면 구원받는다고 그랬어, 안 그랬어?"

김일성이 헨리를 만났을 때

김일성은 1912년생, 키신저는 1923년생이다. 10살 차이지만 살아온 인생 항로가 너무나 달라 서로를 의식하는 일은 없었다고 보아야 한다. 김일성에게 키신저는 초면이지만 키신저는 김일성을 잘 알고 있었다. 1951년 작전조사국 시절 의정부와 전선을 누비던 키신저가 김일성에 관한 연구는 이미 마쳤고 국제정세에 해박한 인물이라 김일성을 잘 알았다.

반면 김일성은 키신저가 백악관에 입성하면서 알았다. 김일성은 새로 뽑힌 미국 대통령의 안보 보좌관이 실세라는 정보를 입수한다. 키신저와 이제 태평양 건너 운명의 대결을 해야 한다.

둘이 직접 만난 일은 김일성이 죽을 때까지 없었다. 그러나 미국과의 대결을 숙명으로 여겼던 김일성은 키신저가 있는 백악관에 항상 잽을 날릴 준비가 되어있었다.

그것이 자신의 콤플렉스를 치유할 수 있는 유일한 방법이었으니까. 이제 북미 간의 두 인물, 김일성과 키신저가 만날 시간이 가까워지고 있었다.

생일 선물, EC-121 조기경보기(전자첩보기) 격추사건

2003년 3월 2일 북한공군기 미그 26기가 동해 위에서 미 공군 정찰기 RC-135 한 대를 근접 추격하는 일이 있었다. 불과 수십 미터 사이에 두고 미 정찰기를 20분이나 추격한 이 사건이 총격전으로 이어졌다면 북미 간의 긴장이 폭발했을지 모를 사건이었다.

바로 전인 2003년 2월에 장쩌민과의 만남에서 '북핵 문제를 해결하지 못하면 군사적 공격을 고려'한다는 대화가 부시의 자서전 '결정의 순간들'에 나온다. 그 당시 분위기가 얼마나 아찔한 순간이었는지를 말해주는 대목이다.

그때 사람들은 잊혀가던 EC-121기 격추사건을 떠올렸다. 미그 26기가 출발했던 비행장도 EC-121기를 격추했던 미그 21기가 떠올랐던 곳도 같은 청진 어랑 비행장이었다.

1969년 4월 15일. 냉전 시대의 단맛을 마음껏 누리는 북한 독재자 생일은 일 년 중 가장 큰 명절이었다. 김일성 생일에 축하선물을 궁리하던 군부는 시선을 하늘에 돌린다.

미국의 푸에블로호를 납치하여 재미를 본 지 1년. 벼랑 끝 승부에서 대내 결속과 대외홍보에 성공한 여운이 남아 있을 때였다. 하늘에서 EC-121 워닝 스타 조기경보기가 보였다. 북한의 군부는 EC-121을 김일성 선물로 바칠 것을 결심한다.

사건 당일에도 EC-121은 평소와 조금도 다름없는 일상의 하루였다. 미국 해군 소속 아쓰기해군 비행장에서 이륙하여 소련과 북한 사이의 전파 정보 수집 활동을 하였다. 기내에는 8명의 장교와 23명의 엔지니어가 탑승하고 있었고, 이들 중 9명은 러시아어와 한국어(북한어)의 암호통신을 해독하는 언어학자였다. 그들은 일상의 권태로움까지 느낄 정도로 평소와 다른 점을 느끼지 못하며 임무를 수행했다. 그리고 임무가 끝날 갈 무렵에 상황이 돌변한다.

갑자기 미그 21 전투기가 탐지되었다. 어떻게 조기경보기의 눈을 감쪽같이 속이고 나타났는지 알지 못한 채 비행기 안은 혼란과 공포에 빠져들었다. 약 2분 뒤 EC-121은 미사일을 맞고 레이더에서 사라졌다.

EC-121기는 레이더에서 사라진 뒤 북한의 청진에서 90해리(167km) 떨어진 동해의 북위 41도 28분, 동경 131도 35분으로 추락하였고 탑승자 31명 전원이 사망하였다.

키신저의 선택

조기 경보기를 속이고 날아온 전투기가 날아온 방법은 기상천외한 방법이었다.

비행기는 청진 어랑 비행장에 날아 온 것으로 밝혀졌는데 전투기가 없는 어랑 비행장에서 어떻게 미그 21기는 날아오를 수 있었을까?

EC-121기를 오랫동안 연구하던 북한의 군 수뇌부는 야심 차고 치밀한 계획을 수립했다. 평양 부근의 비행장에서 전투기를 분해하여 옮긴 후 재조립하여 비행하면 조기경보기를 격추할 수 있다는 결론이었다.

북한 공군은 실행에 옮겼다. 미그 21기를 분해하여 열차로 옮긴 후 천막을 치고 몰래 조립한 후 출격에 성공한다. 초저공으로 바다에 붙어 EC-121 진행 항로로 접근했던 미그 21기는 일순간 치솟아 EC-121로 돌진했다. 위험을 인지하고 도망가던 EC-121은 너무 늦었고 열 추적 미사일은 열이 적게 나오는 프로펠러기를 상대적으로 적중하기 어려움에도 불구하고 명중했다.

EC-121 격추사건이 일어나자 미국은 항공모함 4대를 보내는 등 무력시위를 하였다. 그러나 푸에블로호가 북한에 피랍되었을 때 확고한 조치를 요구하며 존슨을 비난했던 닉슨도 별다른 대책을 내놓지 못했다.

박정희는 강경 대응을 주한 미국 대사 윌리엄 포터에게 직접 얘기했지만, 미국 쪽에선 응하지 않았다. 북한에 대한 군사 보복이 전면선으로 번질 것을 우려하는 목소리가 너무나 컸다.

닉슨행정부는 최종적으로 전술 핵무기를 사용한 보복 공격을 검토했으나 실행되지는 않았다. 박정희는 미국에 배신감도 느끼고 여러 번 화를 냈다.

김일성의 '고래 어쩌 갔어, 니가 참어야지' 전략은 이번에도 통했다.

키신저는 '중국과 관계 개선이 이루어지는 시기였고, 행정부가 출범한 지 3개월밖에 되지 않아서 상황대처에 미숙했다. 그리고 베트남과 전쟁 중이어서 군사력 이동이 불가능했다'고 회고했다.

'쇠못 구두'의 사나이, '도끼 악마'가 되다

'쇠못 구두'의 사나이! 미군들은 박철을 그렇게 불렀다. 유엔군 측 경비부사령관 윌리엄 핸더슨 소령이 북한 경비병과 북측 기자들의 도발로 집단 구타를 당하는 사건이 있었는데 박철의 구두에 쇠못이 박혀 있었다. 그때부터 쇠못 구두는 악랄한 북한군의 대명사로 판문점에서 이미 최고의 악명을 떨쳤다.

박철은 자신이 미군을 상대로 영웅적인 투쟁을 하리라는 야망이 있었고 자신감도 충만했다. 더구나 박철은 직발 군관 중위였다. 군관 후보생은 3년 이상 근무한 사병이나 혁명 자녀 출신으로 1년 이상 근무한 자들 중 성분이 양호하고 당성이 강한 자를 선발하고 정치·기술·예능 보유자는 민간에서도 선발하는데 우수한 하사관은 직발 군관이라 하여 현지에서 뽑기도 한다. 이들은 군 생활을 하며 칭찬을 많이 받거나 외부평가 또는 경연 등에서 상을 받은 인민군 하사관을 뜻하지만, 무엇보다도 군의 '적개심 배양과 통일 사명감 고취'에 역점을 두고 선발한다.

공동경비구역 JSA 영화에는 쵸코파이에 감동하는 송강호가 있었지만 1976년의 8월 18일에는 미 제국주의의 악랄함을 노래 부르며 자란 박철 중위가 있었다. 한마디로 사고 치기 좋은 캐릭터였다.

비극은 미루나무에서 시작되었다. 판문점 공동경비구역 안에는 25년간 자리를 지켜온 미루나무가 있었다. 문제는 이 나무가 여름이 되어 무성해지자 대한민국과 북한이 서로 감시하는 데 방해가 되기 시작했다.

비극의 제물은 보니파스(Arthur G. Bonifas) 대위. 웨스트포인트 출신에 성격이 신중하고 매사에 빈틈없는 업무처리로 정평이 나 있던 보니파스가 비극적 죽음을 맞이한 또 하나의 이유는 그가 한국근무 임기가 3일밖에 안 남아서였다. 떨어지는 낙엽도 조심해서 피한다는 근무 말년에 보통 사람은 일을 후임자에게 맡기고 콧노래 부르며 짐을 싸고 있을 상황이었다.

후임자도 이미 도착해 있었다. 그러나 보니파스는 책임감이 너무나 강한 사람이었다. 후임자에게 짐을 주고 가는 것은 그의 스타일이 아니었다.

방해되는 미루나무 가지치기를 하기로 했고 경비 장교회의가 열릴 때까지 기다리자는 부하들의 의견에도 불구하고 작업지시를 내린다.

처음 작업을 시작한 10시 30분에 북한군 군관 2명과 하전사 8명이 나타나서 이의제기했지만 가지치기를 한다는 설명에 북한군도 수긍했다. 가지를 잘 치는 법 등을 훈수하며 훈훈한 분위기 속에서 진행되었다.

이러한 분위기는 오래가지 않았다. 미 제국주의에 대한 적개심으로 불타는 박철은 이미 보니파스의 일거수일투족을 지켜보고 있었다. 푸에블로호 납치, EC-121 정찰기 격추, 해상과 공중에서 미국을 격파한 영웅담에 자신의 이름을 올리고 김일성과 당으로부터 격한 칭찬을 받기 위해 육지에서 한 건 하려는 의지가 피어올랐다.

월남에서도 미군을 물리치고 통일과업을 완수했다. 우리라고 못할소냐!

박철은 가지치기 작업이 본격화된 47분이 돼서야 병력을 이끌며 나타나 분위기를 일순 험악하게 만든다.

"그만두지 않으면 죽이 갔어."

박철은 인상을 쓰며 협박했지만, 보니파스는 상대방을 한번 꼬나보고 작업을 속행하라 지시했다. 북한에 기세 싸움에서 밀리면 안 된다는 경험으로 판단한 것이다. 11시 30분이 되자 북한군은 30명으로 불어났다. 박철은 보고 있던 시계를 주머니에 넣으며 신호를 보냈다.

"전부 죽여!"

소리와 동시에 박철의 손이 보니파스의 목을 강타했다. 이것을 신호로 유엔군 장병을 마구잡이로 폭행하던 북한군은 노무자들이 버리고 간 벌목 도끼로 보니파스의 머리를 찍어 참혹하게 살해했다. 옆에서 말리던 마크 배럿(Mark T. Barret)중위도 제방 너머 늪지에서 발견됐는데 역시 후송 중 사망했다. 그 외에 많은 UN군 병사들이 중상을 입었다. 총기를 보유하고 있었지만, 총기사용을 엄격히 규제하여 적절한 대응을 하지 못했다.

베트남에서 미국이 개입함에도 공산화되는 것을 목격한 김일성은 자신의 권력에 자신감이 붙었다. 김정일에게 권력을 물려주기로 하고 '당중앙'이라 호칭했는데 승계절차를 본격화 했다는 것을 의미했다. 이러한 자신감이 과다하게 분출되었다.

'도끼 만행' 사건으로 판문점 안에 분계선이 생긴다. '도끼 만행' 이후의 일이다. 그전처럼 판문점 공동경비구역 안에서는 유엔 측과 북한 측이 자유롭게 오가던 시절은 끝이 났다. 한반도는 긴급히 대치 국면으로 냉각되었다.

워싱턴 퍼즐

판문점의 사고는 즉시 워싱턴으로 알려졌다.

"이자가 또 대형 사고를 쳤군"

특별위원회에 긴급소집 연락을 취하고 지하 상황실로 향하는 키신 저의 발걸음은 무거웠다.

김일성. EC-121기 사건에서 처음 만난 북한의 독재자가 치킨 게임 을 즐기고 있었다. 사건 당시 대통령인 포드는 대통령 선거와 관련해 서 공화당 전당대회에 참석하기 위해 캔자스시티에 출장 중이었다.

CIA는 "우발적인 사고는 아닐 것이다. 미국 대통령 선거기간에 주 한미군에 대한 반대 여론을 조장하려는 의도로 추측된다."고 보고했 다.

합참을 대표해서 해군참모총장 제임스 할러웨이도 남침 가능성에 대해 분석을 했다.

"북한이 남침에 성공하려면 기습을 해야 하는데, 이미 우리가 만반 의 경계태세에 돌입한 이상 북한의 대규모 군사공격은 없을 것이다"

키신저는 대통령을 대신해서 회의를 주재했다. 중국이나 소련을 통 한 우회압력도 있지만, 회의 분위기는 금방 격앙되었다. 상황실로 도 착한 위기관리팀은 어이없는 도발의 내용을 어느 정도 알고 있었고 키신저의 침통한 표정이 사건의 중요함을 이미 말해주고 있었다.

"판문점에서 긴급사태가 발생했습니다. 장교 2명이 북한군이 휘두 른 도끼와 몽둥이에 맞아서 죽었습니다."

사건의 내용을 자세히 전달받은 특별위원회는 분노의 극에 달했다. 이 회의에서 키신저는 포드와 직접 연결하여 통화하였다. 포드는 매 우 화가 나 합당한 조치를 마련하라고 지시했다. 통화가 끝나고 "북 한 놈들이 이번에는 반드시 피를 보아야 한다"고 대통령의 의견을 전달했다. 그러나 키신저는 포드가 말만 앞세우지 강경국면을 원치 않음을 잘 알고 있었다. 선거를 앞두고 새로운 이슈를 만들지 않으려는 포드의 전략에는 변함이 없었다. 그렇지만 대응책은 마련해서 보고해야 한다.

"이번에는 절대로 그냥 넘어갈 수 없습니다. 벌써 몇 번째입니까. 북한 영토의 제한적인 공격도 고려해야 합니다."

다들 부글부글 끓어오르고 있었지만, 월남에서의 망령이 회의를 짓누르고 있었다. 호전적인 김일성이 제한적 보복에 어떻게 반응할지가 변수였다.

"전면전 가능성은?"

키신저는 그 점이 가장 중요했다. 최악의 순간을 상정해야 대책의 범위가 결정된다.

"북한이 전면전을 기도할 징후는 없습니다. 일단 문제의 미루나무 제거 작업을 강행하고 미사일 발사나 해군 특수부대 침투를 통해 제한 보복이 가장 좋은 방법입니다."

전면전 가능성은 적으니 제한 보복을 하자는 군의 의견이 나왔다.

"이번에도 군사정전위에서 항의하다 입씨름으로 끝나는 것은 반대입니다."

국방부 장관 슐레진저도 힘을 동반한 응징에 힘을 실었다.

키신저는 적의 의도를 CIA 국장에게 물었다.

"계획된 도발이라고 보고했던데..."

"도발 의도가 불확실하고 정확하지는 않습니다. 미국선거를 이용하려는 의도가 보이고 우발적인 사고라고 보기에는 동원된 병력이 너무 많다고 봅니다."

CIA는 프로젝트 마타도어 사건을 키신저와 같이 주도했던 윌리엄 콜비가 물러나고 훗날 미국 대통령이 되는 석유업자 조지 부시가 맡고 있었다. 그는 의도적 도발에 무게를 두고 있었다.

"김일성에게 응분의 조치가 필요하겠군요."

결론을 내린 키신저가 대통령에게 회의 결과를 보고했다. 포드는 대면보고 후 결정하겠다고 하며 돌아가는 동안 기다리라고 한다. 포드는 대북관계가 선거에 미치는 영향을 참모들과 의논하기 위한 시간을 벌었다. 도끼 만행이 고의적 도발이냐 아니면 우발적인 사고냐에 따라 대응은 달라진다.

당시 워싱턴과 키신저는 고의로 보고 전면전을 불사하는 강경 대응을 주장했다. 그러나 결국 온건론으로 귀착되었다. 미 국방부와 해군 측에서 '강경한 조치는 한국전쟁을 부를지 모른다'며 경고했고 포드도 전면전 확대에 우려를 나타냈다.

현지의 주한미국대사 리처드 스나이더도 우발적인 사고로 보고 신중하게 대응할 것을 요구하고 있었다.

주한 미군 사령관 리처드 스틸웰 대장은 일본에 가 있었는데 즉시 귀국, 밤 9시에 긴급 참모 회의를 열었다. '평양 고위층 지시는 아닌 것 같다. JSA 쪽 군대의 우발적 행동 가능성이 크다', '미루나무는 조속히 제거해야 한다. 그러나 북한과 전쟁을 벌이는 건 피해야 한다'고 자신의 복안을 보고했다.

결과적으로 볼 때 신중론이 옳은 선택이었지만, 당시는 북한의 벼랑 끝 전술을 여기서 끝내야 한다는 강경책이 상당한 설득력을 얻었다.

1975년 캄보디아가 미국 민간 상선을 나포하고 승무원을 인질로 잡았을 때 여기서 밀리면 동네북 신세가 된다는 위기감에 미국은 해병대를 출동시켜 구조했다.

키신저는 공직의 생활 초기에 EC-121 사건에서 만났던 김일성과의 악연이 끊임없이 이어짐을 알았다. 강경과 관망 어느 것을 선택할 것인가? 국제사회도 숨을 죽이고 미국의 선택을 지켜보고 있었다.

폴 버니언 작전

공동경비구역은 미군관할이라 박정희는 별로 할 일이 없었다. 더구나 전시는 물론이고 평시작전통제권도 갖지 못했으니 미국의 동향을 지켜보며 특별위원회 결과를 기다렸다.

박정희는 부가가치세 관련 서류를 보며 하루를 보내고 그날의 울분을 일기에 적었다.

"이들의 이 만행을 언제까지 참아야 할 것인가. 하룻강아지 범 무서운 줄 모르는 이들의 만행을 언젠가는 고쳐 주기 위한 철퇴가 내려져야 할 것이다. 저 미련하고도 무지막지한 폭력배들아, 참는 데도 한계가 있다는 것을 잊지 말지어다. 미친개는 몽둥이가 필요하다."

8월 21일 비극의 미루나무 제거 작전에 들어갔다. 작전명 폴 버니언 작전. 지휘자는 빅터 비에라 중령. 미국 쪽에선 핵 탑재가 가능한 F-111 20대가 떴고, B-52 3대, F-4 24대가 출격했다. 북한군이 '까불면 죽는다'는 무력시위였다. 폴 버니언 작전 과정에서 교전이 발생

하면 개성의 인민군 막사를 포격하고 개성 위쪽 도시 주변까지 포격해 개성 일대를 초토화한다는 계획이었다. 돌아오지 않는 다리 넘어 150명의 북한군이 나타났다가 조용하게 사라졌다.

한국 공수부대원으로 구성된 특공대원 64명도 이 작전에 참여했다. 지휘관은 박희도 여단장. 박정희는 박희도에게 '적을 많이 응징할수록 좋다'는 지시를 내렸다. 박희도도 북한의 만행에 분노하고 있었다. 지시사항은 단호하고도 간결했다.

"일단 교전이 붙으면 누가 먼저 발포했느냐는 문제가 안 된다. 교전 결과가 중요하다. 일단 우리 편의 피해가 없어야 한다. 적의 공격이 예상되면 그 즉시 선제 기습이 이뤄지도록 특공대장 이하 간부들이 즉각 조치하라. 내가 현장에서 직접 지휘할 수 없는 상황이니까 특공대장의 판단으로 움직여라. 결과에 대한 책임은 모두 내가 진다."

미루나무를 제거하고 북한군 초소 4개를 부숴버렸다. 한 시간 반 동안 때려 부수는 데도 북한군은 끝내 대등하지 않았다. 비서실장 김정렴은 자신의 회고록에서 '북한이 대응할 경우 전쟁으로 확대할 준비'가 되어있었다고 밝혔다.

처음에 환호하던 북한도 자신들이 저지른 짓이 심각한 결과를 초래할 가능성이 보이자 놀라서 쫄아 버렸다. 김일성에게는 왕조구축이 통일과업보다 중요했다. 남북한 대치가 자신의 정권 유지와 족벌 정치에 도움이 되는 점을 김일성은 너무나 잘 알았다.

김일성은 최초로 '유감 표명'의 편지를 썼다. 미루나무 작업이 이루어지는 동안 북한군 부대 통신을 감청한 미군은 "그들은 겁을 먹고 있다"는 상황을 한국 측에 전했다.

미루나무 작전이 끝나고 북한 측 군사정전위 수석대표 한주경 소장이 준비된 김일성의 친서를 전달했다. '조선인민군 최고 사령관 김일성' 이름으로 된 사과문을 발표한 것이다.

"판문점 공동 경비 구역에서 이번에 사건이 일어나서 유감입니다. 앞으로 그런 사건이 일어나지 않도록 양쪽이 다 같이 노력해야 합니다."

김일성이 유감의 형태였지만 반성문을 쓴 것은 이번이 처음이었다. 1994년 죽을 때 까지도 없었다. 미국 측은 유감 표명을 사과로 받아들였다. 사건은 일단락되었으나 후유증은 오래갔다.

이때 적의 만행에 분노하며 자신이 모든 책임을 지겠다던 박희도는 반란군 편에 서서 아군에게 총을 겨누며 12.12쿠데타를 맞이했다. 악에 대항하던 자, 악을 배운다고 했던가.

피는 물보다 진하다. – 세습왕조를 꿈꾸다

권력자들은 세습의 유혹에서 벗어나기 힘들다. 국가권력자나 재벌은 말할 필요도 없고 대형교회나 노동조합간부마저도 세습이라는 달콤한 카드를 만지작거린다.

스탈린은 1953년 2월 말에 뇌출혈로 쓰러졌다. 흐루쇼프, 말렌코프, 베리야, 불가닌과 함께 크렘린에서 영화를 본 뒤 근처에 있는 스탈린의 다차(소형 별장)에 함께 갔다. 그 후 벌어진 술판은 새벽 5시까지 이어지고 다들 돌아간 후 중태에 빠졌다. 제대로 된 치료도 받지 못한 채 의문의 죽임을 당한다.

스탈린의 죽음은 김일성의 권력 구도에도 영향을 주었지만, 후계 구도에도 영향을 주었다. 김일성은 자신을 북한의 지도자로 만들어 준 독재자 스탈린을 모방하였다. 그런데 스탈린이 죽고 얼마 후 소련에서 스탈린 격하 운동이 일어나고 날카로운 비판의 대상이 되었다.

스탈린에 대한 비판을 주도했던 사람들은 스탈린 시대 고급 간부들이 압도적으로 많았다. 바꾸어 말하면 원래 스탈린 시대 딸랑이들이 배신한 것이다. 가장 앞장섰던 흐루쇼프는 쓰러지기 전까지 같이 한잔했던 충복이었다. 흐루쇼프 전기의 평을 썼던 레온 아론은 흐루쇼프를 이렇게 묘사했다. '그는 스탈린이 가장 신뢰한 졸개 중의 한 사람이었다.'

1960년대 소련에서 벌어진 스탈린 격하 운동을 본 김일성이 내린 결론은 무엇일까? 바로 '자신을 찬양하는 사람들도 믿을 수 없다'였고 '정말로 믿을 수 있고 죽어서도 자신의 영향력을 벗어나지 않는 사람은 혈육밖에 없다'였다.

김일성은 죽고 나서 자신의 격하 운동이 일어나고 짝퉁으로 몰리는 상황을 상상만 해도 참을 수 없었다. 위대한 김일성 장군의 역사적인 역할과 위치는 영원히 불변하게 하고 싶었다. 북한의 세습이 얼마나 주민들을 괴롭히는지를 보고도 학습능력이 없는 국민은 배우지 못한다. 무능했던 조선 500년 동안 세습의 DNA가 뿌리 깊이 새겨진 결과일까?

이상한 나라의 임수경

북한에서 김일성보다 더 주목받는 인물은 없다. 국가시스템 자체가 그것을 용납하지 않는다. 그런데 딱 한 번의 예외가 있었다. '북한 언론이 김일성보다 더 많이 취재하려고 했던 유일한 인물' 임수경이다.

임수경 이전에 북한을 방문한 사람은 많았다. 이후락, 박철언 같은 밀사들도 있었고 최덕신(전 육사 교장)이나 문익환도 있었다. 그들은 대부분 나이가 지긋한 남자들이었고 일반 대중들과 마주칠 기회도 적었다.

그런데 임수경은 달랐다. 임수경은 '미 제국주의'의 문화에 많이 그것도 아주 많이 물들어 있는 남한 사회의 발랄한 여대생이었다. KBS 오락프로 젊음의 행진에서 김형곤과 콩트도 하고 빨간 원피스 입고 모델 지망생용 스틸사진도 촬영했던 경험까지 있었다.

'남조선 정부'의 반대와 탄압에도 굴하지 않고 서울을 떠나 240시간 걸려 평양에 도착한 임수경의 모습을 본 언론과 북한 주민은 커다란 충격에 휩싸이게 된다. 어딜 봐도 '전대협투사'의 냄새가 나지 않는 자유롭고 활달한 모습이었기 때문이다. 170개국에서 사회주의 청년 2만 명이 몰렸으나 스타는 단 한 명, 임수경이었다. 모든 카메라가 임수경을 향했다.

평양에 떨어진 핵폭탄 임수경! '우리의 소원은 통일' '전대협 진군가'를 히트시킨 아이돌! 하얀 티셔츠, 긴 청바지, 운동화를 신은 패션리더! 만경대도 안 가려다 부탁해야 방문하는 자유 사상가! '북한 체제를 동경해서 온 게 아니다'는 솔직한 표현! 북측이 미리 준비해둔

'조선은 하나다'라는 선전 문구를 거부하고 '조국은 하나다'로 고치는 꼼꼼함!

북한 혁명 가극 '꽃 파는 처녀' 공연이 끝나고 임수경의 손에는 출연진에 주는 꽃다발이 전해졌다. 지주에게 모진 설움을 받던 주인공 꽃분이에게 줄 것을 기대하고 쳐다보던 관중들은 경악했다. 임수경은 꽃분이를 지나쳐서 지주 역을 맡은 배우에게 꽃다발을 줬다. 순간 장내가 조용해지면서 정적이 감돌았다. 꽃분이의 얼굴이 완전히 굳어버리며 안색이 변했다.

꽃 파는 처녀 공연사상 최고의 사고로 기록되었던 그 날을 일을 임수경은 이렇게 회고한다. "지주 아저씨는 한 번도 꽃다발을 못 받아봤을 것 같았어요. 꽃분이는 맨날 받았겠지요."

천진난만한 언동과 소지품의 우수성이 대한민국을 자동 빵으로 선전하며 남한 사회를 몰랐던 북한의 젊은 층에 '김일성 어록이나 외우고 있는 우린 뭔가!'라는 자책을 심어주고 북한 사회에 충격을 주었다.

북한 사회에서 집안의 가보로 여겨지던 김일성 선물을 '깜박'하고 두고 오는 '대박' 사고(?)를 치고도 별로 신경 쓰지 않는 대인의 풍모에 북한 주민은 푹 빠져버렸다.

이상한 나라의 임수경이 문규현과 판문점을 통해 돌아왔을 때 임수경은 '통일의 꽃'과 '정신 나간 빨갱이 년'이라는 찬사와 비난을 동시에 받았다. 그녀에 대한 평가에 상관없이 서울과 평양과 얼어붙은 휴전선에 핵폭탄급 충격을 준 것을 누구도 부정하지 못했다.

김일성의 죽음

김우중은 6 공화국 대북 특사로 활동했고 김일성을 20여 차례 만나 인간적으로 깊은 신뢰관계를 형성했다고 회고했다. 김우중은 1991년 남북 정부 간 화해와 협력에 대한 첫 번째 합의문인 남북기본합의서 체결을 추진했을 당시 군권을 장악하던 김정일이 강하게 반대해 어려움을 겪었다는 사실도 훗날 공개했다.

남북기본합의서 체결 후 김일성은 김우중과 단독면담 자리에서 "지금 평양에는 강경파들이 득세하고 있다. 당신이 망명 지역을 알아봐 달라"고 조용히 그리고 애절하게 부탁했다. 김우중의 머릿속에는 스위스와 리비아가 떠올랐다. 자신이 정부와 협의하여 사전 조율도 가능한 지역이었다. 만일의 경우를 대비한 답변 카드로 가지고 있다.

1994년 죽기 직전 북한에 온 김우중에게 "내가 외국에 나갈 수 있도록 좀 도와주시오!"라고 부탁했다. 답변도 하기 전에 부속실 직원이 쏜살같이 들어와 김우중을 밖으로 내보낸 뒤 "수령님 이게 무슨 막말입니까!"라고 책망하는 소리가 들려왔다. 김일성은 이미 10년 전에 군권을 김정일에게 물려준 뒤 사실상 외교권을 제외한 실권을 상실했다.

김영삼 대통령과의 남북정상회담 추진은 이런 김정일을 견제하기 위한 김일성의 마지막 승부수였다.

김정일은 김일성을 내세워 북핵 문제를 완화하도록 지미 카터 대통령의 평양방문을 허용한다. 김일성은 그 기회를 놓치지 않고 카터 대통령과의 사석에서 남북정상회담을 수락한다는 계산된 돌출발언을 하고 김정일은 당황하지 않고 북핵 해결 방안으로 이를 받아들인다. 그러나 남북정상회담과 통일 분위기는 군 내부의 불만과 세습 명분 약화를 불러들였다. 김정일은 통일보다 사회주의가 더 우선임을 역설하고 남북정상회담 준비를 하고 있었던 김일성을 방해하기 시작했다. 김일성은 생의 마지막 시간을 김영삼 대통령과의 남북정상회담을 준비하다 사망했다. 김영삼의 평양방문 후 답례로 서울에 가서 읽을 연설 원고까지 이미 써놓았다.

김일성은 7월 7일 김영삼이 묵게 될 묘향산 별장을 둘러보는 등 준비를 철저히 하고 있었다. 그날 저녁 김일성은 잠시 의식을 잃고 쓰러지고 후송되었으나 적절한 응급조치가 이루어졌는지는 알 수 없다. 남북정상회담을 앞두고 아들과의 갈등 속에서 죽어 많은 추측을 불러일으켰다. 사망원인은 심근경색으로 발표했다.

김일성은 죽기 전에 남북교류를 구상하며 만주 시절 적대관계였던 냉철한 현실주의자 박정희에게 완전히 판정패했다고 생각했다. 과거에 벌어놓은 전 재산을 다 말아먹고 옛날 동네 건달 집으로 쌀 동냥하러 가는 지주의 심정 아니었을까 하는 그림이 상상된다.

김일성은 과거에 골몰한 인간이었다. 만경대에서 태어나 만주벌판에서 독립운동하던 시절을 밑천 삼아 평생의 사업으로 자신을 신격화하고 김씨 왕조를 수립했다. 변화가 많지 않은 사회라면 문제가 적었겠지만 엄청나게 빠르게 변화하는 현대 사회에서 만주의 독립운동만을 판돈으로 삼기에는 너무나 미천했다.

서울 답방에 연설하려고 써 놓은 연설문은 이렇다고 한다.

"서울 시민 여러분! 백두산의 김일성이 왔습니다."로 시작되어 "북조선은 주먹이 강하고, 남조선은 잘산다. 이 둘을 합치면 우리 민족은 무서울 것이 없다."

자신의 이름이 대한민국에서 짝퉁의 대명사가 되어있을 때 쓴 연설문에도 백두산 김일성을 내세운 것을 보면 자신의 이름에 대한 자부심으로 평생을 살지 않았나 추측된다.

백두혈통

김정은의 가장 큰 자랑은 김일성이 남긴 백두혈통이다. 이 세상에 자랑할 일 없는 인간이 내세우는 게 혈통이다. 혈통을 과시하고 남에게 피자랑 하는 일 자체가 후진적 관습이다.

이순신의 후손이라도 나라를 팔면 매국노요 이완용의 자식이라도 나라를 구하면 애국자이다. 하는 일이 한심한데 백두혈통이면 어떻고 흑두혈통이면 뭐할 것인가.

중국에서 김정은 정권을 무너뜨렸을 때 누구를 대타로 세울 것이냐 하는 문제는 늘 고민이고 그 대상을 김일성 혈통으로 우선 한다는 것이 북한을 후진적인 왕조 국가로 보고 있어서다. 북한을 비웃을 필요는 없을지도 모른다. 별다른 능력 없는 정치인을 혈통 하나 가지고 반신반인으로 숭상하며 지지하는 국민은 어느 나라에나 있으니까. 멀리 찾을 필요도 없다.

김일성의 무덤

김일성이 죽자 평양시민들은 시청 만수대 언덕에 있는 거대한 김일성 동상 앞에 모여들었다. 상당수는 이성을 잃고 울부짖기 시작했고 오래지 않아 1만 5,000명에서 2만 명 정도 되는 사람들이 모였다. 평양 시내의 모든 병원은 심장마비 환자로 넘쳐났다.

조선일보는 '평양시민들의 집단 히스테리'라는 제목으로 보도하며 '김일성교에 최면 되어 울부짖는 광신자들'로 묘사했다. 50년간 떨어져 살았던 남한 사회가 북한 사회를 기괴하게 바라볼 수밖에 없는 낯선 풍경이었다. 얼마의 시간이 지나야 권력의 틈을 헤집고 김일성 신화에서 깨어날 수 있을지 모른다는 암울한 모습이었다. 신화를 깨는 일은 어려운 일이고 김일성 신화같이 단단한 껍데기를 깨는 일은 아픈 일이기도 하다.

김일성의 무덤은 '금수산기념궁전'이라 부른다. 인민의 지상낙원을 건설하는 대신 자신과 김씨 왕조를 위한 낙원을 만들었던 김일성의 일생을 무덤은 잘 나타내고 있으니 김일성의 무덤이야말로 가장 멋진 풍자의 건축물로 역사에 남을 것이다.

왕조의 역사가 끝나는 날 바꿔 새겨질 묘비명은 아래와 같다.

'자뻑 대마왕, 자신의 혁명유산을 스스로 말아먹다.'

⑴ 내 무덤에 침을 뱉어라2. 전쟁과 사랑/조갑제/조선일보사

⑵ 한겨레신문/박유리 기자/2015년 09월 06일

⑶ 푸에블로호 사건/미첼 러너(Mitchell B. Lerner)/높이깊이

05

보통사람 노태우,
만주 넘어 북방으로

전쟁기념관의 표석

용산은 한양도성 외곽에 위치하여 한강 이남으로 연결되고 서해의 바닷길로 나가는 길목이다. 또한, 용산은 우리나라 민족의 수난사를 대변해주는 곳이기도 하다. 고려 시대 몽골군, 일제 강점기의 일본군 그리고 해방 이후에는 미군이 주둔했다. 국방부와 육군본부가 용산에 자리 잡은 이유도 이와 밀접한 관계가 있다.

삼각지에 가장 눈에 띄는 전쟁기념관. 그곳에 정문 안쪽으로 들어가면 '전쟁기념관'이라는 표석이 보인다. 표석에는 '1993년 12월 25일 대통령 노태우'라고 쓰여 있다. 김영삼 대통령 시절인 1993년에 전임 대통령의 이름이 새겨져서 연도 표기가 잘못되었다고 여기는 이 표석은 노태우가 표석 휘호를 미리 마련해서 준비했다.

원래 이곳은 육군본부가 있던 자리지만 지금 그 흔적을 찾기 어렵다. 육군본부는 1979년 12·12 군사반란의 뼈아픈 역사가 서려 있는 곳이다. 노 대통령도 그 '주범' 중 한 사람이다.

그는 군사정권의 연장이라는 세상의 평가를 두려워했다. '나는 힘으로 정권을 잡던 시절을 끝내고 국민의 손으로 뽑힌 대통령이다. 나는 국민으로부터 정통성을 부여받았다. 군사반란 과정에서 묻은 피를 반드시 씻어내고 한반도를 평화의 공간으로 만들겠다.' 이런 각오가 육군본부의 자취를 없애는 일도 했을지 모른다. 그러나 그것만으로는 부족하다. 노태우는 군사반란과 전두환과의 힘겨루기 그리고 김영삼, 김대중과의 선거를 통해 대통령이 된 사람답게 원대한 목표가 있었고 역사에 영원히 남을 자산을 만들 각오를 했던 사람이다.

노태우가 펼친 '북방외교'가 바로 그것이다.

물태우의 값싼 입장료

아버지를 아버지라 부르지 못하는 홍길동의 입이 얼마나 답답했겠는가. 대통령 박근혜를 '박근혜 씨'라고 불렀다고 국회의원들이 '석고대죄 해야 한다'라고 흥분한 일이 있었다. 호칭에서 권력이 나온다고 집착이 유난했던 집권기였다. 야당 시절 노무현 때 쏟아부었던 그 많은 호칭 비하와 욕설에 대한 기억은 전혀 없어 보였다.

더 멀리 가보면 자신을 '물태우'라 부르는 국민을 웃음으로 받아주었던 노태우도 있었다.

"물, 그것은 마시면 들어가고 흘리면 떨어집니다. 그러나 그 물 한 방울 방울이 모여 큰 바다를 이루는 과정을 보면 물의 힘은 참 크지요. 물 대통령이란 별명 참 잘 지어 주었다고 생각합니다"

자신을 물태우라 불러도 기분 좋은 대통령, 노태우! 노자의 철학 중에도 최고의 선은 물과 같다고 해서 상선약수(上善若水)라 하지 않았던가.

그는 세계사 흐름을 잘 파악했다. 노태우가 북방정책을 성공한 이면에는 물과 같이 흐르는 저자세 외교와 손해를 감수하고 미래를 바라보는 선견지명이 있었기 때문이다. 그는 거대한 물줄기를 만들면서 통 큰 손해를 감수해야 했다. 구소련과 맺은 수교의 협력자금 중 17억불의 국부손실이 바로 그것이다. 우리가 긴장을 완화하고 새로운 해외시장에 들어가는 아주 값싼 입장료였다.

팔공산 정기를 받고 태어나다

노태우는 1932년 가난한 농촌가정의 맏아들로 태어났다. 성공한 사람들에게는 탄생 설화가 하나씩 있다. 하늘에 별이 떨어지거나 태양이 뱃속으로 들어오고 최소한 호랑이 꿈이라도 꾸어야 술좌석 안줏거리라도 된다. 노태우의 태몽도 대통령답게 용꿈이었다. 용이 노태우 어머니 뒤꿈치를 물고 칭칭 감아 올라오는 꿈이라고 한다. 굳이 태몽이 없었더라도 기도발 잘 듣기로 소문나서 전국에서 민초들이 몰려드는 갓바위가 있는 팔공산에서 태어났으니 신묘한 정기는 넘치게 받았다.

목탄차 버스가 대구 시내로 들어가다가 칠성동 건널목에서 열차와

충돌하는 사건이 일어난다. 그 버스에 타고 있던 아버지 노병수가 사망하고 5세 7개월 어린 나이의 노태우는 어머니가 통곡하는 모습을 보게 된다. 아버지의 죽음은 노태우 인생에 슬픈 기억으로 오랫동안 남았다. 30세에 청상과부가 된 어머니는 외삼촌의 도움을 받아 어렵게 살림을 꾸려갔다. 홀로 남은 어머니는 남몰래 눈물을 흘렸고 그런 모습을 지켜보던 노태우도 혼자 우는 버릇이 생겼다.

노태우는 과묵하고 책임감 강하고 나이에 비해 성숙했다. 가난이 인생의 스승이다. 가난한 가정의 아이들은 흔히 자신을 둘러싼 모순에 남들보다 먼저 눈을 뜨게 된다. 전쟁이 휩쓸고 간 나라의 시골 마을과 아버지 이른 죽음으로 기울어진 가정환경. 이런 환경에서 사람은 크게 두 가지 길을 걷게 된다. 사회의 모순에 눈 떠서 자신이 직접 고쳐보려고 하거나 조직에 순응하여 사회적으로 성공하며 점진적인 개혁을 하거나. 이러한 인생의 중요한 전환기에 어머니의 눈물은 노태우를 후자의 길로 이끌었다.

1945년에 대구공업고등학교 전기과에 입학하였는데 공업에 별로 관심이 없어서 문학과 운동을 즐기는 학교생활을 하였다. 그해 방공호 근로봉사를 하고 있다가 집에 일찍 돌아가라는 지시를 받고 집에 돌아와서 일본이 패전하고 전쟁이 끝났음을 알게 된다. 대구공고 3학년까지 다닌 노태우는 장차 의대에 진학하여 의사가 되려는 꿈을 실현하기 위해 경북중학교로 편입시험을 보고 합격한다. 소매 끝에 삼백선(三白線)이 달린 교복이 너무 좋아서 기뻐하며 학교에 달려갔다.

군인의 길, 친구의 길

전쟁은 많은 사람의 인생 항로를 바꾸게 한다. 한국전쟁이 일어나자 노태우는 의사의 꿈을 접고 학도병으로 지원하여 군인의 길을 걷게 된다.

사회는 책상에 명패 올려주면 명패 행세하고 군대는 계급장 달아주면 계급장 노릇을 한다. 사회에서 아무리 똑똑한 사람도 일등병 계급장 달면 병졸 수준의 역할 밖에는 못한다. 노태우는 헌병으로 복무하던 중 육군사관학교 모집 광고를 본다.

소위 임관. 이학사 학위 수여. 미국 유학의 우선권. 특히 마음에 드는 것은 정규 사관학교 1기생이라는 것이었다. 군사영어학교에서 남조선 국방경비대사관학교-조선 경비사관학교로 이름이 바뀌었다가 1948년 육군사관학교라는 명칭이 정해졌는데 노태우 때 4년제 과정을 모집하였다. 여러 가지 혜택을 보고 노태우는 졸때기 생활 집어치우고 장교가 되기로 한다. 어린 시절 응어리진 가난에서 벗어나서 간부로서 큰 역할을 하며 폼 나게 살아보고 싶었다. 지원하여 합격하고 육군사관학교 11기로 입교한다.

진해의 따뜻한 남쪽에 자리 잡은 육사에서 노태우는 평생의 벗이자 동지이며 단짝 친구가 되는 동기 전두환을 만난다. 전두환은 나이가 한 살 많지만, 대구공고 두 학년 아래로 재학 시절 모르고 지내다가 육사에서 동문이라는 사실을 알고 각별한 사이가 되었다. 전두환은 자신이 앉았던 좋은 자리를 항상 노태우에게 넘겼다. 육군 참모총장 수석부관, 대통령 경호실 작전차장보, 보안사령관 등 따뜻하게 데

워진 방석을 넘겨받은 노태우는 항상 친구가 고마웠다. 그러나 대통령이라는 최종 자리는 단순한 문제가 아니었다. 마지막 자리 넘김에서 둘의 오랜 우정은 위기를 맞는다. 권력이라는 자리는 부자지간에도 나눌 수 없으니 당연한 순서였다.

노태우 생도의 숨길 수 없는 비밀

전쟁 중이라 육사라고 해서 식사가 풍족하게 지급되지 않았다. 혈기 왕성한 노태우에게 육사란 춥지는 않지만 배고픈 곳이었다. 진해의 날씨는 겨울에도 따뜻해서 추위를 느끼지 않았다. 문제는 배고픔이었다. 육사 교가에 '백사(百死) 고쳐 쓰러져도 육사 혼(陸士魂)이야'를 '배가 고파 쓰러져도 육사 혼이야'로 고쳐 부를 정도로 허기는 일상적인 상태였다.

어느 날 누군가에게서 송금받은 노태우는 매점에서 큼직한 쇠고기 통조림을 사서 맛있게 먹으려는데 누군가가 노태우를 쳐다보고 있었다. 얼굴을 들어서 쳐다보니 동기인 김복동이었다.

혼자 먹어도 부족한 통조림을 손에 움켜쥐고 노태우는 갈등을 때렸다. 못 본 척할 것인가. 같이 먹자고 할 것인가.

"어이! 배고프지, 같이 먹자."

김복동이 다가오며 '고맙다'고 하면서 같이 먹었다.

첫 방학이 되자 대구 출신 생도들이 모였는데 김복동은 쇠고기 통조림에 대한 보답으로 자신의 집으로 초대한다. 김옥숙, 고교 1학년생 여동생이 있었다. 김복동을 따르는 김옥숙이 오빠 친구들에게도 오빠! 오빠! 하며 반겼고 밤늦게 집을 나오며 노태우는 '다음 휴가 때까지 어떻게 기다리나'하는 걱정이 들었다.

김옥숙과 오빠, 동생 사이로 지내던 노태우는 임관 후 다른 곳에서 근무하게 된 김복동이 없을 때도 집으로 찾아가며 오빠를 빙자해서 만나는 일은 끝나게 된다. 둘의 공개적인 연애가 시작되고 1959년 집안이 어려워져 대학을 그만두게 된 김옥숙과 전두환의 사회로 결혼한다. 그리고 며칠 후 비행기를 타고 미국 육군학교로 유학을 떠난다.

육사가 뭐 하는 곳인가?

전쟁이 끝나고 육사는 진해를 떠나 태릉으로 이전한다. 40만 평이나 되는 넓은 곳으로 웬만한 훈련이 가능했다. 육사의 이전작업이 마무리되어가자 대통령의 방문이 있다는 소식이 전해졌다.

환경정리와 퍼레이드 연습을 하며 국가원수를 모신다는 기대에 부풀어 있던 노태우는 이승만에게 곧 낙담한다.

사열대에 올라온 대통령을 향하여 세워 총! 을 하고 대통령 각하 훈시가 시작되자 대통령은 엉뚱한 소리를 했다.

"손(원일) 장관, 여기가 어디지?"

"예, 각하. 육사입니다."

"그래? 육사가 뭐 하는 곳이지?"

"각하! (아니 이 영감이?) 육군사관학교입니다. 진해에 창설했다가 이곳으로 옮겨 온 지 얼마 되지 않았습니다."

"아아 그렇지."

마이크를 통해서 모두에게 들린 대화는 노태우를 어리둥절하게 했다. 설마 대통령이 육사가 뭐하는 곳인지도 모를 리 없을 텐데. 노망난 노인네가 나라를 다스린다니 뭐하는 짓인가? 훈시하는 이승만은 육사 생도들에게 뭔지 모를 야심의 불꽃을 붙여주는 역할을 했음을 미처 알지 못했다.

미국이라는 종교

신혼생활도 시작하기 전에 미국으로 향하는 노태우의 가슴에는 미국을 향한 동경과 세계질서라는 큰 그림이 함께 공존하기 시작했다.

1959년 한국에 있어서 미국이라는 나라를 설명하기는 어렵다. 현재도 좋거나 싫거나 한반도의 명운을 미국이 쥐고 있다고 생각하는 사람들이 많다. 더구나 전쟁이 끝나고 몇 년 지나지 않아 미국의 직접원조를 받던 시절, '친미'나 '숭미'라는 말로 한국인이 미국을 동경하고 숭배했던 마음을 담아내지 못한다. 한국에서 미국은 하나의 종교였다.

똥도 미제가 좋다는 시대였으니 얼마나 미국에 대한 환상이 크겠는가? 그러나 미국은 상상 이상의 국가였다. 유럽과 아시아, 아프리카, 태평양에 수많은 폭탄이 떨어질 때 미국은 파괴로부터 멀찌감치 떨어져 있었다.

실제로 1945에서 월남전에 개입하기 전까지 미국이라는 나라는 지상의 천국이었다. 노동자들은 주급으로 한 달 먹을 식료품을 샀다. 모든 가정에 냉장고와 텔레비전이 있었고 잔디 깎는 기계는 남자들의 야구장에 갈 시간을 벌어주었다. 전후에 폐허가 된 유럽인이 미국의 가정을 방문하여 중류층 노동자들의 삶을 보고 입을 다물 수 없을 정도였다. 유럽보다 늦게 유럽보다 격렬한 대패 전쟁을 겪은 한국인에 미국이 지상낙원으로 비친 것은 너무나 당연하다.

> 1941년으로 돌아가 보면 당시에는 전 세계에 민주국가는 10여 개 국가에 지나지 않았다. 하지만 지금은 100여 개 국가가 넘는다. 이것은 그 국가의 국민이 민주주의를 갈망해서라기보다는 1950년 이후 세계에서 가장 강력한 힘을 가진 미국이 민주국가였기 때문이라고 보는 것이 옳다. 지난 60년간 놀라울 정도로 세계 경제가 성장한 것도 세계에서 가장 강력한 국가가 자유시장 경제체제를 도입했기 때문이다.(1)

지난 4세기 동안 유럽이 주도해 온 세상과 미국이 주도하던 시대의 세상과 비교해 보면 얼마만큼 다른 결과가 나왔는지 쉽게 비교해 볼 수 있다.

휴가지에서 생긴 일

미국 육군 특수전 학교에서 훈련이 끝나고 심리전 과정에 들어가기 전에 10일 휴가를 받았다. 노태우는 워싱턴을 거쳐 뉴욕에 가기로 하고 한국대사관을 찾았다. 한국대사관 앞에 태극기를 보고 애국심에 사로잡힌 노태우는 눈물이 핑 돌았다.

대사관에 들어가서 무관실이 어디냐고 묻자 직원은 대답하지 않고 고개를 돌렸다. 또 다른 직원에게 물어보니 그 역시 아무런 답이 없었다. 교환 일을 하는 미국 여인에게 물어보니 친절하게 안내해주었다. 당시 무관은 유양수 준장이었다. 유양수에게 아래층에 직원이 한국 사람 맞느냐고 물었다. 당연히 한국 사람이라는 답이 돌아오자 노태우는 피가 머리로 솟구치는 듯한 느낌을 받는다.

노태우는 우리나라 외교관을 처음으로 만난 그 날을 두고두고 이야기한다. 몹시 나쁜 인상으로 외교관에 대한 선입감을 느낀 날이라 잊으려 해도 쉽게 잊지 못했다고 회고했다.

10월 유신(維新)

창군 때는 미국의 주도로 군을 건설했지만, 군을 이끌어 나가는 고급간부 전부가 일제 강점기 일본군에서 훈련을 받고 성장한 사람들이었습니다. 그래서 자연히 일본 군국주의 색채가 짙을 수밖에 없었습니다. 그러나 군의 조직이나 제도는 미국식이었어, 군사학이나 군의 규정은 미국식이니까 초기에는 갈등 속에 지내왔습니다. 이게 언제 변하게 됐느냐면 정규 육군사관학교가 1951 전쟁 때 진해에서 창설됐어요.(2)

우리나라 군의 정치참여 뿌리를 찾아가면 일본의 유신과 밀접한 관계를 맺고 있음을 쉽게 알 수 있다. 군이 정치에 본격적으로 참여한 계기가 되었던 5.16쿠데타는 만주군관학교 출신들과 그들을 추종하던 육사 8기생들이 주도세력이었다.

일본의 메이지(明治) 유신과 쇼와(昭和) 유신은 같은 이름을 쓰지만, 매우 다른 성격을 띠고 있다. 일본은 본래 천황제를 추축으로 하고 있어서 다른 나라와 같이 '혁명'이라는 단어를 쓰기를 거부한다. 왕이 바뀌는 것도 아니고 '혁명'이란 단어를 못 쓰면 개혁이라는 단어를 써야 하는데 뭔가 밋밋하다. 그래서 사용하는 단어가 '유신'이다.

메이지유신은 입헌군주 민주주의를 지향했고 자본, 행정, 군사, 교육이라는 4대 축을 중심으로 움직였지만, 쇼와 유신은 테러, 암살, 유혈, 전쟁, 음모로 점철되며 민주주의를 말살하고 군국주의를 지향하였다.

쇼와 유신의 육군은 지휘부의 무능함과 무책임함, 참모들의 전횡, 국가보다 조직을 앞세우는 조직 이기주의, 파벌 싸움, 봉건적인 권위주의, 맹목적인 복종, 수많은 부하를 사지로 몰아넣고 자신은 편안하게 천수를 누렸던 고위 장성들과 어쩔 수 없이 죽어야 했던 병사들, 장교와 사병의 극단적인 차별과 괴리, 비인도적이고 탁상공론적인 작전의 실행 등 수많은 오점을 남긴 군대로 평가된다.

쇼와 유신은 여러 가지 하극상과 정변을 일으키는데 미시마 유키오의 소설 '우국'의 배경인 2·26 사건은 군이 무력으로 정권을 잡으려고 했던 정변으로 5·16 쿠데타의 모범이 된다. 2·26 사건으로 군의 중심에서 살아남아 밀려난 세력들은 만주로 향했고 일제 특유의 '파시즘적 군국주의'를 만주에 심었다. 박정희는 그러한 신념을 직접 체득한 인물이었다.

박정희는 5·16 쿠데타 직전에 "2·26 사건 때 일본의 젊은 우국 군인들이 나라를 바로잡기 위해 궐기했던 것처럼 우리도 일어나 확 뒤집어엎어야 할 것이 아닌가?"라는 말을 남겼다고 전해진다.

일제 사범학교와 만주군관학교 출신의 박정희는 물론 만군 출신의 군인들은 일제로부터 유신이라는 단어를 가슴속 깊이 새기며 활동했던 젊은 시절을 쉽게 잊지 못했다.

패전하고 완전히 꺼져가던 쇼와 유신은 만주군관 출신이 주축이 된 5.16으로 불씨를 살려 10월 유신이라는 이상한 정치형태로 다시 피어난다. 일본의 군국주의가 부활하여 쇼와 유신을 다시 살려내지 않는다면 대한민국이 가장 오랫동안 유신의 불꽃이 남아 있는 나라로 기록될 것이다.

권투장의 심판

만주 대동학원 출신의 최규하는 만주에서 지방 관리를 하다가 해방을 맞이했다. 만주 인맥의 한 명으로 분류되기도 하지만 반론도 있다. 해방 후 잠시 서울대를 거쳐 관료의 길에 들어섰다. 주로 외무에 관련된 일을 하였고 정치적 야심이 없어서 대독총리로 관료 생활을 해피하게 마감하려던 참에 박정희가 죽어 버렸다.

한국의 근대화를 이루었던 박정희. 그는 로마제국의 초석을 이루었다는 카이사르에 비교되었다. 정권을 잡기 위해 루비콘 강 대신 한강을 넘었고 원로원을 무력화시켜 종신 독재관이 되듯 국회를 거수기로 만들었다. 그리고 자신이 총애하던 측근에게 당한 비극적인 죽음마저 닮았다.

박정희가 죽자 대통령 권한 대행이라는 끔찍한 감투를 쓰고 간접선거로 대통령 자리마저 최규하에게 주어졌다. 그에게 권력이란 불행의 상징처럼 여겨졌다.

야당 당수 김영삼은 최규하를 찾아가서 '당신의 임무는 3개월 이내에 선거하고 물러나는 것'이라고 윽박질렀다.

최규하는 "제게 무슨 욕심이 있겠습니까. 저는 권투장에서 심판 노릇이나 하겠습니다."라고 답변했다.

'권투장의 심판 노릇' 그것은 권력의 공백기에 '힘센 놈이 의자 가져가라'는 암시였고 권력의 공백기에 군부의 움직임이 심상치 않음을 감지한 상태에서 최대한 빨리 임자가 나타났으면 하는 바람의 표현이었다.

최규하 심중의 두려움을 눈치채고 군부의 중심 전두환이 재빨리 행동에 나왔다. 노태우도 그 뒤를 따랐다.

군대는 '기수福'이다! 군사 쿠데타의 원인 '진급 불만'

5.16과 12.12 군사 쿠데타의 발생 원인을 역사학자들은 다양한 이유를 찾아냈지만 군 내부의 사정으로 이해하자면 아주 단순하다. 대한민국 군사 쿠데타는 '기수福' '진급 불만'이 주원인이다.

군대 가면 기수복이 좋아야 한다. 말참들이 득실대는 부대에 신병으로 배치받으면 몇 달 만에 왕고가 되는 로또에 당첨되어 침상에서 다리 흔들며 지내지만 신침들이 옹기종기 모여 있는 내무반에 신병으로 가면 제대가 다가와도 화장실 청소하며 지내야 한다.

장교들도 성장하는 군대에 가면 진급이 총알보다 빠르지만, 체계를 갖춘 후에 승진하려면 각개전투 철조망 밑을 박박 기어야 한다.

5.16의 주동세력은 육사 8기였다. 건국 초기에 10만 미만이던 우리 군은 전쟁을 치르면서 60만이 넘어서는 대군으로 발전한다. 우리나라 인구수를 2,500만으로 볼 때 아주 많은 인원을 급속하게 늘려나가는 과정에서 초기 장교들의 초고속 승진은 엄청난 행운이었다. '대한민국 국군의 아버지'라 불렸던 제임스 하우스 만의 옷깃만 스쳐도 승진은 떼 놓은 당상같이 여겨지던 시절이 있었다. 장교 군번 5번이었던 정일권이 육군 참모총장에 임명된 것도 33살, 최초의 4성 장군이 된 백선엽도 대장에 오른 시기도 비슷했다.

군번 1번에서 100번, 주로 군사영어학교를 나온 사람들인데 그 가운데 74명을 조사한 연구가 있다. 언제 준장이 됐는지 봤더니 25~29세 사이가 35명, 47.3%였다. 20대 후반이 거의 반을 차지했다. 30~34세가 29명으로 39.2%다. 양자를 합치면 86%가 넘는다. 그러니 34세 이하의 군번 1~100번은 거의 다 준장이 돼버린 것이다. 전 세계에 이런 일은 없을 것이다. 나폴레옹은 20대에 장군이 됐지만, (한국 같은 사례는) 어느 역사를 훑어보더라도 전 세계에 별로 없는 일이다.(3)

1948년 이후 졸업한 육사 출신들은 진급이 급격히 느려졌다. 그다음 해에 졸업한 육사 8기의 진급도 앞 세대보다 월등히 늦었다. 선배들이 짧으면 6개월 길어야 2년 달았던 소령 중령 계급장을 6~7년 달고 있었으니 답답함이 이루 말할 수 없었다.

국방경비대 숫자를 늘리기 위해 많이 뽑은 육사 8기는 1,263명이나 선발되었다. 이전 기수보다 훈련도 길게(6개월) 받고 전쟁 중에 고생도 했다. 그런데 군대는 역시 줄 잘 서서 기수복 만드는 것이 최고였다. 5.16쿠데타가 날 때까지 극소수만 대령 진급을 했고, 좀 괜찮다고 하는 사람들 정도가 중령에 머무르고 있었다.

육사 8기들은 자신들의 승진 누락이 불가피해진 이유인 창군의 진행 과정을 무시하고 노땅들이 오랫동안 자리를 꽤 차고앉아 있기 때문이라고 불만을 토로했다. 5.16이 '숙군(정군)'의 실패에서 나온다는 설도 결국은 기수복이 만들어 낸 진급 불만이 쿠데타로 이어졌음을 방증한다.

노태우가 가담했던 12.12 군사반란도 진급 불만이 원인이 된다. 반란이 일어나기 전 승진 발표가 있었고 승진에 누락된 불만 세력들이 다수 가담한 것이다.

노태우가 졸업했던 11기들은 상대적으로 승진이 빨랐다. 최초의 4년제 과정이라는 상징적인 의미와 박정희의 보살핌도 있었고 윤필용 사건 같은 가지치기 작업도 진급에 도움이 되었다.

그런데 문제는 17기, 18기들의 인사적체가 되면서 생겨났다. 승진 속도가 느려졌다. 이들은 가난한 농촌 출신이 많았고 서울대 등 명문대를 들어갈 실력이 되는데도 육사행을 했던 우수한 인재들이었다. 그들이 얻은 결론도 '노땅'들이 물러나야 한다는 생각을 하게 된다.

> 그 당시 장군의 계급정년이 준장은 8년 소장은 7년, 중장은 6년 등(그 다음 5-5-4로 변경됨)이어서 인사가 정체돼 있어 군 내부의 불만이 컸지요. 몇몇 장성들은 소위에서 장군으로 진급하기까지 10년이고 장군이 된 뒤 20년 가까이 군에 남아 있는 상황이 발생, 이런 문제가 정리돼야 한다는 의견이 많았습니다.(4)

계엄사령관 정승화를 '20년 동안 장군을 하는 장군이 직업인 사람'으로 보는 군인들의 박탈감은 커졌다. 보안사 인사처장 허삼수 대령과 육본 범죄 수사단장 우경윤 대령이 계엄사령관 정승화를 연행했을 때 사건 보고한 내용을 보면 '진급에 불만을 품고 참모총장을 납치'했다고 오인할 정도였다. 그 당시 진급 누락이 쿠데타에 미친 영향을 알 수 있는 대목이다.

불모지대

군권에 이어 정부조직까지 장악하는 쿠데타를 성공시킨 직후인 1980년 6월, 삼성그룹 회장 이병철은 이토주(伊藤忠) 상사 회장 세지마 류조에게 전화를 한다.

"전두환 대장 아시지요?"

전두환은 몰라도 장인 이규동은 잘 알았다. 전두환의 아내 이순자는 이규동의 차녀였다.

이규동은 봉천군관학교를 4기로 졸업하고 만주에서 육군 경리관으로 일했다. 해방 후 조선 국방사관학교를 2기로 졸업하고 육군이 되었고 육군본부 경리감을 거쳐 1960년 육군 준장으로 전역하였다. 만주 인맥 대표선수 중 하나였다.

전두환이 축구부 부장으로 활약할 때 육해공 3군 사관학교 체육대회를 꾸려가는 책임자가 이규동 참모장이었다. 이규동은 전두환의 야망이 좋았고 전두환은 자기를 키워줄 배경이 필요했다. 무엇보다도 이순자가 '전두환 생도'에 꽂혔다. 그 인연으로 전두환은 이규동의 사위가 된다.

전두환이 임관한 뒤 이규동의 소개로 서울 영등포에 있던 6 관구 사령부를 찾아 사령관 박정희를 만난다. 박정희와 전두환의 인연은 이렇게 시작되었고 전두환의 '박정희 따라 하기'는 정점을 향해 치닫고 있었다.

"잘 압니다. 곧 대통령이 되겠지요."

세지마는 이미 한국의 동향을 예의 주시하고 있었다. 기회가 닿으면 훈수꾼으로 나설 예정이었다.

"역시 다 알고 계시는군요. 신라호텔에 만나는 자리를 마련하겠습니다."

1980년 6월 서울 신라호텔에서 노태우, 전두환은 세지마 류조를 만났다.

노태우는 비민주적 정권 탈취를 했다는 약점을 보완할 방안이 필요했다.

세지미의 계책은 3S 정책! 서커스는 정권의 안정을 찾아준다고 소언한다. 컬러텔레비전, 프로야구, 국풍 운동 등 스포츠, 문화행사의 중요성을 강조했다.

그때 가장 중점을 두어야 할 행사로 올림픽과 같은 대형 스포츠 이벤트가 국민의 관심을 돌릴 수 있고 경제발전에 도움이 된다는 양수겸장 전략이라고 알려준다.

올림픽? 노태우는 귀가 번쩍 뜨였다. 박정희가 죽기 전에 서울시에서 공식적으로 올림픽 유치 계획을 발표했는데 그 후 정부는 구체적인 계획이나 유치활동을 하지 않았다. 석유가 발견되어 대통령이 울었다는 등 국민의 관심 돌리는 수작 중 하나로 받아들였고 박정희가 죽자 올림픽은 수면 밑으로 들어갔었다.

세지마가 돌아가고 전두환과 노태우는 빅 아이디어를 실현할 계획을 의논한다. 그런데 돈이 문제였다. 전두환과 노태우의 고민을 듣고 외무장관 노신영이 말한다.

"일본한테 100억 달러를 받읍시다."

"100억 원도 아니고 100억 엔도 아니고 100억 달러를 줄까?"

노신영의 논리는 이랬다.

"대한민국은 사회주의 세력을 막는 일종의 완충지대입니다. 대한민국 덕분에 일본은 안보비용을 크게 부담하지 않고 안정적으로 국가발전을 하는데 공짜가 어디 있습니까? '안보 입장료', 좋은 명분이지요."

방안은 좋은데 어떻게 접촉할까? 일본이 우리 전략에 말려들까?

다시 세지마는 불러들여 한일 밀사로 활약을 부탁한다. 청와대 특별 손님으로 방문한 숫자만도 무려 15차례. '청와대 보안 손님'과 비교 가능할지 모르겠으나 놀랄만한 수치이다. 일본 나카소네 총리 방한, 전두환 답방 등이 세지마의 손에서 처리됐다.

세지마는 전두환에게 대외적 활동으로 위기에 대처하라고 조언한다. 결국, 미국의 지지를 얻으라는 것이다. 할리우드 출신 미국의 대통령 레이건, 그는 공산당과 싸운다면 언제든지 중재에 나설 준비가 되어있었다.

1982년 로널드 레이건과 마거릿 대처와 신자유주의 동맹을 맺었던 나카소네가 총리가 되었다. 론-야스 커플의 찰떡궁합으로 유명한 둘의 사이를 이용하여 로널드가 중재 서고 차관 40억불은 최종 확정된다. 노신영의 100억은 60억으로 줄었다가 최종 합의된 금액이 40억이었다. 엔화 차관으로 18억 5,000만 달러, 수출입은행 융자로 21억 5,000만 달러 대출(7년 거치 금리 6%)로 빌렸다. 이제 올림픽으로 가는 노잣돈은 마련된 셈이다.

키신저와 세지마의 은밀한 관계

세지마는 이규동과 같은 1911년생이고 키신저와는 돼지띠 동갑이다. 일본 육사를 졸업하고 일제가 패망할 때 중좌(중령)로 복무 중이었다. 박정희나 한국군 주요 인사들과 일본의 만주 인맥들은 인연을 이어가며 밀고 당겨주는 사이였다. 박정희가 여수 순천 반란사건으로 사형 판결을 받았을 때 목숨을 구해준 것도 만주 인맥이었다.

세지미는 1973년 제1차 오일쇼크 일어나기 전에 '곧 중동에서 선생이 일어날 것이고, 기름값이 폭등할 것이다'라는 내용의 보고서를 올렸다. 그의 예상은 적중했다. 세지마가 일본 경제계의 블루칩임을 확인하는 사건이었다. 그는 어떻게 알아맞히었냐는 질문에 '중동과 관련된 사소한 기사와 자료들을 모아 분석한 결과'라고 뻥을 쳤다. 사실은 키신저를 비롯한 빌더버그 회의의 멤버를 통해 고급 정보를 입수했는데 정보 입수 경위를 숨겼다.

세지마 류조는 인맥을 끊임없이 활용하며 자신의 입지를 굳혀 나간 인물이다. 5.16 군사 쿠데타가 일어나자 한국에 자주 와서 만주 인맥을 통해 박정희, 김종필 등 한국군 인맥을 확보하고 그들을 발판으로 정·재계 인사로 인맥을 확대해 나갔다.

세지마 류조와 한국 재계가 가장 먼저 노린 것은 1960년대 대일청구권 보상으로 한국에 보상된 8억 달러였다.

박정희의 '위기 해결사'로 당시 한일 경협을 관리했던 박제욱 전 영진흥산 사장의 증언 속에도 세지마는 어김없이 등장한다.

한-일 국교 수립 이후 대일청구권 자금(8억 달러)이 국가 경제발전에 쓰였다. 박 전 사장은 "한·일 정경유착 세력이 대일청구권 자금 집행 과정에서 개인의 사리사욕을 채우기 위해 치밀한 계획을 세웠다. 인도네시아의 수카르노 정권을 대일청구권 자금을 이용해 부패시켜 일본의 경제적 지배 아래 놓이게 한 것과 똑같은 짓을 한국에 대해서도 획책했다. 정권이 썩지 않아야 근대화 작업도 성공할 수 있다고 생각했다"라고 말했다. 그는 한·일 유착 세력과 관련해 한국 쪽에서는 장기영 부총리 겸 경제기획원 장관, 이후락 청와대 비서실장, 김동조 주일대사, 이동원 외무장관을, 일본 쪽에서는 기시 노부스케 전 총리(아베 신조 현 총리의 외조부), 다나카 통산상, 야쿠자인 고다마 요시오, 세지마 류조 이토추 회장(당시는 임원)을 대표적으로 꼽았다.(5)

박제욱이 청구권 보상금에 더러운 손을 떼라고 하자 열 받은 세미자는 일본 내 정치깡패인 고다마를 움직여 그를 제거하려고 했다고 한다. 어디까지 사실인지 모르나 세지마 류조는 한국 내 군부 및 경제계에 상당한 인맥을 확보하고 상당한 입김을 작용하고 있었다고 짐작된다.

1980년 김대중 사형 여부를 조사하러 일본 측이 보낸 사람도 세지마였고 1990년 아키히토 일왕이 표현한 '통석의 염'이라는 키워드도 세지마의 꼼수였다.

이름을 불러서는 안 되는 자, 위대한 전두환 장군

해리 포터 시리즈의 주인공 볼드모트는 소설(영화) 속에서 '이름을 불러서는 안 되는 자'로 나온다. 왜 이름을 불러서는 안 되는지는 소설이 한참 진행된 후에 나오는 데 그 이름을 말하면 어디선가 듣고 나쁜 일이 생기기 때문이다.

전두환 학번(81~87학번까지 대학에 입학했거나 다녔던 대학생들을 지칭)은 대학 다니던 시절에 대통령이 얼마나 무서운 힘을 가졌는지 몸으로 체험하고 다닌 세대들이다. 대통령 험담 제대로 했다가는 하나밖에 없는 목숨이 간당간당해지고 불벼락을 맞아야 했다.

전두환의 이름을 함부로 불러서도 안되고(반드시 대통령님을 붙이고 앞에 '위대한'이란 수식어를 붙이면 더욱 좋고) 대머리라는 불경스러운 단어를 잘못 올렸다가는 쥐도 새도 모르게 끌려가서 죽을 수도 있는 시대였다. 전두환 신격화에 조그마한 흠집도 용서하지 않았다. 전두환을 비하했다고 한수산이 끌려가서 무차별 폭행당하고 전두환을 닮았다고 탤런트 박용식의 TV 출연을 금지했다. 전두환 집권 초기에 위대한 전두환 영웅 만들기에 열을 올렸던 언론들의 열띤 경쟁에 전두환 학번들은 위가 커서 위대하다고 비아냥거렸다. 그런데 전두환 임기 중에 정말 위대한 결정을 내린 일이 있었다.

1984년 8월 30일 서울에는 비가 많이 내렸다. 특히 망원동에는 물폭탄이 터져(왜 망원동인지 자세한 설명은 생략) 수많은 이재민이 발생했다.

북쪽 적십자는 인도적 차원(사실은 생색내기다)에서 구호품을 보내주겠다는 제안을 한다. 체제 홍보 차원이라는 뻔한 꼼수에 남쪽 적십자(사실은 대한민국 정부)가 안 받을 것으로 미리 짐작하고 제안한 것이다.

북쪽 적십자의 구호품을 받는데 결정적 역할을 한 사람은 통일원 장관이었던 이세기였다. 84년 당시 50도 안 되는 젊은 각료였던 이세기는 북한의 생색내기 의도를 파악하고 이를 남북 해빙의 기회로 삼는 동시에 남북 경쟁에서 앞서 있다는 자신감을 나타내려고 했다. 통일부 대화운영부 부장 정세현에게 넌지시 북쪽 적십자의 제안에 대한 답변을 물어보았다.

정세현의 답변은 매우 긍정적으로 나왔다.

> "글쎄요, 왜 안 받는지 모르겠네요. 이미 체육 회담까지 했는데 랑군 사건에 대한 미안한 마음 때문에 자꾸 저러는 것 같은데, 수해물자 인도 수도를 계기로 적십자 회담으로 발전시키면 이산가족 상봉사업도 할 수 있는 아주 좋은 찬스 아닙니까? 왜 하나만 알고 둘은 계산 안 하는 조치를 했는지 모르겠네요"(6)

이세기는 바로 작업을 지시했고 심야에 비밀 작업을 한 보고서는 안기부를 통과하고 위대한 각하는 쿨~하게 승인했다. 여기서 '쿨'이란 표현을 쓴 것은 전두환이 아웅산에서 죽을 뻔했던 날로부터 1년이 채 워지지 않은 시기이기 때문이다. 북한의 특수 요원이 제 3 국에까지 와서 자신의 목숨을 노렸고, 정부의 핵심 인사들의 목숨을 대신 앗아갔던 사건이 바로 얼마 전이었다. 그러나 전두환은 그 원수들과의 끈을 어떻게든 잡고자 했다. 통일을 향한 한걸음의 시작이었다. 전두환에 '감정이 안 좋은' 전두환 학번들이 전폭적으로 인정했던 전두환의 '위대한' 점이다.

군인끼리, 친구끼리 다 해 먹나?

전두환은 단임제 실천을 두고 마음이 하루에 10번도 더 바뀌었다. 아침에 다짐하고 저녁에 뒤집었다. 그러다가 믿음직한 친구에게 대통령을 밀어주고 자신은 영향력 있는 자리에 앉겠다는 결론에 도달했다.

소식을 들은 부산 지부장 곽정출이 볼멘소리를 늘어놓았다.

"대통령 후임 지명을 민간인으로 할 것이지 왜 군인끼리냐? 군인끼리라도 후배에게 넘길 것이지 왜 동기끼리냐? 친구끼리 다 해 먹나?"

노태우는 대통령 후보로 내락받고 민정당 시도 지부장 회식에 참석한다. 기분이 좋아서 한 사람 한 사람에게 술잔을 권하며 도와달라는 인사를 했다. 술좌석에서 곽정출은 계속 불만을 표출하며 구시렁거렸다. 다들 일어나 축배를 드는데도 곽정출은 일어나지 않았다.

노태우는 투수처럼 술잔을 들고 곽정출을 향해 던졌다. 온순하다고 생각되던 노태우의 행동에 모두 놀라서 깜짝 놀랐다. 곽정출 역시 눈하나 깜박이지 않고 사과 없이 그대로 자리를 떴다. 곽정출의 이야기가 공론화되기 전에 사전 봉쇄 작업으로 성깔을 제대로 부린 노태우, 이제는 좌고우면하지 않고 권력을 향해 달려간다.

전삿갓은 떠나고 노삿갓이 들어오는 거다

우여곡절 끝에 민정당 대표였던 노태우가 대통령 후보로 확정되자 6월 17일 전두환과 노태우는 한잔 찐하게 마셨다. 안무혁 안기부장, 이춘구 민정당 사무총장, 이치호·현경대 의원, 박영수 비서실장, 안현태 경호실장, 김윤환 정무장관, 이종률 공보 수석비서관이 함께했다.

술을 마시며 전두환이 한마디 했다.

"내가 술 마시면 실수를 잘해. 내가 실수를 하면 노대표가 무서운 사람이라 뒤처리를 다 해. 노태우 대통령 후보 각하, 한잔하시지요."

노태우의 주량은 맥주잔으로 조니 워커 22잔, 이 자리의 의미를 누구보다 잘 알았다. 전두환과 나누는 술좌석의 의미는 권력이 변해도 둘의 관계는 영원하자고 사람들 앞에서 확약받는 자리였다. 물론, 나중에 아무런 힘도 발휘하지 못한다. 우정이란 시간이 깃들어야 완성이 되는 물건이지만 권력 안의 시간은 우정을 파괴하는 마성을 지닌다.

취해도 되는 즐거운 자리여서 주량 것 마셨다. 불콰하게 술이 오르자 노래 한 곡이 빠질 수 없는 법. 애창곡인 멕시코 유행가 베사메 무초 대신 애수의 소야곡을 불렀다. 이제 전두환 차례. 전두환도 주량이 노태우와 비슷했고 많이 마셨다. 애창곡인 방랑시인 김삿갓을 부르기 시작했다. 같이 마이크를 잡고 노래 부르며 흥이 오르자 전두환은 가사를 바꾸었다.

죽장에 삿갓 쓰고 떠나가는 전삿갓/열두 대문 문간방에 걸식을
하며/술 한 잔에 시 한 수로/떠나가는 김삿갓 전삿갓/전삿갓은 떠
나고 노삿갓이 들어오는 거다.(7)

전두환은 사나이 맹세도 불렀다. 전두환은 술을 마시며 동지애를 확
인했고 취하면 유쾌해지고 때로는 비장해졌다. 김삿갓은 유쾌했고 사
나이 맹세는 비장했다. 그들의 노래는 앞날을 예고하는 예감이 담겨
있었다. 이제 전통시대는 끝나가고 노동 시대가 열리고 있었다. 그런
데 마지막 관문이 남아 있었다. 직선제 수용이 바로 그것이다.

사국지(四國誌)

호헌이나 내각제 개헌으로 정권을 연장하려고 했던 전두환의 꼼수는
국민의 강력한 저항에 부딪힌다. 노태우는 자신의 마지막 카드인 직
선제 개헌을 전두환이 제안하기까지 참고 기다린다.

군을 통한 진압과 직선제 개헌을 놓고 고민하던 전두환은 노태우에
게 개헌 카드를 슬쩍 던진다. 노태우는 진짜인지 자신의 마음을 떠보
는지 확인하고 오케이 사인을 준다. 노태우는 직선제 수용과 정치인
사면 복권 등을 민정당사에서 제안한다.

그다음 직선제 개헌을 이루고 선거에서 김영삼, 김대중, 김종필
3인을 분열시키면서 사국지전략으로 대통령에 당선된다. 극심한 지
역감정의 대립으로 당선된 후유증은 심했다. 총선에서 노태우의 민정

당은 대패하며 새로운 정국을 구상해야 했다.

형님의 주문대로

노태우가 대통령이 되기 전 대한민국 외교의 특징은 아주 단순했다.

첫째, 미국의 외교 방침에 적극적으로 협조한다.

둘째, 첫 번째 원칙을 성실히 이행한다. 두 가지의 원칙이 전부이다.

이러한 평가가 당시 외교관들에게 실례가 될지 모르지만, 현실적으로는 그랬다. 외교관의 무능 때문이 아니고 대한민국이 처한 현실 때문이었다. 전쟁이 끝난 후 세계로부터 한반도의 유일한 합법 정부라는 승인을 받기 위해 동분서주하며 뛰어다니던 시절이었다. 아직도 한국을 나라 취급하지 않는 나라가 많았다. 우리는 미국의 혈맹으로 형님 시키는 일 따라 하는 것이 최선이었다. 무대 위에서 미국이 틀어준 노래 따라 립싱크하고 있었다. 우리나라에서 '외교'라는 고민이 본격적으로 생긴 것은 북방외교를 시작하던 노태우 정부(흔히 6공)부터였다.

1980년 후반까지는 원조를 받는 처지이었고 빚쟁이였다. 차관으로 산업을 일으키고 있는 입장에서 자주적인 외교정책이란 언감생심인 시절이었다. 그러나 이제 우리도 차관을 주는 입장으로 바뀌기 시작할 때 외교라는 물건을 어디다 써야 할지 고민은 시작되었다.

세 가지 질문, 세 가지 선택 – 김종휘 외교안보수석

평양 부호의 아들로 태어나 경기고 졸업 후 베이츠대와 컬럼비아대에 유학, 국제정치학을 공부하고 들어와서 국방대학원 교수로 일하던 김종휘는 1980년 여름에 처음으로 보안 사령관 노태우를 만난다.

국제정치학을 전공했지만 그다지 정치적인 인물은 아니었던 김종휘에게 노태우는 질문을 던진다. 율곡사업 평가에서 능력을 인정했는데 정치 분야의 지문을 해본 것이다. 사형을 신고받은 김대중을 어떻게 처리하면 좋겠냐고 물었다. 다른 사람들은 실세가 된 노태우가 좋아할 답변을 찾는 동안 주변머리 없는 김종휘는 '석방해서 미국으로 보내자'고 제안한다.

1987년 초 김종휘는 노태우의 연희동 자택을 찾아간다. 정치 이야기가 나오고 '향후 정국을 어떻게 풀어 가면 좋을지' 물어봤다. 김종휘는 '집권여당 내부에서 논의되는 내각제를 철회하고 대통령 직선제로 개헌하고 김대중을 사면 복권하면 정국이 풀린다'고 답변한다. 어떤 정치논리로도 대통령을 내 손으로 뽑겠다는 국민의 열망을 꺾을 수 없다는 설명이었다. 직선제를 처음 건의한 사람이 김종휘였고 길게 보면 6.29 선언의 시작이었다.

김종휘는 87년 대선 내내 노태우와 별 관계 없이 지냈다. 다른 노태우 참모들이 풍찬노숙을 견디고 있을 때 김종휘는 아무런 기여 없이 강 건너 불구경하듯 13대 대통령의 당선을 지켜본다.

선거가 끝나고 노태우는 김종휘에게 외교·안보에 대한 묻는다.

김종휘는 '나누어진 안보 외교 국방 통일 업무를 통합해 종합적인 관점에서 처리하자. 남북관계도 능동적으로 추진해야 한다. 이전처럼 주한미군 철수나 북측의 도발에 대한 방어적인 외교만 펼쳐서는 안 된다.'고 답변했다.

김종휘는 우리나라 역사상 첫 외교안보수석으로 임명된다. 청와대 직제 개편 과정에 정무수석실의 외교 분야, 행정수석실의 국방 분야, 정책보좌관이 전담하던 북방외교, 그리고 안기부가 전권을 휘두르던 통일 분야 업무를 옮겨와서 노대통령의 임기가 끝날 때까지 전담한다.

선거에 공이 없는 김종휘의 등장은 정권 초기 박철언의 독주를 견제하면서 북방정책을 함께하여 더 큰 성과를 이룰 수 있었다.

노태우가 헨리를 만났을 때

1988년 5월 17일 노태우는 헨리 키신저의 예방을 받았다. 노태우와 키신저는 초면은 아니었다. 민정당 대표위원 시절 짧았지만, 환담한 경험이 있었다. 이번에는 대우그룹의 초청으로 내한하여 성공적인 올림픽 개최에 대한 의견을 교환하기로 한 자리였다. 그러나 노태우는 단순히 올림픽 이야기를 나누려고 만나지는 않았다. 북방정책의 최종 목적지를 '한·중 수교'로 생각하고 있어서 중국에 관련해서 키신저의 훈수를 경청하고 협조를 구하려고 했다.

키신저는 노태우의 의중을 파악하고 "금주 토요일 북경을 방문하고 리펑, 자오쯔양, 후야오방 등 지도자를 만나는 데 전할 말씀이라도 있습니까"라고 먼저 묻는다.

노태우는 "대통령에 당선된 이후 북방정책의 기본 노선을 천명했고, 이에 대해 중공 측이 관심을 표명한 바 있습니다. 중공으로서는 소련과 북한과의 미묘한 삼각관계로 대외적 표현은 망설이고 있음도 이해합니다. 올림픽을 계기로 양국관계의 진전이 있을 것으로 기대합니다. 한중 두 나라 사이엔 역사적으로 이렇게 오랫동안 국교관계가 끊어진 적이 없으며. 관계 정상화는 역사적 필연입니다."(8) 라고 키신저에게 메시지를 전한다.

올림픽을 계기로 한중관계 정상화를 하려는 의도를 노태우는 가지고 있었다. 키신저 방문은 좋은 카드였다. 중국 측에 전달하겠다는 답변을 했다. 서로에게 이익이 된다면 메신저의 역할을 마다할 이유가 없는 키신저였다.

벽을 넘어서 – 서울올림픽

올림픽을 처음 추진할 때 관계 장관 회의의 대체적인 의견은 '도저히 불가능하다'였다. 그러나 화약고에 평화의 불꽃을 올리자는 역발상으로 유치에 성공했다.

22회 모스크바 올림픽은 소련군의 아프가니스탄 침공에 항의하여 미국 등 66개국이 의도적으로 대표선수를 보내지 않았다. 반쪽 올림픽. 23회 LA올림픽에는 소련 등 사회주의 국가들이 불참했다. 역시 반쪽 올림픽.

정치인과 군인들은 올림픽 따위야 어찌 되든 상관없겠지만 4년을 한결같이 피땀 흘려 기다려온 선수들이 멘붕 상태가 되는 것은 설명할 필요가 없다. 더구나 LA 올림픽의 상업적 성공에 고무된 IOC가 한철 장사에 두둑이 챙기기 위해 발을 벗고 나섰음도 자명하다.

서울올림픽의 성공적 개최는 미리 예견되었다. 불과 한 세대 전, 세계의 젊은이들이 목숨을 걸고 피를 흘린 치열한 전쟁터이고 아직도 전쟁이 끝나지 않은 한반도에서 '평화'의 행사가 열린다는 것은 감격과 희망을 주었다. 시작은 정권의 정통성을 만들고 민심을 가라앉히려는 의도였으나 구상했던 그림보다 더 원대하고 근사한 명화가 그려졌다.

12년 만의 통합 올림픽 개최국의 대통령! 보통사람 노태우. 노태우는 보통사람에서 벗어나 역사의 한 페이지에 당당히 이름을 올렸다. 노태우는 서울올림픽 주제가인 '손에 손잡고'의 가사에서 '벽을 넘어서'(breaking the wall)가사를 좋아한다고 한다. 비핵화 선언, 유엔 동시 가입, 남북기본합의서 등 비전도 그때 받은 영감에 기인했다.

이념의 시대는 가고 소비의 시대가 도래하다 – 북방외교의 시작

북방외교를 뒷받침한 두 기둥은 서울올림픽의 성공과 한국의 민주화였다. 그리고 세계는 이념의 시대는 가고 소비의 시대가 도래하기 시작했다. 소비의 신이 모든 것을 쥐락펴락하는 징후는 곳곳에서 나타났다.

한국의 시운도 좋았다. 올림픽은 정부 측이 주도해서 군대 동원과 같은 비상수단을 막아주었고 민주화는 국민이 주도해서 민관의 조화로운 결실을 자연적으로 이끌었다. 대외적으로는 공산권의 붕괴, 냉전 종식 시기여서 새로운 여건조성이 용이했다. 출발은 군부정권의 연장이었지만 외교적 흐름으로 볼 때 대한민국 지도자로서 노태우가 있었다는 것은 대한민국의 행운이다. 김대중이나 김영삼 야당 지도자들이 정권을 잡았으면 역풍이 무서워 북방외교는 꿈도 꾸기 어려운 분위기였다.

외교에서 한 축인 돈 줄기도 원조를 받는 나라에서 제공하는 나라로 바뀌었다. 1991년에 한국 국제협력단(Korea International Cooperation Agency, KOICA)가 설립되면서 대한민국의 자주적인 외교가 시작되었다고 보아야 한다. 한소수교와 대북 군사협력 중단 약속도 경협자금이 동반되었다.

김종인 경제수석과 마슬류코프 제1부총리와의 최종 합의한 자금은 30억 달러였다. 북방정책은 1988년 헝가리, 1990년 소련, 1992년 중국과 수교하여 한국의 활동무대를 세계로 넓혔다.

노태우 정부의 북방정책은 장기적으로 남북관계를 염두에 둔 것임은 말할 필요도 없다.

"원교근공(遠交近攻)을 원리로 북방정책에서 나는 북한 정권을 후방에서 고립시킴으로써 남북한 대화에 나오지 않을 수 없도록 유도하려고 했다. 나의 재임 기간에 북한 정권은 한반도 무력도발을 하지 않았고 앞으로 남북관계에서 반드시 그 진가를 발휘하

게 될 남북기본합의서를 만들어냈다."(9)

북방외교는 한반도를 전쟁의 공포로부터 해방하고 평화체제를 이룩하기 위해서는 전방위 외교가 필요하다는 관점에서 나왔다. 주변 국가와 협조관계를 튼튼히 해서 북한이 다른 선택을 하거나 유혹받지 못 하게 한다는 원대한 계획이었다.

아디다스 – 불가능은 없다(Impossible is Nothing)

아디다스의 회장 호르스트 다슬러는 서울올림픽 유치에 전력을 다했고 성공시켜야 한다는 의지가 남달랐다. 서울에서 올림픽을 개최하는 일이라면 자다가도 벌떡 일어나는 사람이었다. 아디다스 광고 문구처럼 불가능은 없다는 신념으로 똘똘 뭉친 사람이었다.

88올림픽 투표 때 한국, 미국, 대만 3표만 나올 거라는 비관적인 전망 속에서 치워진 투표에서 52대 27의 역전승을 거둔 이유 중 하나는 일본의 스포츠 독점자본과의 경쟁에서 밀릴 것을 염려한 유럽의 스포츠 자본들의 절대적인 지지가 있어서였다.

다슬러는 대한민국과는 미수교 국가였던 사회주의 국가 대표들의 마음을 움직이는 데 최선을 다했다. 호르스트가 노태우를 도와 제일 먼저 참가 의사를 얻어낸 나라가 헝가리였다. 북한의 방해공작에도 불구하고 우리를 지지하는 사회주의 국가가 있음을 확인하는 소중한 계기였다. 또한 헝가리를 북방외교 첫 수교 국가로 만들고자 하는 목표를 설정하게 되었다.

헝가리수교 특명을 받고 헝가리와 수십 차례 비밀 접촉을 가진 끝에 최고 실력자인 사회노동당 서기장 카로이 그로스까지 만나게 되고 헝가리수교 의정서가 정식 체결되었다.

북방외교의 첫 결실이었다. 이때 특사로 움직인 사람이 박철언 보좌관이었다.

베개송사의 힘 – 6공화국의 황태자

"6공의 정치를 알기 위해서는 먼저 노태우의 친인척을 이해하라"

이 말은 6공 당시 언론계가 널리 퍼져 있던 말이었다. 처남 김복동, 동서 금진호, 처 고종사촌 동생 박철언을 중심으로 '가족회의'가 열렸다. 김복동은 정치문제, 금진호는 경제문제, 박철언은 대북과 외교 문제를 주로 자문하고 개입했다.

가족회의 참석자 중에서 가장 막강한 권세를 누린 인물은 노태우의 부인인 김옥숙의 사촌 동생 박철언이다.

> 민자당의 한 의원은 "김여사는 오빠(김복동씨)가 친인척이라는 이유로 공직에서 배제된 상태였기 때문에 혈육 가운데 한 사람이라도 키워놔야겠다는 생각이 간절했던 것 같다"고 말하고 있다.(10)

노태우는 박철언을 청와대 정책보좌관에 임명하였다. 정책보좌관의 업무는 첫째 북방정책 추진, 둘째 대북 비밀접촉과 대북 문제 전반, 셋째 국내 정치의 중장기 기획, 넷째 당면한 주요 현안에 대한 깊이 있는 판단의 네 가지였다. 정치인 박철언과 북방정책 담당관 박철언이 혼재되어 경계가 모호했다.

노태우는 북으로 향한 자신의 비전과 야망을 실현할 좋은 말로 박철언을 뽑았다. 신임할 수 있는 비선조직을 활용하여 공적인 조직에서 이루기 힘든 일을 추진하려는 의도였지만 남북문제뿐 아니라 중간평가, 全 전 대통령의 백담사 은둔, 장관급 인사 등 중요한 국사에 관여하여 황태자로 떠오르며 부작용도 만만치 않았다.

박철언은 자신에 실린 힘을 최대한 이용했다. 그래서 안기부와 끊임없이 갈등하며 북한과의 관계를 은밀히 열어나갔다. 안기부는 북한 및 공산권 국가와 관련된 일은 자신의 전속영역인 만큼 박철언이 고까웠다.

"지가 뭔데 우리를 제치고 설치는 거야"

안기부의 태클에도 불구하고 박철언은 북한과 '88라인'이라는 핫라인까지 개설하고 판문점을 통한 육로로 평양을 자유롭게 방문했다. 노태우의 전폭적인 지지가 있어서 가능한 일이었다.

그리운 금강산

1989년 1월 4일, 대통령 주재로 수석비서관과 보좌관 회의가 열렸다. (중략) 노재봉 특보가 북방정책 이야기를 꺼냈다. 노 특보는 "북방외교와 남북문제를 구분해서 혼동이 없도록 해야 합니다. 북방외교의 속도 조절이 필요합니다. 미국, 일본, 타이완과의 관계를 먼저 다져나가야 한다고 봅니다. 자유 민주 신봉 세력들이 이제는 더 이상 참을 수 없다는 자세이니 간접적인 지원을 통해 전국적으로 확산시키는 작업이 필요하다고 생각합니다"라고 전혀 동떨어진 이야기를 했다.

당시 일부 언론과 정치권에서는 나의 주도하에 추신되는 북방성책에 대하여 '용공 외교' '밀사 외교' '밀실 외교' '졸속 외교'라며 마구 비판하는 소리가 높아지고, 친미 일변도의 시각과 극우 보수주의 측에서도 우려하는 분위기가 높았다. 이를 대변하는 듯한 노재봉의 문제 제기였다. (11)

오랜 냉전 시대의 사고 속에 살던 사람들이 단숨에 벽을 넘어서기는 어렵다. 노태우의 북방외교가 공산주의와 손을 잡는다는 끔찍한 상상에 여러 가지 방향에서 비판은 시작되었다. 그 대상은 밀실 외교를 벌이고 있는 박철언으로 집중되기 시작한다. 특히 정주영의 금강산 관광·개발 합의는 엄청난 역풍을 가져왔다. 정주영이 북한에서 '위대한 김일성 장군님'이라고 호칭하는 화면이 전국적으로 반복 방영·보도되면서 비난의 분위기는 거세졌다. 당초 예정보다 9년 후인 1998년 금강산 관광은 시작되었고 2008년 7월 박왕자씨 피살사건으로 전면 중단된다.

브란트가 전한 소식 – 화약 더미 위의 고르바초프

올림픽이 시작되기 전 7·7선언으로 북방으로 가는 길을 열고 소련 공산당 서기장 고르바초프에게 친서를 보냈다. 고르바초프는 답장 대신 연설을 통해 '소련·중국·일본·북한·남한의 해안선이 만나는 지역에서 군비감축과 군사행동 제한을 위한 다자간 협상을 하자'는 제안을 한다. 노태우는 미국을 포함하는 '6자 평화협의체'를 구성하자고 촉구한다.

1989년 10월 빌리 브란트가 한국에 왔다. 점심을 겸해 1시간 반 동안 환담을 했다. 브란트는 고르바초프가 상당한 위기의식을 가지고 있다고 전했다. 자신을 '화약 더미 위에 앉아 있는 기분이다. 누구라도 성냥 하나만 던지면 폭발이 일어날 것 같다'고 하며 겨울에는 식량 문제가 심각하다고 걱정했다는 말도 전했다. 노태우는 소련과의 관계 정상화가 다가오고 있음을 직감한다.

1990년 3월 민자당 최고위원 김영삼은 고르바초프를 만나서 기념 사진을 찍는다. 돌아와서 '이제 전쟁의 위험은 사라졌습니다.'라고 자랑했다. 3분 라면 끓여 먹을 시간도 안 되는 '만남'으로 안보 운운할 정도로 천박한 외교의식이었지만 북방으로 향한 외교는 거스를 수 없는 대세로 다가왔다. 100억 달러 지원하겠다는 허풍은 소련의 기대수준을 올려놓았고 두고두고 말썽이 되었지만, 거래를 성사시키는 촉진제 역할은 하였다.

1990년 5월 22일 닉슨과 브레즈네프의 미·소 수뇌회담을 성사시켰던 도브리닌이 전직 국가 수반회의 참석을 빌미로 서울에 왔다.

도브리닌은 청와대 상춘재를 찾아와 "소련 측은 한국과 수교할 의사를 갖고 있다. 워싱턴에서 열리는 미소 정상회담을 전후해 샌프란시스코에서 만날 용의가 있다"는 고르바초프의 뜻을 전했다.

노태우는 블라디보스톡을 제안했으나 도브리닌이 다시 찾아와서 샌프란시스코가 더 좋겠다고 답해온다. 당시 소련은 외무장관인 셰바르드나제조차 진행 상황을 몰랐다. 이 회담을 추진하는 소련 측의 모든 일은 대통령 외교 고문 아나톨리 도브리닌이 추진했다.

페어먼트 호텔 스위트룸

6월 4일 페어먼트 호텔 스위트룸, 한소정상이 만났다.

한국 측 최호중 외무장관, 김종인 경제수석, 노창희 의전수석, 이수정 공보수석, 김종휘 외교안보보좌관이었고 소련 측은 마슬류코프 정치국원과 프리마코프 대통령위원회 위원, 도브리닌 대통령 외교 고문, 체르냐예프 대통령 안보보좌관, 말케비치 상공회의 소장이었다.

노태우는 여기서 한국이 북한의 고립을 원하지 않으며 군사적 우위를 원하지 않고 대화를 통하여 한반도의 평화 정착과 이를 바탕으로 통일을 모색해 나간다는 입장을 전달했다. 소련은 한반도의 현실을 인정하고 평화구축을 위한 한국의 노력에 대한 협조와 지지를 하겠다고 약속한다.

한번 일이 진행되자 1990년 9월 30일 외교관계가 수립되고 한소 경제협력이 이루어진다. 한국의 언론들은 '냉전의 벽을 넘는 거대한 거보', '한반도 대변화의 분기점'이라고 대서특필했다. 경협 이후로 전투기, 전차, 미사일에 대한 판매 지원이 전면 중단되었으니 과장된 평가는 아니었다. 외교적 성과가 군사 긴장 완화에 주는 힘을 보여준 대표적 사례이다.

1991년 8월 소련의 수구파들이 쿠데타를 일으켰으나 옐친의 영웅적인 투쟁으로 좌절되고 고르바초프는 실각-복권-대통령 사임의 절차를 거쳐 권력에서 점차 멀어지며 옐친이 새로운 지도자로 부상한다. 피 흘려 세운 소련이 무너질 때 피를 거의 흘리지 않은 것은 고르바초프라는 위대한 지도자가 지혜롭고 평화로운 방식을 선호하며 순리를 따른 결과였다. 그리고 고르파초프는 소련 공산주의를 지키려 했던 마지막 지도자였다. 그의 몰락을 계기로 소련은 해체의 길로 접어든다.

핑퐁사랑

북경으로 가는 길은 모스크바보다 멀고 험난했다. 소련의 고르바초프 등 지도자들은 김일성과 친분이 적고 의리를 따질 사이도 아니었다. 그러나 중국 지도자와 김일성은 혈맹의 명분으로 뭉쳐진 사이였다. 그러나 노태우 집권기의 외교는 많은 변화를 하고 있었다.

“나는 북방정책의 성과를 평가함에 있어 우리 외교가 능동적으로
바뀌었다는 사실에 큰 의미를 부여하고 싶다. 건국 이해 한국의

외교정책은 줄곧 수동적이었다. 어떤 사태, 예를 들면 주한미군
이 감축된다든지 북한이 비동맹 회의에 들어간다고 해야 움직이
는 그런 외교였다."(12)

화해의 징조는 남녀의 사랑에서 시작되었다. 탁구 국가대표 선수였던
안재형과 자오즈민이 서로 사랑을 하게 되었다. 사랑에는 국경이 없
다는 격언대로 둘은 '핑퐁 사랑'을 전개하고 있었는데 장벽은 뜻밖에
높았다. 현정화가 안재형의 해결사로 나서달라고 사촌형부 박철언에
게 매달렸다. 박철언은 중국의 차오스 부총리에게 부탁했고 중국 정
부는 승인했다.

작은 성과였지만 중국과 외교수립이 가까워졌음을 알리는 계기였
다.

1992년 8월 24일 한중수교를 하였다. 노태우정부 시절은 물론 전후
20년으로 보아도 정치·외교·경제에 가장 큰 영향을 미치는 역사적
사건이었다. 한중수교의 합의 내용은 상호불가침, 상호내정불간섭,
중국의 유일합법정부로 중화인민공화국 승인, 한반도 통일문제의 자
주적 해결원칙 등 6개항이었다.

대통령직에서 물러난 노태우가 탕자쉬안(唐家璇)을 다시 만났을 때
한중수교를 성공적으로 평가하며 음수사원(물을 마실 때는 샘을 판
사람을 생각한다)을 인용했다. "중국 인민들은 한중수교를 위해 노대
통령이 이바지한 공헌과 업적에 대해 잊지 않을 것"이라고 덕담했고
노태우도 "송무백열(소나무가 자라면 잣나무도 기뻐한다)"의 고사로
화답했다.

주홍글씨 – 비자금

1995년 10월 19일 민주당 의원 박계동이 노태우 비자금의 증거를 손에 들고 흔들었다. 비자금 관리자는 전 안기부장 이현우. 그는 노태우에게 박계동의 폭로가 사실임을 확인했다. 노태우는 10월 27일 대국민 사과 기자회견을 연다.

"못난 노태우, 외람되게 국민 앞에 섰습니다. 이 자리에 서 있는 것조차 말로 다할 수 없이 부끄럽고 참담한 심정입니다. (중략) 재임 중 5,000억 원의 통치자금을 조성했으며 이중 1,700억이 남아 있습니다."라고 밝혔다.

사과문 발표에 앞서 국민회의 총재 김대중은 "92년 대통령선거 기간에 노태우 전 대통령으로부터 20억 원을 받은 바 있다"고 말했다. 그리고 "김영삼 후보에게 수천억 원을 제공했다는 유력한 정보가 있다"고 밝혔다.

노태우로 시작된 정치자금 파동은 여야를 돌아다니며 큰 후유증을 낳았다. 가장 큰 피해자는 국민이었지만 노태우 자신도 피해가 컸다. 거액 수뢰혐의로 구속되었고 재임 기간 쌓아 올린 북방외교의 공적은 순식간에 국민의 기억 속에서 순식간에 사라져 버렸다. 추징금 완납까지 16년이 걸렸고 노태우는 자신의 잘못을 해결하기 위해 최선을 다했지만, 부정에 대한 싸늘한 시선까지 지울 수는 없었다. 하늘이 불러들인 재앙은 피할 수 있어도 스스로 불러들인 재앙은 끝내 피할 수 없었다.

은 빛깔의 지구의

노태우는 소장품 중 가장 아끼는 물건으로 은빛 지구의를 꼽는다. 청와대 출입기자들이 퇴임 기념으로 만들어 준 선물로, 지구의에는 제6공화국이 새로 수교한 나라가 은빛으로 표시되어있다. 무려 45개 국이나 된다.

노태우 재임 중에 한·소 수교, 한·중 수교, 남북한 유엔 동시 가입 등 북방외교가 절정에 달했고 미8군 골프장 반환, 광주 미 문화원 이전 및 임대료 지급, 주한미군방송(AFKN) 채널2 반환, 평시 작전권 반환 등 민족자존의 구체적인 성과가 이뤄졌으며 남북합의서, 한반도 비핵화 공동선언 등 남북 평화공존의 틀이 마련됐다.

노태우가 재임했던 5년은 소련과 공산권의 붕괴로 세계사에 획기적인 전환기였고 더불어 한국 현대사도 위기와 기회가 공존하는 시대였다. 국내적으로 오랫동안 억눌려 있던 민주화 요구도 함께 분출되었다. 독재정권에서 민주정부로 이양되는 과정이 가장 위험한 시기라는 것은 역사가 너무 많이 입증한다. 북방외교가 없었다면 노태우는 전두환의 별책부록이나 군사정권 3형제의 막내 정도로 역사에 기록되었을지 모른다. 그러나 변환하는 시대의 우리나라 북방외교를 담당했던 노태우 역할은 복합적인 관점에서 보아야 함이 당연하다.

노태우의 무덤

19대 의회에서 진성준은 "순국선열과 호국영령이 잠들어 있는 국립묘지에 국가 반란의 수장들이 단지 사면·복권됐다고 안장되는 것은 군사 쿠데타를 정당화하는 것이며 유공자와 국민에 대한 모욕"이라며 "19대 국회 의정활동의 첫 번째 대표발의 법안인 만큼 끝까지 법 개정을 위해 온갖 노력을 다할 것"을 다짐했다. '전두환·노태우 전 대통령의 국립묘지 안장 금지법'을 발의를 두고 한 이야기다

군인의 길을 걸어왔던 노태우에게 국립묘지에 묻히는 영예로운 자리가 막힐 수 있으나, 북방으로 눈을 돌려서 외교에 힘썼던 5년간을 돌아보면 다른 방법도 얼마든지 있다.

노태우에게는 자신이 염원했던 평화 위에 국민이 숨 쉬는 국토와 휴전선이 자신의 무덤이 된다면 지도자로서 이룬 외교의 성과가 더 빛나지 않을까.

노태우의 묘비명은 '진정한 용기는 참고, 용서하고, 기다리는 것'이라는 메시지를 남긴 사람답게 '만주 넘어 북방의 세계를 열었던 외교 대장 노태우'로 국민의 가슴속에 새긴다면 더 큰 명예가 될 것이다.

⑴ 미국이 만든 세상 p.9/ 아산정책연구원

⑵ 노태우 육성 회고록/p42/조갑제 닷컴

⑶ 서중석의 현대사 이야기/ 〈43〉 5·16쿠데타, 두 번째 마당

⑷ 박준병 사단장 증언

⑸ 박정희와 미쓰비시와 나/ '한일 경협 핫라인' 박제욱 옹의 비사/한겨레 2015년

8월 14일(6) 정세현의 정세토크/서해문집 p123

(7) 월간조선 1999년 6월호 조갑제/ 권력과 노래 음악 같은 政治는 불가능한가

(8) 노태우 회고록 상권/p433/조선 뉴스프레스

(9) 노태우 회고록 상권/국가, 민주화, 나의 운명. p13/ 조선뉴스프레스

(10) 제6공화국 정치 비화 권력 막후 1. 청와대 귀족회의/경향신문사/66p 김현섭 · 이용호

(11) 바른 역사를 위한 증언/p51/박철언/랜덤하우스코리아

(12) 노태우 회고록/p252/조선뉴스프레스

06

에필로그

외교란 무엇에 쓰는 물건인고?

인간은 오랫동안 협상을 통해 자신의 이익을 구하는 방법을 터득해왔다.

　연애를 할 때도 타인을 만난다는 것이 협상의 연속이다. 무엇을 먹을까 무엇을 할까도 상대방의 기호와 경제력은 물론 그날의 기분까지도 파악해야 원만한 협상이 이루어진다. 협상이 결렬되고 헤어질 정도로 결렬한 불협화음으로 잘 가라는 말도 없이 돌아서 갈 때에도 상대방의 뒤 모습을 볼 것인가 말 것인가로 고민해야 한다. 모든 상황은 변하고 다음의 전략이 필요하다. 유치한 벼랑 끝 전술을 너무 자주 사용하면 낭떠러지에 떨어지기 쉽고 상대방의 전략에 말려들면 마음의 상처가 커지기 쉽다.

　원만한 타협점을 찾아 결혼한 후에도 아침에 일어나서 눈을 뜨면서 새로운 협상을 통해 얻어진 시스템으로 움직인다. 누군가는 아침식사를 준비해야 하고 누군가는 돈을 벌기 위해 나가야 한다. 밖에 나가서도 협상의 연속이다.

국가의 외교도 인간의 일상과 다르지 않다. 힘으로 상대방을 제압하는 것이 답일 경우도 있지만 서로가 잃는 것이 많다.

2006년 가을 북한이 1차 핵실험을 한 직후, 백수가 된 정동영은 키신저를 만나서 대응책에 대한 자문을 구한다.

> "북한은 세계에서 가장 작고 가난한 나라 가운데 하나다. 그에 비하면 미국은 얼마나 크고 강한가. 게다가 중국 일본 러시아 한국까지 힘을 합쳐 북한 문제 하나 해결하지 못한다면 과연 외교란 무엇에 쓰는 물건인가."라고 반문했다.*
> 10년 후 통일/160p/정동영/살림터

평생을 외교와 계략과 전쟁이라는 강온전략을 구상하며 깨어진 균형을 이루며 살아온 노전략가가 우선하는 것은 외교이다.

키신저가 94세의 나이에도 세상을 주유하며 훈수 두고 다니는 이유를 살펴보면 외교가 평범한 인간의 삶에도 주는 교훈은 너무나 많음을 알 수 있다.

친구를 가까이 하라, 적은 더 가까이 하라

친구를 한 명 사귀면 길이 하나 늘어나고 적을 한 명 더 만들면 담이 하나 더 생긴다. 그래서 협상이란 신뢰하는 상대와 하는 것이 아니다. 협상을 통해 신뢰를 만드는 것이다.

키신저와 저우언라이가 북경에서 처음 만났을 때 둘은 신뢰는 고사하고 서로를 알지도 못했다. 미국과 중국 사이에는 너무 높은 장벽이 쳐져 있었고 한국전쟁을 통해 자국 젊은이의 피를 너무 많이 흘린 경험을 공유했다. 아주 나쁜 경험이었고 그 어떤 장벽보다 높은 불신의 벽은 하늘 높이 쌓여있었다. 전쟁의 원인이 상대방에게 있다고 굳세게 믿는 두 사람은 국가의 이익을 얻기 위해 만났다.

베트남 전쟁 때 수백만 톤의 폭탄을 쏟아 부어도 항복시키지 못했던 베트남과 관계를 정상화하고 수교함으로써 동남아의 안정적 영향력을 확보할 수 있었다.

신뢰하는 상대방과 협상하고자 했다면 키신저의 외교는 성공할 수 없었다.

린든 존슨 전 대통령(1963~1969)이 재임 당시 "텐트 밖의 적이 우리를 향해 오줌을 누게 하는 것보다 텐트로 끌어들여 밖으로 오줌을 누도록 하는 게 낫다"고 말했다.

적과 싸울 수는 있지만 적을 없앨 수는 없다. 기존 권력이 허물어져서 빈 공간이 생기면 다른 권력이 채운다. 그리고 이 권력은 새 권력을 키우려는 특별한 노력이 없다면 기존 권력과 크게 다르지 않거나 오히려 더 못한 권력일 가능성이 높다. 2차 세계대전이 끝나고 히틀러가 죽고 히로히토가 패배를 인정하자 냉전이라는 새로운 긴장관계가 수립되고 4 · 19혁명으로 권력이 무너진 후 혼란을 틈타 자신의 욕구를 채우려는 정권이 들어서는 것을 우리는 목격하지 않았던가. 넓은 시야에서 보지 못하면 악당들은 언제든지 우리 곁으로 다가온다.

적과의 공존은 인간이 살아가는 동안 필수적 요인이다. 적과 공존하려면 양보를 하여야하고 상대방을 인정해야한다. 그러려면 돈 안 드는 사과는 먼저해야한다. 적과의 동침을 결심했다면 사과하는 사람이 이득이다.

타짜의 평경장이 고니에게 남긴 마지막 원칙을 기억하라. 영원한 친구도 영원한 원수도 없다. 19세기 영국 정치가 파머스턴 경은 이 원칙을 "영원한 동지도, 영원한 적도 없다. 이익만이 영원하다."고 표현했다.

협상가란 인간을 이해하고 다양한 시각으로 바라보는 사람

인간의 본성에 관한 단 하나의 정의란 있을 수 없다. 인간의 본성이 성악설이나 성선설 같이 하나의 단어로 정의된다면 인간의 역사와 사회가 이렇게 복잡해질 수 없다.

인간감성은 원숭이와 크게 다르지 않다. 이성도 때에 따라 감성에 동조한다. 이런 것을 이성을 잃는다고 한다. 그래서 이성은 감정의 노예라고 한다. 신문기사는 제목만 읽고 사건을 판단하고 부화뇌동과 편협함으로 무장된 머리에서 나온 말로 서로 싸우기도 한다. 사람은 이성적이기 보다 감성적인 면이 더 강해서 생기는 현상이다. 다양한 시각을 가진 사람은 인간의 감성을 이성으로 중화시킬 수 있는 사람이다.

키신저가 청소년기에 미국에 도착한다. 변방의 경계인이 바라보는 세상은 일상의 삶을 살아온 남들이 보지 못하는 눈을 가지게 된다. 새로운 환경과 보이지 않는 인종차별주의를 견디며 다양하게 시야를 넓힐 수 있다. 학교교육이란 새로운 사실을 보는 눈을 뜨게도 하지만 눈을 멀게도 한다. 다른 이질적인 지역에서 공부한 사람들은 관습에서 벗어나 남들보다 다양하게 시야를 넓히는 축복을 갖는다.

전문가를 믿지 마라. 전문가란 자신의 알고 있는 세계에 파묻혀서 한치 앞만 내다보는 사람을 일컫는 말이다. 그들은 자신의 철밥통을 위해 목숨을 걸며 통합적인 사고를 포기한 사람들이다. 위기가 닥치면 매뉴얼 하나 제대로 없다.

트럼프가 당선되기 전부터 키신저는 새로운 패러다임을 준비하고 있었다. 소련과 중국의 위상은 40년이 흐르자 위치가 뒤바뀌었다. 국내총생산에서 미국과 1, 2위를 다툴 정도로 중국이 급성장하는 동안 러시아는 경제규모가 미국의 5분의 1 수준으로 세계질서 안에 미국의 적수가 되지 못하는 상황이다. 냉전 시대 초강대국 지위를 놓고 경쟁하던 소련을 견제하려고 적이었던 중국과 손을 잡았다면, 지금은 미국과 G2로 인정받은 중국의 힘을 빼기 위해 러시아를 끌어들여야 한다.

인간은 오랫동안 자신의 정체성을 고민해 왔지만 아직도 결론에 도달하지 못했다. 본질이 다채롭고 끊임없이 변화하는 한 사회속의 인간을 이해하여야 협상은 가능하다. 인간을 통찰하고 협상으로 문제를 해결하는 사람이 협상하는 인간 '호모 네고쿠스'이다.

타인에 대한 설득이 불가능하면 자신을 설득해라

부하가 윗사람보다 뛰어날 때 생기는 비극은 인류의 끊임없는 이야기 소재였다. 일리아드의 아킬레우스는 아가멤논을 적군보다 증오하고 셰익스피어의 맥베스는 던컨 왕을 죽여 버렸다. 상사보다 잘 낫다는 생각은 인간을 파멸로 이끈다.

타인과의 설득이 불가능한 상대를 만났다면, 더구나 그 사람이 상사라면 자신을 설득하는 것이 쉬울 때가 있다. 키신저는 넬슨이 해피와의 사랑을 이루려고 폭주하고 있을 때 눈을 감아버렸다. 넬슨과 해피의 결혼은 막을 수 없는 운명이라 치부해버렸다.

사람은 직관적인 판단을 먼저하고 논리적이고 전략적인 추론은 다음이다. 직관적인 판단에 함몰되어 있으면 확증편향이라는 현상이 생겨난다. 자신이 믿는 것을 확증하는 새로운 증거를 찾고 선택하는 심리가 인간을 지배하는 현상이다. 그것이 인간이다. 그런 상대방을 이해시키다가 총체적인 실패에 이를 수 있다. 강자는 약자를 몰라도 되지만 약자는 강자를 알아야 한다. 강자의 마음을 돌이킬 수 없다면 자신을 설득해야 한다.

외교에서 굴욕의 평화를 선택하는 이유는 명분뿐인 죽음보다 낫기 때문이고 상사의 잘못된 결정을 따르는 것은 결정된 사실을 바꿀 수 없기 때문이다. 인간은 거짓을 말해서 실패하는 사람보다 진실을 말해서 인생 꼬이는 사람이 더 많다. 인간의 삶이란 진실과 거짓을 절묘하게 섞어서 만든 합작품이다. 남들이 보지 못하는 진실을 이야기할 때 상대방에 따라 축복일 수도 있고 저주일 수도 있다.

키신저가 섣부르게 해피와의 결혼을 막았다면 넬슨과 키신저는 내일을 기약할 수 없었을지 모른다. 키신저는 넬슨의 사생활을 존중하며 일을 추진했다. 결과적으로 넬슨에게는 독배였지만 키신저에게는 성공으로 가는 길이었다.

물 밑이 어려우면 물 위에서 한다

민주사회에서는 공개외교가 정석이다. 단점이 없지는 않다. 국가 이익이 복잡하게 얽혀 있는 상황이 제대로 이해되지 않아 불필요한 억측이 난무할 수 있다. 억측이 협상을 지연시키거나 왜곡시킬 수 있다. 추진 과정을 공개해 반발을 초래하면 내부의 반대파를 협상수단으로 활용할 수 있으며 결론이 나왔을 때 파장을 최소화할 수 있다. 반칙에 익숙한 상대와 링 위에 올라 갈 때는 특히 공개된 메시지를 전해야 효과적이다.

미중외교의 신호탄을 알릴 방법으로 여러 가지가 검토되었지만 결국 공산주의 국가의 생존에 미국이 전략적 이해관계를 가지고 있음을 알리는 방법은 공식구애였다. 20년간 접촉이 끊어진 상태의 중국과 자신에게 협조를 보내는 소련에게 보내는 거대한 돌직구 이었다. 공산주의 두 거인의 충돌 사태를 미국이 어떻게 받아들이는지 만천하에 공표하였다. 공식적인 창구를 통해 소련을 향해 자신의 의사를 명확하게 전달했다.

자신의 의사를 공개하면 결과에 대한 책임전가의 볼썽사나운 모습이 노출되지 않고 빠른 시간에 체결되는 장점도 있다. 비밀리에 하는 일들은 달콤하지만 직선도로를 달릴 때의 호쾌함도 간과해서는 안 된다.

천하의 흥망이 나에게 주는 의미를 찾자

하루에 개인에게 쏟아지는 정보량은 엄청나다. 인터넷과 신문, 그리고 만나는 사람과의 대화에서 많은 정보를 접한다. 어떤 것은 나에게 유익하기도 하고 불필요하기도 하고 역정보나 광고성 정보이기도 하다. 이렇게 방대한 뉴스와 정보를 모두 소화할 수 없다. 그래서 사람들은 자신에게 필요한 정보, 관심사, 흥미 등에 따라 각기 다르게 정보를 취사선택한다. 정보를 얻고 분석하는 습관 중에 자신에게 피가 되고 살이 되는 정보를 취사선택하는 것은 매우 중요하다.

키신저는 나치제국 속의 불의가 사람들에게 얼마나 나쁜 영향을 끼치는 가를 보며 자랐다. 시민들의 충성과 희생을 고무시키며 타인을 적대시하는 국가가 패망의 길로 가는 과정을 가까이서 지켜보았다. 국민들이 안전하다고 믿고 기대어 사는 정부나 국가가 개인의 욕망과 무지 앞에 얼마나 광폭질주를 하는지 똑똑히 지켜보았다.

반대로 냉전시대에는 무질서가 불의보다 나쁜 결과를 가져오는 현실을 목격했다. 선한의도인지 악한 의도인지를 떠나 합리적인 의심을 통한 좋은 해결책을 찾아야 한다.

키신저는 아나톨린이나 워싱턴의 외교관들이 하는 말이 자신에게 어떤 영향을 주는지 그 이면을 항상 들여다보았다. '정보를 접하고 보니 그것이 나에게 이러저러한 의미가 있다'는 답을 구했다. 옳고 그름은 사람마다 다르고, 나라마다 다르고, 시대마다 다르다.

아무리 참혹한 불길도 강 건너에 있으면 구경거리로 전락하기 쉽다. 그러나 세상의 모든 변화는 나에게 영향을 미친다. 천하의 흥망도 자신에게 갖은 의미를 파악해야한다.

거울로 삼아야 할 94세의 키신저, 오늘도 세상을 달린다

20세기에 태어나 21세기의 외교관으로 활동 중인 키신저와 한반도를 둘러싼 이야기를 주로 다루었다. 키신저는 일평생을 석유, 핵, 금융, 군사 등 역사를 움직이는 소재를 어떻게 협상과 정책 속에서 활용할 것인지 고민하며 지냈다. 그러나 무엇보다도 중심으로 다룬 것은 경세이며 경세를 이해하기 위해 인간이란 무엇이고 협상이란 인간에게 무엇인가를 통찰했다.

키신저는 캐슬레이와 메테르니히를 통해 올바른 외교관의 모습을 설명하였다.

캐슬레이는 국민의 경험을 너무 멀리 벗어나는 정치가로서 그의 정책이 아무리 현명하더라도 국내적 합의를 달성하는데 실패한다. 메테르니히처럼 자신의 정책을 국민의 경험에 한정시켜버리는 정치가는 결국 아무 것도 만들어내지 못하는 상황을 자초하고 만다.

그래서 부단한 창조와 상시적인 목표의 수정이 가능할 때만이 잘 만들어진 인간의 정책이 만들어진다.

구리로 거울을 만들면 의관을 단정하게 할 수 있고, 고대 역사를 거울삼으면 천하의 흥망과 왕조 교체의 원인을 알 수 있으며, 사람을 거울로 삼으면 자기의 득실을 분명하게 할 수 있다. 위징의 죽음을 전해 듣고 당태종이 쓴 애도사이다.

외교와 협상은 인간이라는 존재와 연관된다고 믿으며 백년에 가까운 세월동안 세계를 뛰어다닌 키신저라는 외교관을 통해 자신의 협상 전략을 되돌아보는 것은 매우 뜻 깊은 일이다.

하늘에서 내려오는 외교 전략가는 없다. 삶을 통찰하는 현인의 길도 태어나지 않고 우리의 노력에 달려있다. 거울로 삼아야할 94세의 키신저, 오늘도 세계를 달린다.

참고한 문헌들

1. 외교 황제 키신저.
  - 헨리 키신저의 회복된 세계 /박용민 옮김/북앤피플
  - 헨리 키신저의 중국 이야기/권기대 옮김/민음사
  - 헨리 키신저의 세계질서/이현주 옮김/민음사
  - 미국의 역사를 훔친 영화의 인문학/김형곤/홍문각
  - 아무도 말하지 않는 미국현대사2/올리버 스톤, 피터 커즈닉 지음/들녘
  - 탄소 민주주의/티머시 미첼/생각비행
  - 베트남 전쟁/ 박태균 지음/한겨레 출판
  - 김종필 증언록/김종필증언록팀 지음/와이즈베리
  - 거짓말 정부/스콧 매클렐런 지음/엘도라도
  - 키신저만들기 프로젝트/임민혁/조선일보

2. 넬슨 록펠러, 불륜의 향기는 달콤하고 열매는 쓰다.
  - 록펠러가의 사람들/ 씨앗을 뿌리는 사람
  - 부의 제국 록펠러/론 처너/21세기 북스
  - 그들이 세상을 바꾸기 전/에드윈 키스터 주니어/황소자리
  - 핵무기와 국제정치/안준호/열린책들
  - 왜 대통령은 거짓말을 하는가/하워드 진/일상이상
  - (석유 지정학이 파헤친) 20세기 세계사의 진실:영국과 미국의 세계 비배체제와 그 메커니즘/윌리엄 엥달/길
  - 유태7대 재벌의 세계전략/오오타류/크라운출판사

3. 저우언라이(周恩來), 선면후식(先麵後食)

   - 중국의 현대사/신동준/인간사랑

   - 중국인 이야기/김명호/한길사

   - 저우언라이 평전/리핑/한얼미디어

   - 저우언라이, 오늘의 중국을 이끄는 힘/이중/역사의 아침

   - 주은래와 등영초/리홍 엮음/지식산업사

   - 키메라, 만주국의 초상/야마무로 신이치/소명출판

   - 도올의 중국일기/김용옥/통나무

   - 한겨레 21. 미국과 소련 사이, 서독의 답은 동독이었다. 우문태
     (宇文泰) 정치학 박사

   - 흔들리는 동맹/세르게이 곤차로프/일조각

   - 영화로 읽는 중국/중국현대문학학회/동녘

   - 장개석(장제스평전)/조너선 펜비/민음사

   - 중국사의 슈퍼히로인들/이나미 리츠코/작가정신

4. 진짜 김일성, 짝퉁 콤플렉스.

   - 세기와 더불어/김일성/조선로동당출판사

   - 내 무덤에 침을 뱉어라2. 전쟁과 사랑/조갑제/조선일보사

   - 미 해병대 한국을 구하다/이상돈/기파랑

   - 한국공산주의 운동사/로버트 스칼라피노/돌베개

   - 숨어 있는 한국현대사2/임기상/ 임문서원

   - 브레이크 아웃 : 1950년 겨울, 장진호 전투/ 마틴 러스/나남출판

   - 장진호 동쪽(East of Chosin)/로이 E. 애플맨/다트앤

   - (장진호 혹한 17일) 불과 얼음/고산 고정일/동서문화사

6. 에필로그

    * 저자가 키신저인 경우 번역자를 명기 하였음.